어린이 교통안전

어린이 교통안전

초판 1쇄 인쇄 2018년 9월 15일
초판 1쇄 발행 2018년 9월 15일

지은이 ㅣ 설재훈
펴낸이 ㅣ 김혜영

펴낸곳 ㅣ 예원북하우스
등 록 ㅣ 제2013-000124호
주 소 ㅣ 경기도 고양시 일산서구 하이파크로3로 62, 503-1004
전 화 ㅣ 031-902-6550
팩 스 ㅣ 031-902-6690
이메일 ㅣ yewonbookhouse@hanmail.net

디자인 ㅣ 참디자인 02-3144-3500

ISBN 979-11-951269-3-4 (03330)

* 이 책은 신저작권법에 의하여 국내에서 보호를 받는 저작물입니다.
  출판사의 협의 없는 무단 전재와 무단 복제를 엄격히 금합니다.
* 책 값은 뒷표지에 있습니다.
* 잘못된 책은 교환하여 드립니다.

어린이 교통안전

교통안전교육 담당교사 및 안전교육사 참고교재

설재훈 지음

예원북

서문

오늘도 우리나라에서는 아침에 학교에 다녀오겠다고 인사를 하고 집을 나서는 어린이 중에 약 37명은 교통사고로 집에 돌아가지 못하고 병원에 입원하고 있다. 집이나 직장에서 머무는 중에 자녀가 교통사고로 병원에 실려 갔다는 소식을 갑작스럽게 전해 듣는 부모님의 심정은 너무나 놀랍고 걱정스럽고 고통스러운 경험이다.

이러한 교통사고로 작년에 우리나라에서는 총 54명의 어린이가 사망하고 13,433명의 어린이가 부상을 당하였다. 어린이 교통사고는 부모님의 입장에서 단 한 건도 일어나서는 안 되는 사고이고, 어린이의 교통안전을 확보해 주는 것은 정부가 모든 부모님들에게 보장해 드려야 하는 가장 중요한 책무 중의 하나다.

이 교재는 이와 같은 어린이 교통사고를 방지하기 위하여 그 동안 우리나라에서 나온 어린이 교통안전에 필요한 모든 통계적 지식, 법적 지식, 교육적 지식, 해외사례 지식 등을 집대성하여 만든 교재다. 이 교재는 초등학교 및 유치원에서 어린이 교통안전 교육을 담당하고 있는 교사님들, 어린이 교통안전을 지도하는 녹색어머니회원님이나 어머니교통안전지도자님들, 「국민안전교육진흥기본법」에 의하여 앞으로 어린이 교통안전을 전문적으로 지도하고자 하는 안전교육사님 등 모든 교통안전 지도자들에게 반드시 필요한 내용들을 포함하여 작성하였다.

이 교재를 작성하는데 있어서 저자가 대표 편집하고 한국교통연구원이 2014년 발행한 KSP(Knowledge Sharing Program) 보고서인 「Korea's 95% Reduction in Child Traffic Fatalities : Policies and Achievements」의 내용을 일부 참조하였다.

이 보고서를 작성하는 데 기여하신 한국교통안전공단 강동수 박사님, 도로교통공단 이원영 박사님, 명묘희 박사님, 가천대 허억 교수님, 한국교통연구원 심재익 박사님, 임재경 박사님, 이준 박사님 등에게 깊은 감사를 드린다.

이 보고서는 우리나라의 어린이 교통사고 사망자수를 지난 1988년 최고치 1,766명에서 2013년 82명으로 95%를 감소시킨 정책 방안을 영문으로 소개하는 내용인데, 필자는 이 내용을 가지고 그 동안 UNESCAP, UNITAR, UNECE 등 국제기구에 초청을 받아서 그 내용을 발표하고 세계 각국의 깊은 관심을 받았다.

그 후 우리나라의 어린이 교통사고 사망자수는 더욱 감소하여 2017년 기준 연간 사망자수는 54명으로 과거 최고치 대비 97%가 감소하는 성과를 거두었다. 또한 이 교재의 제5장 어린이 교통안전 교육 내용을 작성하는데 있어서는 도로교통공단이 어린이 교통안전을 위하여 비매품으로 발간하여 유치원, 초등학교, 중학교 교사용으로 배포한 「교통안전 길라잡이」의 내용을 참조하였으며, 이 교재를 작성하신 도로교통공단 김진형, 이형규, 이경은, 장석용, 김중효, 조희주, 최원빈, 유지인 교수님의 연구성과에 깊은 감사를 드린다.

위와 같은 여러 가지 노력에 의하여 그 동안 우리나라의 어린이 교통사고 사망자수는 획기적으로 감소하였지만, 아직까지도 사고건수와 부상자수는 상당히 높아서 앞으로 더욱 줄여 나가야 한다.

이를 통해 우리나라가 세계 최고의 어린이 교통안전 선진국이 되어서 모든 부모님들의 자녀에 대한 교통사고 걱정을 완전히 없어지게 해야 한다. 이 교재가 앞으로 우리나라에서 널리 활용되어 우리나라의 어린이 교통사고를 완전히 제로화하는 데 크게 기여하기를 기대한다.

2018년 9월 **저자 설 재 훈**

제1장 서론

제1절 교재의 배경 및 목적
1. 교재의 배경 •14   2. 교재의 목적 •15

제2절 교재의 주요 내용
1. 교재의 주요 내용 개요 •16   2. 교재의 각 장별 주요 내용 •17

제3절 어린이 및 아동의 정의
1. 어린이의 정의 •19   2. 아동의 정의 •19   3. 유아 및 영·유아의 정의 •20
4. UN이 정한 '어린이(Child)'의 정의 •21   5. 본 교재에서 '어린이'의 의미 •23

제4절 교통안전 관련 용어
1. 「도로교통법」의 교통안전 관련 용어 •23   2. 「도로법」의 교통안전 관련 용어 •26
3. 「국민안전교육진흥기본법」의 교통안전 관련 용어 •28
4. 경찰청 「교통사고통계」의 교통사고 관련 용어 •28

제2장 어린이 교통사고 발생 현황

제1절 어린이 교통사고 발생 추세
1. 어린이 교통사고 발생 추세 •34   2. 어린이 교통사고율 추세 •37
3. 학년별 어린이 교통사고 사망자수 추세 •38
4. 승차상태별 어린이 교통사고 사망자수 추세 •40

제2절 어린이 교통사고 발생 특성
1. 월별 어린이 교통사고 •43   2. 요일별 어린이 교통사고 •44   3. 시간대별 어린이 교통사고 •44
4. 도로종류별 어린이 교통사고 •46   5. 학년별 어린이 교통사고 사상자 •47
6. 남녀별 어린이 교통사고 사상자 •48   7. 승차상태별 어린이 교통사고 사상자 •48
8. 어린이 보행중 사고 •49   9. 시·도별 어린이 교통사고 사상자 •50
10. 어린이 교통사고의 특징과 시사점 •52

제3절 어린이 교통사고 국제 비교
1. 전체 교통사고 사망자수 대비 어린이 사망자수 비율 •53
2. 어린이 인구 10만명당 교통사고 사망자수 비교 •54

제3장 어린이 교통안전 관련 법규

제1절 어린이 교통안전 교육 관련 법규
1. 「아동복지법」에 의한 어린이 교통안전 교육 •58   2. 어린이의 안전에 대한 교육 기준 •59
3. 「국민안전교육진흥기본법」에 의한 안전교육 •63   4. 안전교육 전문인력(안전교육사) •64
5. 「학교안전사고 예방 및 보상에 관한 법률」에 의한 안전교육 •71
6. 「학교보건법」에 의한 안전교육 •72

제2절 어린이 통행방법 관련 법규
1. 어린이 보행자의 통행 방법 •73   2. 어린이의 도로 횡단 방법 •74   3. 어린이에 대한 보호 •76

제3절 어린이 교통안전 추진체계
1. 교통안전 추진체계 •77   2. 어린이 교통안전을 위한 중앙부처의 역할 •79
3. 어린이 교통안전 관련 공공단체의 역할 •81

제4절 어린이 교통안전 주요 정책
1. 어린이 교통안전 정책 •82   2. 연도별 주요 정책 •83

제4장 어린이 교통안전 교육 정책

제1절 어린이 교통안전 교육 개요
1. 어린이 교통안전 교육의 발전과정 •90   2. 어린이 교통안전 교육의 역할 •93

제2절 학교 교통안전 교육의 정착
1. 각 급 학교 교통안전 교육의 실시 근거 확보 •95
2. 각 급 학교 교과 내 교통안전 지도내용의 반영 •99
3. 각 급 학교에 대한 등·하교 지도의 강화 •101
4. 교통안전 담당교사 교육과 교통안전 교육 시범학교 운영 •102
5. 현장 체험교육 및 사이버 교통안전교육의 활성화 •103

제3절 교통안전 전문기관의 지원
1. 도로교통공단 •105   2. 한국교통안전공단 •106   3. 한국교통연구원 •106

제4절 지방자치단체와 지역사회의 역할
1. 안전도시 운동과 '국제안전학교' •107   2. 자발적 민간 교통안전 조직의 활동 •109

제5장 어린이 교통안전 교육 내용

제1절 학령단계별 교통안전 교육내용
1. 학령단계별 교통안전 교육 내용 •114   2. 교육 실시 주기 및 방법 •115

제2절 초등학교 취학 전 교통안전교육
1. 어린이의 교통행동 특성 •117   2. 어린이의 교통사고 유형 •119
3. 교통안전 교육의 목표와 내용 •126   4. 주제별 학습내용(안) •130
5. 어린이 통학버스 안전지도 •138   6. 교통사고 발생 시 조치요령 •141

제3절 초등학교 교통안전교육
1. 안전하게 길 걷기 •144   2. 안전하게 길 건너기 •148   3. 안전하게 차 타기 •153
4. 안전하게 놀기 •156

제4절 중·고등학교 교통안전교육
1. 자동차 특성의 이해 •159   2. 교통행동의 기초 •164   3. 교통참가자의 자세 •166
4. 보행 행동 •167   5. 안전하게 자전거 타기 •168

제6장 어린이 교통안전 규제 강화

제1절 어린이 보호의 근거 및 권리
1. 어린이 보호의 이념 •180   2. 보행권 •182   3. 이동권 •184

제2절 어린이 교통안전을 위한 법·제도
1. 도로교통법 •185   2. 교통사고처리특례법 •188   3. 자동차관리법 •189   4. 교통안전법 •191

제3절 어린이 교통안전 규제의 성과
1. 교통안전 정책의 발전 과정 •193   2. 어린이 교통안전 규제의 도입과 성과 •196

제7장 어린이 보호구역 개선사업

제1절 어린이 보호구역 사업 개요
1. 어린이 보호구역 사업 추진과정 •200   2. 어린이 보호구역 관련 용어 •201

제2절 어린이 보호구역 관련 규정
1. 어린이 보호구역의 지정 및 관리 •204   2. 어린이 보호구역의 지정 및 관리에 관한 규칙 •206
3. 어린이 보호구역의 지정 신청 •207   4. 어린이 보호구역 지정·관리계획 •210
5. 교통안전시설 및 도로부속물의 설치 •211   6. 어린이 보호구역 내의 조치사항 •213
7. 교통안전교육 •214   8. 사후관리 •214

제3절 어린이 보호구역 내 교통사고 발생특성
1. 월별 어린이 보호구역 내 교통사고 •216   2. 요일별 어린이 보호구역 내 교통사고 •217
3. 시간대별 어린이 보호구역 내 교통사고 •218   4. 사고유형별 어린이 보호구역 내 교통사고 •219
5. 법규위반별 어린이 보호구역 내 교통사고 •220   6. 학년별 어린이 보호구역 내 교통사고 •221
7. 어린이 보호구역 내 어린이 교통사고의 특징과 시사점 •222

제4절 어린이 보호구역 개선사업 시행
1. 어린이 보호구역 개선사업 시행실적 •224   2. 어린이 보호구역 개선사업 시행효과 •224
3. 어린이 보호구역 개선사업 시행사례 •225

제8장 어린이 통학버스 운행

제1절 어린이 통학버스 개요
1. 어린이 통학버스의 정의 •232   2. 어린이 통학버스 정책 추진 •234

제2절 어린이 통학버스 관련 규정
1. 어린이 통학버스 신고 •235   2. 어린이 통학버스 차량 규정 •239
3. 어린이 통학버스 운전자 및 운행자의 준수사항 •244   4. 어린이 통학버스의 특별보호 •249
5. 어린이 통학버스 규정 위반자에 대한 벌칙 •250

제3절 어린이 통학버스 교통사고
1. 어린이 통학버스 교통사고 발생추세 •255   2. 월별 어린이 통학버스 교통사고 •257
3. 요일별 어린이 통학버스 교통사고 •258   4. 시간대별 어린이 통학버스 교통사고 •258
5. 도로종류별 어린이 통학버스 교통사고 •259   6. 법규위반별 어린이 통학버스 교통사고 •260
7. 어린이 통학버스 교통사고 발생사례 •260

제4절 어린이 통학버스 운행 현황 및 성과
1. 어린이 통학버스 운행 현황 •265   2. 어린이 통학버스 정책의 성과 •269

제9장 어린이 교통안전 시민단체 활동

제1절 시민단체의 태동과 발전
1. 시민단체의 태동 •274   2. 시민단체의 발전 •275

제2절 주요 시민단체의 종류 및 활동
1. 녹색어머니회 •276   2. 모범운전자회 •278   3. 안전생활실천시민연합 •280
4. 어린이안전학교 •281   5. 기타 교통안전 시민단체 •283

제3절 시민단체의 주요 추진사업
1. 시민단체의 주요 추진사업 •286   2. 시민단체 활동의 성과 및 향후 과제 •290

제10장 선진국 어린이 교통안전 교육

제1절 미국
1. 도로교통법에 의한 어린이 교통안전 규정 •294   2. 미국 어린이 교통안전 교육의 특징 •301

제2절 영국
1. 도로교통법에 의한 어린이 교통안전 규정 •303   2. 영국 어린이 교통안전 교육의 특징 •313

제3절 호주
1. 도로교통법에 의한 어린이 교통안전 규정 •316   2. 호주 어린이 교통안전 교육의 특징 •324

어린이 교통안전

제1장
서론

제1절 교재의 배경 및 목적

제2절 교재의 주요 내용

제3절 어린이 및 아동의 정의

제4절 교통안전 관련 용어

제1장
서론

제1절 교재의 배경 및 목적

1. 교재의 배경

어린이 교통안전은 우리나라의 가정과 학교에서 가장 중요한 안전 문제 중의 하나이고, 우리나라뿐만 아니라 세계 각국의 교통안전 이슈 중에서 가장 중요한 관심사 중의 하나이다.

그에 따라 우리나라뿐만 아니라 세계 각국은 어린이 교통사고 감소를 위하여 많은 노력을 기울이고 있다.

이러한 노력의 일환으로 우리나라를 비롯하여 세계 각국은 어린이 교통사고 감소를 위한 방법 중의 하나로서 어린이 교통안전 교육에 대하여 많은 연구를 하고 있다.

우리나라는 현재 보건복지부가 주관하는 「아동복지법」의 규정에 따라 유치원, 초등학교, 중·고등학교 등에서 어린이 교통안전에 대한 교육을 의무적으로 시행하도록 하고 있고, 교육부 지침을

통하여 이러한 교육을 뒷받침하고 있다.

또한 2017년 5월부터 행정안전부 주관으로 제정되어 시행 중인 「국민안전교육진흥기본법」에 의하여 어린이 교통안전에 대한 교육이 의무화되어 있다.

이와 같이 어린이 교통안전에 대한 교육은 의무화되어 있으나, 어린이 교통안전을 위한 교육 교재는 아직까지 체계적으로 개발되어 보급되어 있지 않다. 도로교통공단, 교통안전공단, 한국생활안전연합 등 일부 교통안전 전문기관에서 발행한 교재가 있기는 하지만, 주로 교사가 가르쳐야 할 어린이 교통안전 교육의 주요 내용에 대하여 제시하고 있을 뿐, 어린이 교통안전 전반에 관한 종합적이고 체계적인 교재는 부족하다.

이 교재는 이러한 점을 감안하여 유치원, 초등학교, 중·고등학교에서 선생님들이 어린이 교통안전에 관한 체계적인 교육을 실시하는데 필요한 지식적 내용을 제시하는 외에, 어린이 교통안전에 관한 정책, 어린이 통학버스 운행 관련 규정, 어린이 교통안전 시민단체 활동 등을 포함하여 어린이 교통안전과 관련한 광범위하고 폭넓은 내용을 제시하도록 노력하였다.

우리나라는 그 동안 정부와 민간이 추진한 어린이 교통사고 감소 노력에 힘입어 어린이 교통사고 사망자수는 1988년 1,766명에서 2017년 54명으로 29년 만에 97%가 감소하였다. 세계적으로 이렇게 짧은 기간에 이렇게 높은 어린이 교통사고 감소율을 달성한 나라는 많지 않다.

본 교재는 이러한 우리나라의 어린이 교통사고 감소 정책과 경험을 살펴보고, 앞으로 어린이 교통사고를 더욱 줄여나가기 위한 방안과 정책을 찾는 데 기여하는 것이 본 교재를 발간하는 또 다른 배경 중의 하나다.

2. 교재의 목적

이 교재의 목적은 일선에서 어린이 교통안전 교육을 담당하는 선생님과 지도자들이 어린이 교통안전 교육에 관한 법적인 의무규정을 파악하고, 그 동안의 어린이 교통안전 대책의 내용을 파악하며, 어린이 교통안전에 대한 기초지식을 습득하고, 효과적으로 어린이 교통안전을 교육시키는 방법

을 제시하기 위한 것이다. 이와 같은 이 교재의 주요 목적을 정리하여 열거하면 다음과 같다.
- 어린이 교통안전 교육에 관한 법적인 의무 규정 및 내용 파악
- 어린이 교통안전 대책의 추진 경과 및 내용
- 어린이 교통안전을 위한 기초적인 이론지식 습득
- 어린이 교통안전 지도를 위한 실제적인 교육방법 습득
- 외국의 어린이 교통안전 교육내용 파악을 통하여 장래 어린이 교통안전 교육 방향 제시

또한 이 교재의 목적은 학교에서 지도교사가 실시하는 어린이 교통안전 교육뿐만 아니라, 행정부서에서 어린이 교통안전 정책을 계획하고 추진하는 사람들을 위하여 우리나라의 어린이 교통안전 정책에 관한 그 동안의 경험을 분석하고 장래 방향을 제시하는데도 목적을 두었다.
- 우리나라의 주요 어린이 교통안전 정책 추진내용 및 효과 소개
- 장래 어린이 교통사고 감소를 위한 정책 방향 제시
- 해외 어린이 교통안전교육 사례 제시

제2절 교재의 주요 내용

1. 교재의 주요 내용 개요

이 교재는 우리나라에서 어린이 교통안전과 관련된 종합적인 모든 내용을 포함하도록 구성하였다. 따라서 이 교재는 우리나라의 어린이 교통안전 교육과 관련한 교사, 강사, 공무원, 전문가 등 모든 사람이 사용할 수 있도록 구성하였다.

이를 위하여 본 교재는 어린이 교통사고와 관련한 기본적인 통계를 알기 쉽게 제시하는 것은 물론이고, 어린이 교통안전과 관련한 모든 법적인 규정 및 제도의 현황을 파악하여 제시하였다.

또한 어린이 교통안전과 관련한 정책으로서 어린이 교통안전 교육 정책, 어린이 보호구역 정책, 어린이 통학버스 정책 등을 제시하였다.

그리고 교통안전 교육의 실무를 담당하는 교사 및 강사가 활용할 수 있도록, 각 학령단계별로 어린이에게 교육해야 할 주요 교통안전 교육내용을 제시하였다.

마지막으로 이 교재는 미국, 영국, 호주 등 주요 교통안전 선진국의 어린이 교통안전 교육 관련 내용을 제시하여, 관련 교사 및 강사들이 어린이 교육 시에 참조하도록 구성하였다.

2. 교재의 각 장별 주요 내용

이 교재에서 제시하는 각 장별 주요 내용을 정리하면 다음과 같다.

제1장 서론에서는 이 교재의 발간 배경 및 목적, 그리고 교재의 주요내용을 소개하고, 교통안전 관련 주요 용어를 설명하여 본 교재의 내용을 이해하도록 돕는다.

제2장 어린이 교통사고 발생 현황 편에서는 1980년 이후 우리나라의 어린이 교통사고 감소 현황을 소개하고, 2017년 현재의 주요 어린이 교통사고 발생특성을 분석하며, 주요 외국과의 어린이 교통사고 국제비교 결과를 제시한다.

제3장 어린이 교통안전 관련 법규 편에서는 어린이 교통안전과 관련하여 「도로교통법」, 「아동복지법」, 「국민안전교육진흥기본법」 등에 나오는 주요 규정을 소개하고, 우리나라의 어린이 교통안전체계 및 주요정책에 대하여 설명한다.

제4장 어린이 교통안전 교육 정책 편에서는 그 동안 우리나라의 어린이 교통안전 교육의 발전 경과를 살펴보고, 학교 교통안전 교육의 정착 과정, 교통안전 전문기관의 설립과 활동 내용, 어린이 교통안전을 위한 지방자치단체와 지역사회의 역할 등에 대하여 살펴본다.

제5장 어린이 교통안전 교육 내용 편에서는 어린이 교통사고 감소를 위하여 실시하는 어린이 교통안전 교육의 과정 및 내용을 소개하고, 유치원, 초등학교, 중·고등학교에서 실제로 어린이에게 교육시켜야 하는 주요 교육내용 및 교육방법을 소개한다.

제6장 어린이 교통안전 규제 강화 편에서는 어린이 교통사고 감소를 위해 피해자 입장인 어린이에 대한 교육만으로는 안되고, 어른들에게 어린이 보호를 위한 각종 규제를 강화하여야 한다는 점에 초점을 맞추어, 어린이 보호를 위한 법적 근거 및 권리, 어린이를 보호하기 위한 법·제도, 어린이 교통안전 규제의 성과 등에 대하여 설명한다.

제7장 어린이 보호구역 개선사업 편에서는 어린이 보호구역 내 교통사고 발생특성을 살펴보고, 어린이 교통사고 감소를 위하여 학교 주변에 어린이 보호구역을 설정하고 안전시설 개선사업을 실시하는 과정 및 내용을 소개한다.

제8장 어린이 통학버스 운행 편에서는 우리나라에서 제정하여 시행하고 있는 어린이 통학버스 보호규정 및 통학버스 차량구조 규정에 대하여 소개하고, 유치원 및 학원을 포함하여 각급 교육기관에서 어린이 통학버스 안전운행 방법에 대하여 제시한다.

제9장 어린이 교통안전 시민단체 활동 편에서는 어린이 교통안전을 위하여 우리나라에서 구성되어 활동하고 있는 녹색어머니회, 안전생활실천시민연합, 어린이안전재단, 세이프 키즈 코리아(Safe Kids Korea) 등 각종 시민단체의 활동과 이들의 활동내용에 대하여 소개한다.

제10장 선진국 어린이 교통안전 교육 편에서는 어린이 교통사고 감소를 위하여 미국, 영국, 호주 등 선진국에서 실시하고 있는 어린이 교통안전 교육 내용과 방법에 대하여 소개하고, 우리나라와 어떤 차이점이 있는 지를 파악하여, 향후 우리나라에서 어린이 교통안전 교육을 실시할 때 참고해야 할 내용에 대하여 제시한다.

제3절 어린이 및 아동의 정의

1. 어린이의 정의

우리나라는 '아동'의 정의는 「아동복지법」에 정해져 있지만, '어린이'의 정의는 별도로 용어의 정의가 되어 있지는 않고, 「도로교통법」 제2조(정의) 중에 나오는 '어린이 통학버스'의 정의에 따르면 '어린이'는 '13세 미만인 사람'을 말한다고 되어 있다.

[표 1.3.1] 어린이의 정의 관련 「도로교통법」 조항

도로교통법 제2조(정의)
23. "어린이 통학버스"란 다음 각 목의 시설 가운데 어린이(13세 미만인 사람을 말한다. 이하 같다)를 교육대상으로 하는 시설에서 어린이의 통학 등에 이용되는 자동차와 「여객자동차 운수사업법」 제4조제3항에 따른 여객자동차운송사업의 한정면허를 받아 어린이를 여객대상으로 하여 운행되는 운송사업용 자동차를 말한다.

이에 따라 경찰청이 발행하는 「교통사고통계」 책자의 '일러두기'에 나오는 용어의 정의에 의하면 어린이 교통사고의 정의는 다음과 같이 되어 있다.
– 어린이 교통사고 : 13세 미만 어린이 사상자가 발생한 교통사고

따라서 우리나라 「교통사고통계」 책자에 나오는 어린이 교통사고 사망자수 및 부상자수는 13세 미만의 사망자수 및 부상자수를 의미한다.

2. 아동의 정의

일반적으로 '어린이'라는 단어는 '아동'이라는 한자 단어와 비슷한 의미로 사용한다. 그러나 「아동

복지법」에 의한 아동의 정의는 위에서 말하는 어린이의 정의와 동일하지는 않다.

「아동복지법」 제3조(정의)에 의하면 아동은 '18세 미만인 사람'을 말한다고 정의하고 있다.

따라서 18세 미만의 아동 중에서 「도로교통법」에서 말하는 어린이는 13세 미만인 사람을 말한다고 할 수 있다.

[표 1.3.2] 아동의 정의 관련 「아동복지법」 내용

아동복지법 제3조(정의)

이 법에서 사용하는 용어의 뜻은 다음과 같다.
1. "아동"이란 18세 미만인 사람을 말한다.

3. 유아 및 영·유아의 정의

'유아'라는 용어는 우리나라에서 '어린이'라는 용어와 비슷한 의미로 사용되지만, 용어의 정의는 어린이의 정의와 다소 다르다. 유아의 정의는 「유아교육법」 제2조(정의)에 '만 3세부터 초등학교 취학전까지의 어린이'를 말한다고 정의하고 있다.

그러므로 「도로교통법」에서 말하는 13세 미만인 어린이 중에서 만 3세부터 취학전까지의 어린이는 '유아'에 속한다고 말할 수 있다.

[표 1.3.3] 유아의 정의 관련 「유아교육법」 내용

유아교육법 제2조(정의)

이 법에서 사용하는 용어의 뜻은 다음 각 호와 같다.
1. "유아"란 만 3세부터 초등학교 취학전까지의 어린이를 말한다.

한편 '영·유아'의 정의는 「영유아보육법」 제2조(정의)에 의하여 '6세 미만의 취학 전 아동'으로 정의하고 있다. 따라서 '영·유아'는 만 3세부터 초등학교 취학 전까지의 '유아'와, 만 3세 미만의 '영아'를 합친 용어라고 말할 수 있다.

[표 1.3.4] 영·유아의 정의 관련 「영유아보육법」 내용

영유아보육법 제2조(정의)

이 법에서 사용하는 용어의 뜻은 다음과 같다.
1. "영유아"란 6세 미만의 취학 전 아동을 말한다.

위와 같은 영·유아의 정의에 따라 「도로교통법」 제11조(어린이 등에 대한 보호)에서는 영유아를 '6세 미만인 사람'을 말한다고 규정하고 있다. 그러므로 「도로교통법」에 의한 13세 미만의 어린이 중에서 6세 미만은 '영·유아'에 속한다고 말할 수 있다.

[표 1.3.5] 영·유아의 정의 관련 「도로교통법」 내용

도로교통법 제11조(어린이 등에 대한 보호)

① 어린이의 보호자는 교통이 빈번한 도로에서 어린이를 놀게 하여서는 아니 되며, 영유아(6세 미만인 사람을 말한다. 이하 같다)의 보호자는 교통이 빈번한 도로에서 영유아가 혼자 보행하게 하여서는 아니 된다.

4. UN이 정한 '어린이(Child)'의 정의

UN이 1992년에 채택한 UNCRC(United Nations Convention on the Rights of the Child)에 따르면, Child(복수형 'Children')의 정의는 다음과 같이 18세 미만인 사람을 말한다.

[표 1.3.6] UNCRC에 의한 Child의 정의

'The UNCRC defines the child as a person under 18 years of age.'

이러한 UN의 정의에 의하면 'Child(또는 Children)'의 정의는 우리나라의 「아동복지법」에 따른 '아동'의 정의와 동일하다고 할 수 있다.

한편, OECD 산하 도로교통사고 통계기관인 IRTAD(International Road Traffic Accident Database)가 매년 발표하는 「도로안전 연차보고서(Road Safety Annual Report)」에 따르면, 어린이(Children)에 대한 별도의 정의는 내리지 않고 UN의 정의를 그대로 따르되, 어린이(Children) 교통사고 통계는 '연령 그룹(Age group)'이라는 용어를 사용하여 '0~14세'에 대한 통계치를 사용하고 있다. 따라서 IRTAD 보고서에 나오는 어린이 교통사고 통계는 18세 미만이 아니고 0~14세의 통계치를 말한다.

이것은 우리나라가 「아동복지법」에서 아동에 대한 정의를 '18세 미만인 사람'이라고 정의하고 있지만, 경찰청이 도로교통사고 통계를 발표할 때 어린이는 '13세 미만'을 기준으로 하는 것과 비슷한 방법이다.

다만, 우리나라는 어린이 교통사고 사망자수 및 부상자수를 집계할 때 어린이를 '13세 미만'을 기준으로 하고 있지만, OECD는 '0~14세'를 기준으로 하여 우리나라보다 1살 차이가 나는 점이 다른 점이다.

따라서 우리나라의 경찰청 통계책자에 나오는 어린이 교통사고 사망자수 통계치는 OECD가 집계하는 어린이(Children) 사망자수 통계치보다 14세 연령이 제외되어 약간의 차이가 난다는 점을 알 필요가 있다.

다만, 우리나라에서 매년 OECD에 교통사고 통계자료를 보고할 때, 어린이 교통사고는 13세 미만 자료를 그대로 제시하는 것이 아니고, OECD 기준에 맞추어 14세 이하 통계치를 별도로 집계하여 보고하기 때문에, OECD 보고서에 나오는 어린이 교통사고 비교자료는 14세 이하 통계치로 통일되어 있다는 점을 알아둘 필요가 있다.

5. 본 교재에서 '어린이'의 의미

본 교재에서 '어린이'라는 단어를 사용할 때 의미하는 '어린이'는 본 교재의 목적이 주로 어린이의 도로교통 상의 안전과 관련한 내용이므로, 우리나라의 도로교통에 관한 총괄 법률인 「도로교통법」에서 정하는 바에 따라 '13세 미만인 사람'을 의미하는 말로 사용한다.

그에 따라 본 교재의 제2장 어린이 교통사고 발생 현황에서 사용하는 어린이 교통사고 통계자료는 13세 미만인 사람의 통계를 의미한다.

다만, 본 교재에서 어린이 교통안전 교육에 대하여 말할 때는 교통안전 교육은 13세 미만 만을 대상으로 하는 것이 아니고, 어린이집, 유치원, 초등학교, 중·고등학교 등 모든 학교에서 이루어져야 하기 때문에, 「아동복지법」 및 「국민안전교육진흥기본법」에 정한 기준에 따라 '18세 미만인 사람'을 모두 포함하는 의미로 사용한다.

한편, 13세 미만의 어린이 중에서 '영유아'에 대하여는 「도로교통법」에서 정하는 바에 따라 '6세 미만인 사람'을 의미하는 용어로 사용한다.

제4절 교통안전 관련 용어

1. 「도로교통법」의 교통안전 관련 용어

우리나라 「도로교통법」 제2조(정의)에는 「도로교통법」에서 사용하고 있는 여러 가지 용어에 대한 정의가 설명되어 있다. 그 중에서 어린이 교통안전과 관련하여 알아둘 필요가 있는 용어의 정의를 소개하면 다음과 같다.

- **도로** : 「도로법」에 따른 도로, 「유료도로법」에 따른 유료도로(통행료를 지불하는 고속도로가 대표적인 유료도로임), 「농어촌도로 정비법」에 따른 농어촌도로, 그 밖에 현실적으로 불특정 다수의 사람 또는 차마(車馬)가 통행할 수 있도록 공개된 장소로서 안전하고 원활한 교통을 확보할 필요가 있는 장소를 말한다.
- **자동차전용도로** : 자동차만 다닐 수 있도록 설치된 도로를 말한다
  ※ 자동차전용도로에는 보도가 설치되어 있지 않으며, 경부고속도로, 서울 올림픽대로 등이 대표적인 자동차전용도로에 속함.
- **고속도로** : 자동차의 고속 운행에만 사용하기 위하여 지정된 도로를 말한다.
- **차도(車道)** : 연석선(차도와 보도를 구분하는 돌 등으로 이어진 선을 말한다), 안전표지 또는 그와 비슷한 인공구조물을 이용하여 경계(境界)를 표시하여 모든 차가 통행할 수 있도록 설치된 도로의 부분을 말한다.
- **중앙선** : 차마의 통행 방향을 명확하게 구분하기 위하여 도로에 황색 실선(實線)이나 황색 점선 등의 안전표지로 표시한 선 또는 중앙분리대나 울타리 등으로 설치한 시설물을 말한다. 다만, 가변차로(可變車路)가 설치된 경우에는 신호기가 지시하는 진행방향의 가장 왼쪽에 있는 황색 점선을 말한다.
- **차로** : 차마가 한 줄로 도로의 정하여진 부분을 통행하도록 차선(車線)으로 구분한 차도의 부분을 말한다.
- **차선** : 차로와 차로를 구분하기 위하여 그 경계지점을 안전표지로 표시한 선을 말한다.
  ※ 차도 중에서 자동차가 다니는 부분은 차로이고, 차로와 차로 사이의 선은 차선이므로, 두 용어를 혼동하지 않고 사용해야 함
- **자전거도로** : 안전표지, 위험방지용 울타리나 그와 비슷한 인공구조물로 경계를 표시하여 자전거가 통행할 수 있도록 설치된 「자전거 이용 활성화에 관한 법률」에 의한 도로를 말한다.
- **자전거횡단도** : 자전거가 일반도로를 횡단할 수 있도록 안전표지로 표시한 도로의 부분을 말한다(일반적으로 횡단보도 옆에 설치됨).
- **보도(步道)** : 연석선, 안전표지나 그와 비슷한 인공구조물로 경계를 표시하여 보행자(유모차와 행정안전부령으로 정하는 보행보조용 의자차를 포함한다)가 통행할 수 있도록 한 도로의 부분을 말한다.

※ 보도를 사람(人)이 다니는 도로라는 의미로 인도(人道)라고 부르는 사람이 있으나, 「도로교통법」상의 용어는 인도가 아니고 보도이므로 용어를 정확하게 사용하는 것이 바람직함(보행자가 다니는 도로라는 뜻임)

- **길가장자리구역** : 보도와 차도가 구분되지 아니한 도로에서 보행자의 안전을 확보하기 위하여 안전표지 등으로 경계를 표시한 도로의 가장자리 부분을 말한다.
- **횡단보도** : 보행자가 도로를 횡단할 수 있도록 안전표지로 표시한 도로의 부분을 말한다.

  ※ 횡단보도를 '건널목'이라고 부르는 사람이 있으나, 건널목은 철도와 도로가 교차하는 곳을 의미하므로, 용어를 혼동하지 말아야 함.

- **교차로** : '십'자로, 'T'자로나 그 밖에 둘 이상의 도로(보도와 차도가 구분되어 있는 도로에서는 차도를 말한다)가 교차하는 부분을 말한다.
- **안전지대** : 도로를 횡단하는 보행자나 통행하는 차마의 안전을 위하여 안전표지나 이와 비슷한 인공구조물로 표시한 도로의 부분을 말한다.
- **신호기** : 도로교통에서 문자·기호 또는 등화(燈火)를 사용하여 진행·정지·방향전환·주의 등의 신호를 표시하기 위하여 사람이나 전기의 힘으로 조작하는 장치를 말한다.

  ※ 신호기는 신호를 조작하는 장치 전체를 말하고, 신호등은 신호기 중에서 녹색, 황색, 적색의 등화를 의미함

- **안전표지** : 교통안전에 필요한 주의·규제·지시 등을 표시하는 표지판이나 도로의 바닥에 표시하는 기호·문자 또는 선 등을 말한다.
- **차마** : 다음에 설명하는 '차'와 '우마'를 합하여 부르는 말이다.
- **차** : 자동차, 건설기계, 원동기장치자전거, 자전거, 사람 또는 가축의 힘이나 그 밖의 동력(動力)으로 도로에서 운전되는 것을 말한다. 단, 철길이나 가설(架設)된 선을 이용하여 운전되는 것과 유모차와 행정안전부령으로 정하는 보행보조용 의자차(휠체어)는 제외한다.
- **우마** : 교통이나 운수(運輸)에 사용되는 가축을 말한다.
- **자동차** : 원동기를 사용하여 운전되는 차(견인되는 자동차도 자동차의 일부로 본다)로서, 「자동차관리법」에 따른 승용자동차, 승합자동차, 화물자동차, 특수자동차, 이륜자동차와, 「건설기계관리법」에 따른 건설기계(일반적으로 '건설중기'라고 부르는 것임)를 말한다.
- **원동기장치자전거** : 「자동차관리법」에 따른 이륜자동차 가운데 배기량 125cc 이하의 이륜자동차와, 배기량 50cc 미만(전기를 동력으로 하는 경우에는 정격출력 0.59킬로와트 미만)의 원동기를 단 차를 말한다.

- **자전거** : 「자전거 이용 활성화에 관한 법률」에 따른 자전거 및 전기자전거를 말한다.
- **긴급자동차** : 소방차, 구급차, 혈액 공급차량, 그 밖에 대통령령으로 정하는 자동차로서, 그 본래의 긴급한 용도로 사용되고 있는 자동차를 말한다.
- **어린이통학버스** : 「유아교육법」에 따른 유치원, 「초·중등교육법」에 따른 초등학교 및 특수학교, 「영유아보육법」에 따른 어린이집, 「학원의 설립·운영 및 과외교습에 관한 법률」에 따라 설립된 학원, 「체육시설의 설치·이용에 관한 법률」에 따라 설립된 체육시설 등 어린이를 교육 대상으로 하는 시설에서 어린이의 통학 등에 이용되는 자동차와, 「여객자동차 운수사업법」에 따른 여객자동차운송사업의 한정면허를 받아 어린이를 여객대상으로 하여 운행되는 운송사업용 자동차를 말한다.
- **주차** : 운전자가 승객을 기다리거나 화물을 싣거나 차가 고장 나거나 그 밖의 사유로 차를 계속 정지 상태에 두는 것 또는 운전자가 차에서 떠나서 즉시 그 차를 운전할 수 없는 상태에 두는 것을 말한다.
- **정차** : 운전자가 5분을 초과하지 아니하고 차를 정지시키는 것으로서 주차 외의 정지 상태를 말한다.
- **서행(徐行)** : 운전자가 차를 즉시 정지시킬 수 있는 정도의 느린 속도로 진행하는 것을 말한다.
- **앞지르기** : 차의 운전자가 앞서가는 다른 차의 옆을 지나서 그 차의 앞으로 나가는 것을 말한다.
- **일시정지** : 차의 운전자가 그 차의 바퀴를 일시적으로 완전히 정지시키는 것을 말한다.
- **보행자전용도로** : 보행자만 다닐 수 있도록 안전표지나 그와 비슷한 인공구조물로 표시한 도로를 말한다.

2. 「도로법」의 교통안전 관련 용어

국토교통부가 관장하는 법률인 「도로법」은 도로를 건설하고 관리하는 규정을 정한 법으로서, 이 법 내에서 어린이 교통안전과 관련하여 알아둘 필요가 있는 교통안전 용어는 다음과 같다.

- **도로** : 차도, 보도(步道), 자전거도로, 측도(側道), 터널, 교량, 육교 등 대통령령으로 정하는 시설로 구성된 것으로서 도로의 부속물을 포함한다.
- **도로의 부속물** : 도로관리청이 도로의 편리한 이용과 안전 및 원활한 도로교통의 확보, 그 밖에 도로의 관리를 위하여 설치하는 다음 각 목의 어느 하나에 해당하는 시설 또는 공작물을 말한다.
  - 주차장, 버스정류시설, 휴게시설 등 도로이용 지원시설
  - 시선유도표지, 중앙분리대, 과속방지시설 등 도로안전시설
  - 통행료 징수시설, 도로관제시설, 도로관리사업소 등 도로관리시설
  - 도로표지 및 교통량 측정시설 등 교통관리시설
  - 낙석방지시설, 제설시설, 식수대 등 도로에서의 재해 예방 및 구조 활동, 도로환경의 개선·유지 등을 위한 도로부대시설
  - 그 밖에 도로의 기능 유지 등을 위한 시설로서 대통령령으로 정하는 시설
- **도로관리청** : 도로에 관한 계획, 건설, 관리의 주체가 되는 기관으로서 도로의 구분에 따라 다음 각 목의 어느 하나에 해당하는 기관을 말한다.
  - 국토교통부장관(고속국도 및 일반국도의 도로관리청임)
  - 특별시장·광역시장·특별자치시장·도지사·특별자치도지사·시장·군수 또는 자치구의 구청장(특별시도, 광역시도, 지방도, 시도, 군도, 구도 등의 도로관리청임)
- **도로공사** : 도로의 신설, 확장, 개량 및 보수(補修) 등을 하는 공사를 말한다.
- **도로의 유지·관리** : 도로의 기능을 유지하기 위하여 필요한 일반적인 도로관리(경미한 도로의 보수 공사 등을 포함한다) 활동을 말한다.
- **도로의 종류와 등급** : 도로의 종류는 다음 각 호와 같고, 그 등급은 다음 각 호에 열거한 순서와 같다.
  - 고속국도 : 국토교통부장관이 지정하는 도로로서 한국도로공사가 위임하여 관리하는 도로
    ※ 일반적으로 '고속도로'라고 부르는 사람이 많지만 정확한 법적 용어는 '고속국도'임
  - 일반국도 : 국토교통부장관이 지정하고 관리하는 도로

- 특별시도·광역시도 : 특별시장, 광역시장이 지정하고 관리하는 도로
- 지방도 : 도지사가 지정하고 관리하는 도로
- 시도 : 시장이 지정하고 관리하는 도로
- 군도 : 군수가 지정하고 관리하는 도로
- 구도 : 구청장이 지정하고 관리하는 도로

3. 「국민안전교육진흥기본법」의 교통안전 관련 용어

행정안전부가 관장하는 법률인 「국민안전교육진흥기본법」에 나타나 있는 주요 교통안전 용어는 다음과 같다.

○ **안전교육** : 국민이 안전에 대한 중요성을 인식하고 각종 재난 및 안전사고 발생 시 이에 효과적으로 대처할 수 있도록 안전에 대한 지식이나 기능을 습득하는 교육을 말한다.
○ **안전교육 전문인력** : 안전교육이나 이와 관련된 연구를 수행할 수 있는 지식과 능력을 가진 사람으로서 대통령령으로 정하는 자격을 갖춘 사람을 말한다.

4. 경찰청 「교통사고통계」의 교통사고 관련 용어

우리나라 경찰청이 매년 발간하는 「교통사고통계」 책자의 앞부분에는 교통사고와 관련된 여러 가지 전문용어가 설명되어 있으며, 그 중 교통안전 지도교사가 알아둘 필요가 있는 중요한 용어는 다음과 같다.

○ **교통사고** : 「교통사고처리특례법」의 정의에 따라, '차의 교통으로 인하여 사람을 사상하거나 물

건을 손괴한 것'을 말한다. 다만, 경찰청 「교통사고통계」는 이와 같은 교통사고 중에서, 물건을 손괴한 사고(물적피해사고 또는 물피사고라고 부름)를 대상에서 제외하고, 사람을 사상한 사고(인적피해사고 또는 인피사고라고 부름) 중에서 경찰에서 접수하여 처리한 사고를 기준으로 한다(경찰에 접수되지 않은 사고는 경찰청 통계에서 제외함). 다만, 다음의 사고는 통계에서 제외한다.

- 도로 이외의 장소(주차장, 아파트단지 내, 학교 구내 등)에서 발생한 사고
- 자살(상)이나, 확정적 고의로 사람을 사상한 사고
- 사람이 건물, 육교 등에서 추락하여 차에 충돌하거나 역과되어(바퀴에 밟혀 넘어가서) 사상한 사고
- 벼랑붕괴, 도로함몰·유실 등으로 인해 운전자의 통제에서 벗어난 차량에 의한 사고
- 그 밖에 교통사고통계로 집계하는 것이 불합리하다고 판단되는 사고

○ 교통사고의 인적피해 구분은 다음과 같다.
- 사망 : 교통사고 발생일로부터 30일 이내에 사망한 경우(1999년까지는 72시간 이내 사망을 기준으로 하였고, 2000년부터 30일 이내를 기준으로 변경됨)
- 중상 : 교통사고로 인하여 3주 이상의 치료를 요하는 부상을 입은 경우
- 경상 : 교통사고로 인하여 5일 이상 3주 미만의 치료를 요하는 부상을 입은 경우
- 부상신고 : 교통사고로 인하여 5일 미만의 치료를 요하는 부상을 입은 경우

○ 인명피해에 따른 교통사고의 구분은 다음과 같다.
- 대형사고 : 사망자가 3명 이상이거나 부상자가 20명 이상인 사고
- 사망사고 : 사망자가 1명 이상인 사고
- 중상사고 : 사망자 없이 중상자가 1명 이상인 사고
- 경상사고 : 사망자, 중상자 없이 경상자가 1명 이상인 사고
- 부상신고 사고 : 사망자, 중상자, 경상자 없이 부상신고자가 1명 이상인 사고

○ 어린이 및 노인교통사고의 정의는 다음과 같다.
- 어린이 교통사고 : 13세 미만 어린이 사상자가 발생한 교통사고
- 노인 교통사고 : 65세 이상 노인 사상자가 발생한 교통사고

○ **사고 당사자 구분은 다음과 같다.**
- 제1당사자 : 당해 교통사고와 관련된 사람 중 과실이 큰 사람을 의미함
- 제2당사자 : 제2당사자 이후의 순위는 사고 발생순서 등 당해 사고와의 관련성 정도를 기준으로 하여 제2당사자, 제3당사자 등으로 구분함

  ※ 일반적으로 가해자가 제1당사자가 되고, 피해자가 제2당사자가 됨.

○ **차종의 구분은 다음과 같다.**
- 차 : 도로교통법 제2조의 규정에 의해 자동차, 건설기계, 원동기장치자전거, 자전거, 사람 또는 가축의 힘이나 그 밖의 동력에 의하여 도로에서 운전되는 것을 말함
- 자동차 : 자동차관리법 제3조의 규정에 의한 승용, 승합, 화물, 특수, 이륜차를 말함
- 건설기계 : 건설기계관리법 시행령 제2조의 규정에 의한 27종 중 동력에 의해 움직이는 19종의 건설기계(불도저, 굴삭기, 로더, 지게차, 스크레이퍼, 덤프트럭, 기중기, 모터그레이더 등)를 말함
- 농기계 : 농업기계화촉진법에 의한 농기계 중 농업용 트랙터, 농업용 콤바인, 동력이양기, 동력경운기를 말함
- 원동기장치자전거 : 자동차관리법 제3조의 규정에 의한 이륜자동차 가운데 배기량125cc 이하의 이륜자동차 또는 배기량 50cc 미만(전기를 동력으로 하는 경우에는 전격출력 0.59KW 미만)의 원동기를 단 차를 말함

○ **교통사고의 유형 구분은 다음과 같다.**
- 차 대 차 사고 : 차와 다른 차가 충돌·추돌 또는 접촉한 사고
- 차 대 사람 사고 : 차가 보행자를 충격한 사고
- 차량 단독 사고 : 운전자, 차, 도로상에 설치된 각종 시설물 또는 자연물 등이 원인이 되어 차가 스스로 전도·전복·추락·충돌한 사고
- 차 대 열차 사고 : 열차가 당사자로 된 건널목 사고 등

○ **주, 야의 구분은 다음과 같다.**
- 주간 : 일출부터 일몰까지의 시간

- 야간 : 일몰부터 일출까지의 시간

○ 기상조건의 구분은 다음과 같다.

- 맑음 : 구름이 대략 80% 미만인 경우
- 흐림 : 구름이 대략 80% 이상인 경우
- 비 : 비가 오고 있는 상태
- 안개 : 안개로 인해 시야가 200m 이내인 경우
- 눈 : 눈, 진눈깨비, 우박이 오고 있는 상태

○ **음주운전** : 도로교통법 제44조(술에 취한 상태에서의 운전금지)에서 술에 취한 상태의 기준은 혈중알코올농도 0.05% 이상인 경우를 말하며, 음주운전 통계에는 음주측정 불응인 경우도 포함된다.

○ **어린이보호구역·노인보호구역의 정의**

- 어린이보호구역 : 학교 앞 등의 주 출입문을 중심으로 반경 300m 이내의 도로로서 어린이보호구역으로 지정된 도로 (필요한 경우 최대 500m까지 확대 가능)
- 노인보호구역 : 노인복지시설 등의 주 출입문을 중심으로 반경 300m 이내의 도로로서 노인보호구역으로 지정된 도로 (필요한 경우 최대 500m까지 확대 가능)

제2장
어린이 교통사고 발생 현황

제1절 어린이 교통사고 발생추세

제2절 어린이 교통사고 발생특성

제3절 어린이 교통사고 국제비교

제2장
어린이 교통사고 발생 현황

제1절 어린이 교통사고 발생추세

이 장에서는 우리나라의 어린이 교통사고 발생 현황을 파악하기 위하여, 지난 1980년 이후 어린이 교통사고 발생추세를 살펴본다.

앞의 장에서 설명한 바와 같이 이 장에서 말하는 어린이 교통사고의 정의는 경찰청 기준에 따라 '13세 미만 어린이 사상자가 발생한 교통사고'를 의미하며, 다만 경찰청 산하 도로교통공단이 OECD 기준에 맞추어 교통사고분석시스템(TAAS) 내에서 0~14세 어린이 교통사고 사상자 통계를 집계한 결과는 여기서 그대로 사용하도록 한다.

1. 어린이 교통사고 발생 추세

우리나라의 어린이 교통사고 사망자수는 경찰청 교통사고 통계에 의하면 지난 1988년에 1,766명으로 사상 최고치에 도달하였고, 이후 지속적으로 감소하여 2017년에는 54명으로 최고치 대비 3%

수준으로 감소하였다.

이것은 어린이 교통사고 사망자수가 과거 최고치 대비 97%가 감소하였다는 것을 의미하며, 그 동안 다른 어느 나라에서도 달성하지 못한 높은 감소율을 나타내는 것이다.

[표 2.1.1] 어린이 교통사고 발생추세

연도	전체 교통사고			어린이 교통사고		
	사고건수	사망자수	부상자수	사고건수	사망자수	부상자수
1980	120,182	5,608	111,641	–	1,305	–
1985	146,836	7,522	184,420	–	1,619	–
1988	225,062	11,563	287,739	–	1,766 (최고치)	46,460
1990	255,303	12,325	324,229	–	1,537	50,807
1991	265,964	13,429 (최고치)	331,610	–	1,566	50,218
1995	248,865	10,323	331,747	31,698	809	36,229
2000	290,481	10,236	426,984	26,702	588	34,252
2005	214,171	6,376	342,233	18,000	250	22,051
2006	213,745	6,327	340,229	16,542	243	20,300
2007	211,662	6,166	335,906	15,642	179	19,167
2008	215,822	5,870	338,962	14,930	141	18,404
2009	231,990	5,838	361,875	14,980	136	18,370
2010	226,878	5,505	352,458	14,095	126	17,178
2011	221,711	5,229	341,391	13,323	80	16,323
2012	223,656	5,392	344,565	12,497	83	15,485
2013	215,354	5,092	328,711	11,728	82	14,437
2014	223,552	4,762	337,497	12,110	52	14,894
2015	232,035	4,621	350,400	12,191	65	15,034
2016	220,917	4,292	331,720	11,266	71	14,215
2017	216,335	4,185	322,829	10,960	54	13,433

자료 1) 경찰청, 교통사고통계, 각 년도

주 1) 어린이 교통사고 사망자수는 경찰청 집계기준 변경에 따라 2004년 이전은 14세 이하, 2005년 이후는 13세 미만을 기준으로 함
   2) 전체 교통사고 사망자수는 OECD 가입에 따른 집계기준 변경에 따라 1999년 이전은 사고발생 후 72시간 이내, 2000년 이후는 사고발생 후 30일 이내를 기준으로 함
   3) 위 표에서 공란은 과거에 자료가 미집계된 항목임

다만, 여기서 우리나라의 어린이 교통사고 사망자수 집계 기준이 2004년 이전은 14세 이하였으나, 2005년 이후는 13세 미만으로 변경되어서, 그에 따라 어린이 사망자수 집계치가 일부 감소한 영향이 포함된 것이다. 같은 기간에 우리나라의 전체 교통사고 사망자수는 지난 1991년에 최고치 13,429명에서 2017년에는 4,185명으로 감소하여, 최고치 대비 31% 수준으로 감소하였다.

따라서 우리나라의 어린이 교통사고 사망자수 감소율은 전체 교통사고 감소율에 비하여도 매우 우수한 성과를 나타내고 있다.

다만, 여기서 전체 교통사고 사망자수는 우리나라가 2000년에 OECD에 가입하면서 집계기준이 변경되어, 1999년 이전은 사고발생 후 72시간(3일) 이내 사망자를 기준으로 하였고, 2000년 이후는 사고발생 후 30일 이내를 기준으로 변경되어 총사망자수가 일부 증가한 영향이 포함된 것이다.

한편, 우리나라의 어린이 교통사고 부상자수는 지난 1990년에 최고치 50,807명에서 2017년 13,433명으로 최고치 대비 26% 수준으로 감소하여 사망자수 감소율보다 낮은 감소율을 보였는데, 이것은 민간학원 통학교통 증가 등 어린이 통행량의 증가에 따라 사고건수 및 부상자수는 크게 감소하기 어려운 여건이 반영된 결과다.

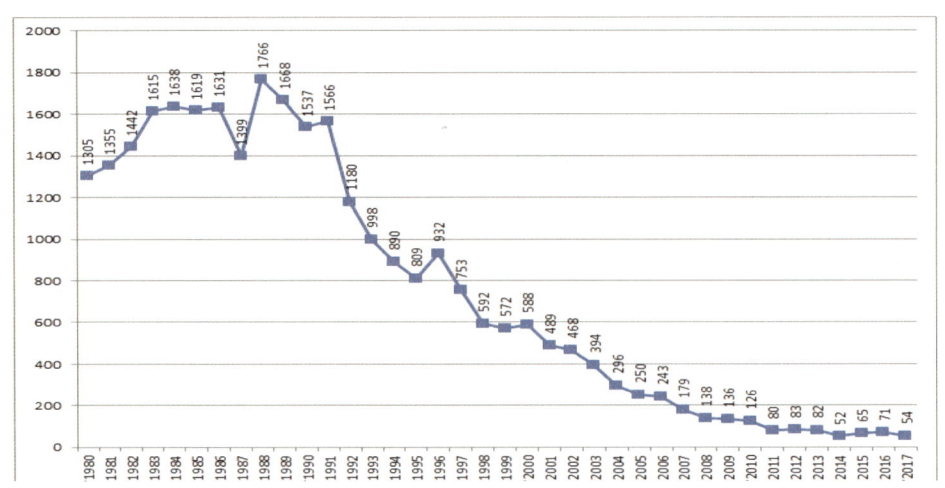

[그림 2.1.1] 어린이 교통사고 사망자수 추세

자료) 경찰청, 교통사고통계, 2017년

2. 어린이 교통사고율 추세

어린이 교통사고율 추세는 전체 교통사고 사망자수 중에서 어린이 교통사고 사망자수 비율과 어린이 인구 10만명당 어린이 교통사고 사망자수 비율을 통하여 살펴볼 수 있다.

우리나라의 전체 교통사고 사망자수 중 어린이 교통사고 사망자수 비율은 지난 1980년에 최고치 23.3%에서 2017년 1.3%로 크게 감소하였는데, 이것은 과거에는 전체 교통사고 사망자수 중에서 어린이 희생자 비율이 높았지만 최근에는 크게 감소한 것을 나타내는 수치로서, 그 동안 어린이 교통안전 교육, 어린이 보호구역 설치 사업 등 어린이 교통안전 대책이 큰 효과를 보았기 때문으로 분석된다.

다만, 최근 2014년에 어린이 교통사고 사망자수 비율이 1.1%로 내려갔다가, 2017년에 다시 1.3%로 높아진 것은 약간의 문제점으로 나타나고 있는데, 지난 2014년에는 세월호 사고(2014년 4월 16일 발생)의 영향으로 대부분의 유치원 및 초등학교가 수학여행 및 교외활동을 중단한 영향으로 어린이 통행량과 어린이 교통사고 사망자수가 대폭 감소한 영향이 컸는데, 그 이후 다시 각 급 학교의 어린이 외부활동이 재개되면서 사망자수가 다소 늘어났기 때문으로 분석된다.

한편, 우리나라의 어린이 인구 10만명당 교통사고 사망자수는 1988년 최고치 15.4명에서 2017년 0.8명으로 감소하여 매우 우수한 감소율을 보였는데, 이것은 어린이 교통사고 사망자수가 감소한 영향도 있고, 그 동안 어린이 인구 자체가 1988년 11,487천명에서 2017년 6,751천명으로 약 59% 수준으로 감소한 영향이 중복되어 나타난 것이다.

다만, 여기서 어린이 인구는 통계청 집계기준에 따라 0~14세 인구를 기준으로 한 것이고, 어린이 교통사고 사망자수는 경찰청 집계기준 변경에 따라 2005년 이후 13세 미만을 기준으로 한 것이어서 약간의 차이가 발생한다는 점을 참조할 필요가 있다.

[표 2.1.2] 어린이 교통사고율 추세

연도	전체 교통사고 사망자수	어린이 교통사고 사망자수	어린이 사망자수 비율(%)	어린이 인구 (천명)	어린이 10만명당 사망자수
1980	5,608	1,305	23.3	12,951	10.1
1985	7,522	1,619	21.5	12,305	13.2
1988	11,563	1,766 (최고치)	15.3	11,487	15.4 (최고치)
1990	12,325	1,537	12.5	10,974	14.0
1991	13,429 (최고치)	1,566	11.7	10,859	14.4
1995	10,323	809	7.8	10,537	7.7
2000	10,236	588	5.7	9,911	5.9
2005	6,376	250	3.9	9,223	2.7
2006	6,327	243	3.8	8,980	2.7
2007	6,166	179	2.9	8,714	2.1
2008	5,870	138	2.4	8,479	1.6
2009	5,838	136	2.3	8,229	1.7
2010	5,505	126	2.3	7,979	1.6
2011	5,229	80	1.5	7,771	1.0
2012	5,392	83	1.5	7,577	1.1
2013	5,092	82	1.6	7,392	1.1
2014	4,762	52	1.1	7,214	0.7
2015	4,621	65	1.4	7,030	0.9
2016	4,292	71	1.7	6,856	1.0
2017	4,185	54	1.3	6,751	0.8

자료 1) 경찰청, 교통사고통계, 각년도
　　 2) 통계청, 장래인구추계, 2018년
주　1) 어린이 교통사고 사망자수는 경찰청 집계기준에 따라 2004년 이전은 14세 이하, 2005년 이후는 13세 미만을 기준으로 함
　　2) 어린이 인구는 통계청 집계기준에 따라 0~14세 인구를 기준으로 함

3. 학년별 어린이 교통사고 사망자수 추세

과거 2005년부터 2017년까지 학년별 어린이 교통사고 사망자수 추세를 살펴보면, 유치원에 취원

Children Traffic Safety

하기 이전의 미취원아 사망자수는 2005년 101명에서 2017년 19명으로 약 19% 수준으로 감소하였고, 유치원아 사망자수는 2005년 42명에서 2017년 5명으로 약 12% 수준으로 감소하였다.

단, 이 표에서 어린이 교통사고 사망자수 합계치는 도로교통공단 집계 기준에 따라 14세 이하 어린이를 집계한 수치이고, 중학생은 14세 이하만을 집계한 것이며, 앞 절에서 경찰청이 집계한 13세 미만 사망자수와 약간의 차이가 난다는 점을 참고할 필요가 있다.

초등학생 사망자수는 지난 2005년 104명에서 2017년 24명으로 약 23% 수준으로 감소하였고, 특히 초등학교 4학년 이상은 사망자수가 크게 감소하였는데, 이것은 초등학교 저학년 1~3학년에 교통안전에 조심하고 교통안전교육을 집중하면 4학년 이후에는 사망자수가 크게 감소한다는 것을 보여준다.

연도별로 어린이 교통사고 사망자수 변화를 살펴보면 지난 2010년 169명에서 2011년 113명으로 1년만에 약 33%가 감소하였는데, 이것은 2011년에 당시 국무총리실 안전관리개선기획단이 교육부를 통해 모든 유치원 및 초등학교에서 연간 23시간 이상 교통안전 교육을 실시하도록 지침을 내려 보내어 의무적으로 시행한 것이 큰 효과를 본 것으로 분석된다.

[표 2.1.3] 학년별 어린이 교통사고 사망자수 추세

연도	합계	미취원아	유치원아	초등학생							중학생
				소계	초1	초2	초3	초4	초5	초6	
2005	292	101	42	104	26	28	19	11	6	14	45
2006	291	74	43	120	31	33	25	12	12	7	54
2007	220	61	22	91	22	21	14	11	7	16	46
2008	172	38	21	77	22	15	15	15	4	6	36
2009	157	38	17	77	13	21	16	7	9	11	24
2010	169	36	16	72	16	14	13	10	8	11	45
2011	113	31	4	44	10	13	7	2	7	5	34
2012	110	28	11	42	8	12	6	8	5	3	29
2013	106	32	10	34	12	8	8	5	1	0	30
2014	67	19	8	23	7	2	5	2	4	3	17

2015	91	22	7	35	9	9	5	4	3	5	27
2016	75	28	11	28	8	6	3	5	2	4	8
2017	62	19	5	24	6	4	7	3	3	1	14

자료) 도로교통공단, 교통사고통계분석, 2018년
주) 어린이 교통사고 사망자수는 14세 이하 어린이를 집계한 것이며, 중학생 중에서는 14세 이하만을 집계한 것임

　　미취원아, 유치원아 및 초등학생 별로 지난 2005년부터 2017년까지 연도별 교통사고 사망자수 변화 추세를 도표로 나타내면 다음 그림과 같다.

　　이 도표에서 보듯이 유치원아 사망자수는 상당히 낮은 편이지만, 미취원아 사망자수가 초등학생 사망자수와 거의 비슷한 수준인 것은 상당히 우려스러운 점이며, 유치원 및 초등학교에서 어린이 교통안전 교육이 이루어지기 전에 가정에서 미취원아의 교통안전에 대한 각별한 주의가 필요함을 나타내 준다.

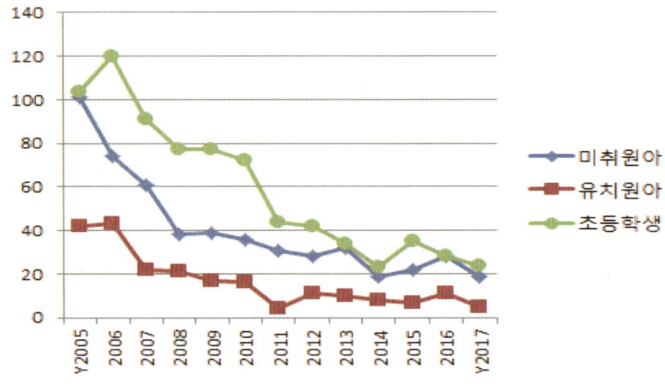

[그림 2.1.2] 학년별 어린이 교통사고 사망자수 변화 추세

4. 승차상태별 어린이 교통사고 사망자수 추세

　　지난 2005년 이후의 승차상태별 어린이 교통사고 사망자수 추세를 살펴보면, 전체 사망자수 중에서 보행중 사망자수가 차지하는 비율이 2005년 68.3%(194명)에서 2016년 51.3%(36명)로 지속적으

Children Traffic Safety

로 절반 이상을 차지하고 있으므로, 어린이 교통사고는 항상 보행중 사고 방지에 역점을 두어야 할 필요성을 나타내고 있다.

다음으로는 자동차 승차중 사망자수가 많은 비중을 차지하고 있는데, 2016년에는 전체의 43.7%(31명)를 차지하고 있어서, 어린이가 자동차 승차 시 보호장구를 반드시 착용시켜야 할 필요성을 나타내고 있다.

이륜차(원동기장치자전거 포함) 승차중 사망자수는 과거에 비해 크게 감소하여 2013년 이후 제로를 유지하고 있고, 자전거 승차중 사망자수도 과거에 비하여 크게 감소하였지만 2016년 현재 여전히 전체 사망자수의 7~8% 수준을 차지하고 있어서, 지속적으로 유의해야 할 분야로 나타나고 있다.

[표 2.1.4] 승차상태별 어린이 교통사고 사망자수 추세

연도	합계	자동차 승차중	이륜차 승차중	자전거 승차중	보행중	기타/불명
2005	284	59	2	21	194	8
2006	276	50	4	16	199	7
2007	202	48	8	13	128	5
2008	161	42	7	16	90	6
2009	154	38	2	14	96	4
2010	126	36	0	11	79	0
2011	80	27	0	4	49	0
2012	83	24	1	3	54	1
2013	82	23	0	2	57	0
2014	52	20	0	6	26	0
2015	65	15	0	9	41	0
2016	71	31	0	4	36	0

자료) 경찰청, 교통사고통계, 각년도
주) 어린이 사망자수는 13세 미만을 기준으로 집계한 것임

승차상태별 어린이 교통사고 사망자수 추세를 그래프로 나타내 보면 아래와 같으며, 전체적으로 보행중 사망자수는 크게 감소하였지만, 자동차 승차중 사망자수는 별로 감소하지 않아서 문제점으

로 나타나고 있다.

  이렇게 보행중 어린이 사망자수가 감소한 것은 학교와 유치원에서 교통안전 교육을 받은 어린이가 실제 도로상에서 보행중 교통사고 방지방법을 실천하는 효과가 큰 때문으로 분석된다. 반면에 자동차 승차중 사망자수가 크게 감소하지 않은 것은 부모님들이 자동차 승차중 어린이 보호장구 착용에 대한 인식이 크게 개선되지 않은 외에, 자동차를 이용하는 어린이 통행량이 크게 늘어났기 때문으로 분석된다.

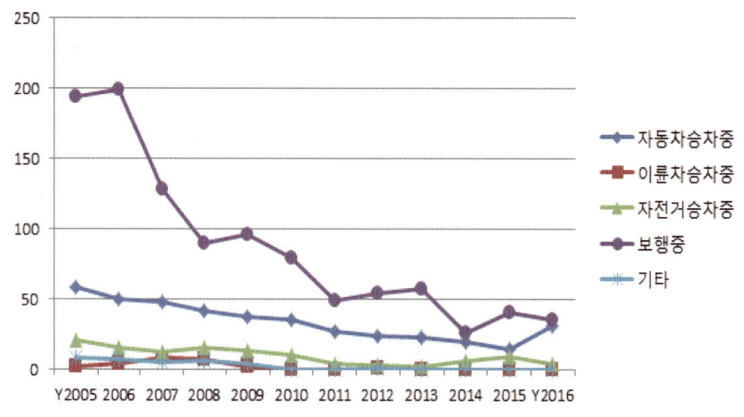

[그림 2.1.3] 승차상태별 어린이 교통사고 사망자수 추세

제2절 어린이 교통사고 발생특성

  어린이 교통사고 발생 특성을 살펴보기 위하여 최근 2015년부터 2017년까지 3년간 우리나라에서 발생한 어린이 교통사고의 특성을 월별, 요일별, 시간대별, 도로종류별, 남녀별, 승차상태별, 시도별, 학년별로 분석하면 아래와 같다. 여기서 최근 3년간의 어린이 교통사고를 합계하여 분석한 이유

는 어린이 교통사고 사망자수가 많지 않아서 단년도 분석 시의 연도별 편차를 줄이기 위한 것이다.

1. 월별 어린이 교통사고

최근 2015년부터 2017년까지 3년간 발생한 어린이 교통사고의 월별 발생 특성을 살펴보면 다음과 같다.

① '어린이 날'이 들어 있는 5월 중에 가장 많은 어린이 교통사고가 발생

'어린이 날'이 들어 있는 5월 중에 총 3,749건의 어린이 교통사고가 발생하여 가장 많은 사고가 발생하고, 부상자수도 4,645명이 발생하여 가장 많이 발생하였는데, 이것은 날씨가 좋고 어린이들의 야외활동이 많아서 어린이들이 교통사고의 위험에 노출되기 때문으로 분석되므로, 특히 5월에 어린이 교통사고에 주의할 필요가 있다.

② 어린이 교통사고 사망자수는 10월에 가장 많이 발생

어린이 교통사고 사망자수는 비교적 날씨가 추운 11~1월에 적게 발생하였고, 다른 달은 비교적 고르게 많이 발생하였는데, 특히 10월에 21명으로 가장 많은 사망자수가 발생하였다.

이것은 계절적으로 어린이들의 야외활동량이 많은 봄~가을철에 어린이 교통사고 사망자수가 많이 발생하는 것을 보여주는 것으로서, 이 시기에 어린이 교통사고에 주의해야 할 필요성을 나타낸다.

[표 2.2.1] 월별 어린이 교통사고(2015~2017년)

구분	1월	2월	3월	4월	5월	6월	7월	8월	9월	10월	11월	12월	합계
사고건수	2,117	2,086	2,668	3,025	3,749	3,132	3,258	3,409	3,129	3,037	2,512	2,295	34,417
사망자수	11	18	17	15	16	18	16	17	17	21	12	12	190
부상자수	2,781	2,686	3,192	3,701	4,645	3,629	4,051	4,328	3,853	3,814	3,097	2,905	42,682

자료) 도로교통공단, 교통사고통계분석, 2018

2. 요일별 어린이 교통사고

2015년부터 2017년까지 3년간 발생한 어린이 교통사고의 요일별 발생 특성을 살펴보면 다음과 같다.

① 주말인 토요일에 가장 많은 어린이 교통사고가 발생

어린이 교통사고를 요일별로 보면 주말인 토요일에 총 6,360건의 어린이 교통사고가 발생하여 가장 많은 어린이 교통사고가 발생하였는데, 이것은 주 중에는 학교생활을 하며 교통사고에 노출될 위험성이 적은 반면에, 주말이 되면 학교 밖에서 교통사고에 노출될 위험성이 커지기 때문으로 분석되므로, 주말에 더욱 어린이 교통안전에 주의할 필요가 있다.

② 어린이 사망자는 금요일과 토요일에 가장 많이 발생

어린이 교통사고 사망자는 금요일에 36명, 토요일에 35명으로 가장 많이 발생하고 있고, 특히 금요일에는 교통사고건수는 상대적으로 적은 반면에 사망자수는 많이 발생하고 있다.

이것은 한 주간의 학교 수업이 끝나는 금요일에 어린이들의 주의력이 특히 이완되기 때문으로 분석되므로, 금요일 오후부터 주말인 토요일에 어린이 사망자를 방지하는 노력이 필요하다.

[표 2.2.2] 요일별 어린이 교통사고(2015~2017년)

구분	일	월	화	수	목	금	토	합계
사고건수	5,323	4,364	4,264	4,548	4,472	5,086	6,360	34,417
사망자수	27	24	21	19	24	36	35	190
부상자수	7,075	5,291	5,205	5,421	5,317	6,123	8,250	42,682

자료) 도로교통공단, 교통사고통계분석, 2018

3. 시간대별 어린이 교통사고

2015년부터 2017년까지 3년간 발생한 어린이 교통사고의 시간대별 발생 특성을 살펴보면 다음과 같다.

① 하교시간인 16~18시(오후 4~6시) 사이에 가장 많은 어린이 교통사고가 발생

하교시간인 16~18시(오후 4~6시)에 총 7,840건의 교통사고가 발생하여 가장 많은 어린이 교통사고가 발생하였고, 다음으로 역시 하교시간인 14~16시(오후 2~4시)에 6,152건의 교통사고가 발생하였다.

이것은 하교시간에는 녹색어머니회의 교통안전 지도활동이 없고, 어린이들이 하교 후에 긴장이 풀리고 방심하기 때문으로 분석되므로, 어린이 교통사고는 특히 하교시간 이후의 교통사고 예방에 집중할 필요가 있다.

② 사망자는 하교시간인 16~18시와 저녁시간인 18~20시에 많이 발생

어린이 사망자는 하교시간인 16~18시(오후 4~6시)에 가장 많은 48명이 발생하였고, 다음으로 저녁시간인 18~20시에 33명이 발생하여 많은 사망자가 발생하였다.

이것은 하교시간 이후에는 녹색어머니회의 활동이 없고, 어린이들이 방과 후 활동으로 통행량이 많기 때문으로 분석되며, 특히 저녁시간인 18~20시에는 교통사고건수는 14~16시에 비해 적은 반면 사망자수는 많으므로, 어린이 사망자를 방지하기 위하여 하교시간 이후 및 저녁시간의 교통사고 방지에 특히 노력할 필요가 있다.

[표 2.2.3] 시간대별 어린이 교통사고(2015~2017년)

구분	0~2	2~4	4~6	6~8	8~10	10~12	12~14	14~16	16~18	18~20	20~22	22~24	합계
사고건수	292	70	77	374	3,248	2,666	3,771	6,152	7,840	5,840	2,965	782	34,417
사망자수	5	1	0	4	14	18	28	21	48	33	10	8	190
부상자수	395	91	97	456	4,169	3,524	4,713	7,433	9,455	7,036	3,773	1,532	42,682

자료) 도로교통공단, 교통사고통계분석, 2018

4. 도로종류별 어린이 교통사고

2015년부터 2017년까지 3년간 발생한 어린이 교통사고의 도로종류별 발생 특성을 살펴보면 다음과 같다.

① 도시지역인 특별·광역시도와 시도에서 전체의 72%의 어린이 교통사고가 발생

어린이 교통사고는 대도시 지역 내인 특별·광역시도에서 총 11,726건, 중·소도시인 시도(市道)에서 총 12,318건, 합계 24,044건의 교통사고가 발생하여, 전체의 72%가 발생하였고, 사망자수도 합계 110명으로 전체의 60%가 발생하였다. 이것은 도시지역 내에 어린이 인구가 많기 때문이기도 하지만, 도시지역 내의 교통상황이 지방보다 복잡하여 어린이들에게 교통상황에 맞는 교통안전 교육을 주의 깊게 시켜야 할 필요성을 나타낸다.

② 고속국도에서 안전띠 미착용으로 13명의 어린이 사망자수가 발생

어린이 교통사고 사망자수는 고속국도에서도 13명이 발생하였는데, 이것은 어린이가 자동차를 타고 고속도로를 통행 중에 발생한 사망자로서, 어린이 보호장구를 착용하였다면 발생하지 않았을 사망자이며, 고속국도에서 보호장구 착용의 중요성을 나타내는 통계이다.

[표 2.2.4] 도로종류별 어린이 교통사고(2015~2017년)

구분	일반국도	지방도	특별·광역시도	시도	군도	고속국도	기타	합계
사고건수	2,255	2,852	11,726	12,318	1,263	877	2,074	33,365
사망자수	23	11	51	59	9	13	8	182
부상자수	3,178	3,765	13,994	15,261	1,549	1,410	2,358	41,515

자료) 도로교통공단, 교통사고통계분석, 2018

Children Traffic Safety

5. 학년별 어린이 교통사고 사상자

2015년부터 2017년까지 3년간 발생한 어린이 교통사고의 학년별 발생 특성을 살펴보면 다음과 같다. 다만 여기서 어린이는 도로교통공단의 집계기준에 따라 만 14세 이하를 나타낸 것이다.

① 미취원아 중에서 사망자수가 가장 많이 발생

어린이 중에서 미취원아는 사망자수 69명, 부상자수 12,110명으로 가장 많은 사상자수를 나타냈는데, 이것은 현재 미취원아에 대한 교통안전 교육이 제대로 이루어지지 않고 있기 때문으로 분석된다. 따라서 교육부가 유치원 및 초등학교에서 어린이 교통안전교육을 아무리 강화하더라도 미취원아에 대한 교육은 사각지대에 있으므로 상당한 숫자의 어린이 교통사고는 그대로 발생할 수밖에 없음을 나타낸다. 그러므로 현재 유치원 및 초등학교에서 집중적으로 이루어지고 있는 어린이 교통안전 교육을 미취원아까지 확대하여 실시해야 할 필요성을 보여준다(미취원아에 대한 교육은 미취원아의 부모에 대한 교육을 포함함).

② 초등학생 중에서는 초1과 초2가 가장 많은 교통사고를 당함

초등학생 중에서는 초1이 사망자수 23명, 부상자수 4,713명으로 가장 많이 발생하였고, 다음으로 초2가 사망자수 19명, 부상자수 4,087명으로 많이 발생하였는데, 이것은 초등학교에서 저학년인 초1과 초2 시기에 아직 판단력이 미숙하고 교통안전 습관이 정착되지 않았기 때문이므로, 이 시기에 교통안전 교육을 집중해야 함을 보여준다.

[표 2.2.5] 학년별 어린이 교통사고 사상자(2015~2017년)

구분	미취원아	유치원아	초1	초2	초3	초4	초5	초6	중학생	합계
사망자수	69	23	23	19	15	12	8	10	49	228
부상자수	12,110	5,069	4,713	4,087	4,024	3,262	3,213	3,498	12,553	52,529

자료 1) 도로교통공단, 교통사고통계분석, 2018
주 1) 학년별 어린이 교통사고 사상자수는 14세 이하를 집계한 것임
　 2) 중학생은 14세 이하만을 집계한 것임

6. 남녀별 어린이 교통사고 사상자

2015년부터 2017년까지 3년간 발생한 어린이 교통사고 사상자의 남녀별 발생 특성을 살펴보면 다음과 같으며, 이 통계는 도로교통공단의 집계 기준에 따라 14세 이하의 어린이 교통사고 통계를 나타낸다.

① 남자 어린이 사망자수가 여자 어린이의 2배를 넘음

남녀별로 보면 남자 어린이 사망자수가 156명으로 여자 어린이 사망자수 64명의 2배를 넘는 것으로 나타났다. 이것은 남자 어린이들의 야외 활동량이 여자 어린이보다 많기 때문이며, 남자 어린이들에게 좀 더 교통안전 교육에 신경을 써야 함을 나타낸다.

② 남자 어린이 부상자수는 여자 어린이의 1.4배에 이름

남자 어린이의 부상자수는 30,433명으로 여자 어린이 부상자수 21,169명의 약 1.4배에 이르러, 부상자수에 있어서도 남자 어린이가 여자 어린이보다 더 많음을 나타낸다.

[표 2.2.6] 남녀별 어린이 교통사고 사상자(2015~2017년)

구분	남	여	합계
사망자수	156	64	220
부상자수	30,433	21,169	51,602

자료) 도로교통공단, 교통사고통계분석, 2018
주) 남녀별 어린이 교통사고 사상자수는 14세 이하를 집계한 것임

7. 승차상태별 어린이 교통사고 사상자

2015년 및 2016년에 발생한 어린이 교통사고 사상자의 승차상태별 발생 특성을 살펴보면 다음과 같으며, 이 통계는 도로교통공단의 집계 기준에 따라 14세 이하 어린이 교통사고 통계를 나타낸다.

① 보행중 어린이 사망자수가 전체의 56%로 가장 많음

보행중 어린이 사망자수가 89명으로 전체의 56%를 넘어 절반을 넘고 있고, 부상자수는 10,993명으로 전체의 31%에 이르고 있다. 이것은 어린이 교통안전 교육은 보행중 교통사고 방지에 가장 중점을 두어야 할 필요성을 나타낸다.

② 자동차승차중 사망자수가 두 번째로 많음

자동차승차중 사망자수는 48명으로 두 번째로 많으며, 부상자수는 총 19,211명으로 전체의 54%로 가장 많은 비율을 차지하는 것으로 나타났다. 그러므로 자동차승차중 사망자를 방지하려면 어린이 보호장구 착용을 더욱 강화해야 함을 보여준다.

③ 자전거승차중 사망자수는 세 번째로 많음

자전거승차중 사망자수는 총 19명으로 보행중 사망자수의 1/4 이하의 비율을 보이고 있으나, 자전거 이용자수 대비 여전히 높은 사망자수를 보이고 있어서, 자전거 사망자수 방지에도 더욱 힘쓸 필요가 있다.

[표 2.2.7] 승차상태별 어린이 교통사고 사상자(2015~2016년)

구분	자동차승차중	이륜차승차중	자전거승차중	보행중	기타/불명	합계
사망자수	48	3	19	89	0	159
부상자수	19,211	255	5,024	10,993	15	35,498

자료) 도로교통공단, 교통사고통계분석, 2017
주) 승차상태별 어린이 교통사고 사상자수는 14세 이하 어린이를 집계한 것임

8. 어린이 보행중 사고

2015년부터 2017년까지 3년간 발생한 어린이 교통사고 중 어린이 보행 중 사고의 사고유형별 발생 특성을 살펴보면 다음과 같다.

① 횡단 중 사고가 전체의 66%로 가장 많이 발생

보행 중 어린이 교통사고는 도로 횡단 중에 총 8,572건으로 전체의 66%가 발생하여 가장 많이 발생하였는데, 이것은 어린이 교통안전 교육은 도로 횡단 중 사고 방지에 가장 집중해야 함을 나타내는 자료이다.

② 기타 사고가 다음으로 많이 발생

횡단 중 사고 다음으로는 '기타' 사고가 많이 발생하였는데, 이것은 어린이가 도로에서 횡단중이나 통행중이 아니고, 놀이를 하거나 도로변에 서서 한 눈을 팔다가 나는 사고로서, 도로에서 교통사고를 당할 위험한 행동을 하지 않도록 지도할 필요성을 나타낸다.

[표 2.2.8] 어린이 보행중 사고(2015~2017년)

구분	횡단중	차도통행중	길가장자리구역통행중	보도통행중	기타	합계
사고건수	8,572	621	492	482	2,737	12,904
사망자수	63	4	9	5	32	113
부상자수	8,777	624	498	498	2,782	13,169

자료) 도로교통공단, 교통사고통계분석, 2018

9. 시·도별 어린이 교통사고 사상자

2015년부터 2017년까지 3년간 발생한 어린이 교통사고 사상자수를 시·도별로 살펴보면 다음과 같다.

① 경기도가 어린이 교통사고 사상자수가 가장 많이 발생

경기도는 어린이 교통사고 사망자수와 부상자수 모두 전국에서 가장 많게 나타나고 있고, 인구가 비슷한 규모인 서울시와 비교해 볼 때도 사망자수는 3배, 부상자수는 2배 정도 높게 나타나고 있어서 어린이 교통안전에 가장 취약한 지역으로 나타나고 있다.

부산시의 경우는 인구가 서울시의 약 1/3 규모이지만 어린이 교통사고 사망자수는 서울시보다 더 많게 나타나고 있어서 문제점으로 나타나고 있다. 도(道) 중에서는 경기도를 제외하고 경북과 전남이 사망자수와 부상자수가 높게 나타나고 있다.

② 울산시는 어린이가 가장 안전한 도시

울산시는 최근 3년간 어린이 교통사고 사망자수 2명, 부상자수 915명으로, 인구 규모가 비슷한 광주시, 대전시와 비교하여 어린이 교통사고율이 절반 이하를 나타내고 있어서, 어린이 교통안전이 가장 앞선 지자체로 나타나고 있다.

다음으로 제주도가 사망자수 3명으로 적은 편에 속하지만, 부상자수는 인구 규모로 비교할 때 상당히 높은 수준을 나타내고 있다.

[표 2.2.9] 시 · 도별 어린이 교통사고 사상자(2015~2017년)

시도	사망자수	부상자수	시도	사망자수	부상자수
서울	13	6,670	강원	11	2,573
부산	20	2,655	충북	9	2,469
대구	9	2,917	충남	16	2,324
인천	6	2,007	전북	11	2,127
광주	10	2,054	전남	22	2,765
대전	8	1,822	경북	22	3,389
울산	2	915	경남	13	2,878
경기	45	13,198	제주	3	1,342

자료 1) 도로교통공단, 교통사고통계분석, 2018
주 1) 어린이 교통사고 사망자수는 14세 이하를 기준으로 집계한 것임.
   2) 세종특별자치시의 어린이 교통사고 사상자수는 충남도에 포함됨.

10. 어린이 교통사고의 특징과 시사점

2015년부터 2017년까지 3년간 발생한 어린이 교통사고의 발생 특성을 요약하여 정리하면 다음과 같다.

- 월별로는 '어린이 날'이 들어 있는 5월 중에 가장 많은 어린이 교통사고건수가 발생하고 있고, 교통사고 사망자수는 10월에 가장 많이 발생하고 있어서, 이와 같은 월별 특성에 맞추어 적절한 교통안전 교육을 실시할 필요가 있다.
- 요일별로는 주말인 토요일에 가장 많은 어린이 교통사고가 발생하고 있고, 사망자수는 금요일과 토요일에 가장 많이 발생하고 있어서, 특히 금요일 오후부터 주말인 토요일에 어린이 사망자를 방지하는 대책이 필요하다.
- 시간대별로는 하교시간인 16~18시(오후 4~6시) 사이에 가장 많은 어린이 교통사고와 사망자수가 발생하고 있어서, 어린이 교통사고는 특히 하교시간 이후의 교통사고 예방에 집중하여야 한다.
- 도로종류별로는 도시지역인 특별·광역시도와 시도에서 전체 어린이 사고의 72%가 발생하고 있어서, 도시지역 내의 어린이 교통사고 방지를 위한 교육에 더욱 초점을 맞출 필요가 있다.
- 학년별로는 유치원 취원 전의 미취원아가 사망자수 및 부상자수가 가장 많이 발생하고 있고, 초등학생 중에서는 초1 및 초2가 많이 발생하고 있어서, 교통안전 교육은 미취원아 및 초1~2학년에 더욱 집중적으로 실시할 필요가 있다.
- 남녀별로는 남자 어린이 사망자수가 여자 어린이 사망자수의 2배를 넘고 있어서, 야외 활동량이 많은 남자 어린이들에게 더욱 교통안전 교육에 신경을 써야 함을 나타낸다.
- 승차상태별로는 보행중 어린이 사망자수가 전체의 56%로 가장 많이 발생하고 있으므로, 어린이 교통안전 교육은 보행중 교통사고 방지에 가장 중점을 두어야 할 필요성을 나타낸다.
- 어린이의 보행 중 사고 유형 중에서는 도로횡단 중 사고가 전체의 66%로 가장 많이 발생하고 있어서, 어린이 교통안전 교육은 보행중 사고 중에서도 특히 도로 횡단 중 사고 방지에 가장 집중해야 함을 나타낸다.

○ 시·도별로는 경기도가 어린이 교통사고 사상자수가 가장 많이 발생하고 있고, 울산시가 가장 적게 발생하고 있어서, 시·도별로 어린이 교통안전 교육을 더욱 강화해야 할 지역이 있음을 보여준다.

이상과 같은 어린이 교통사고의 특성을 반영하여 어린이 교통사고를 방지하기 위한 교통안전 교육을 연령별, 특성별, 사고유형별로 적절하게 실시할 필요가 있다.

제3절 어린이 교통사고 국제비교

1. 전체 교통사고 사망자수 대비 어린이 사망자수 비율

OECD 산하에 있는 교통 관련 전문기구인 ITF(International Transport Forum)는 매년 「도로안전연차보고서(Road Safety Annual Report)」를 발간하고 있는데, 이 보고서의 2015년판에는 OECD 가입 국가의 전체 교통사고 사망자수 대비 0~14세 어린이 사망자수 비율을 비교한 그래프를 게재하고 있다.

이 그래프에 의하면 우리나라의 어린이 교통사고 사망자수 비율은 2011~2013년 평균치 기준으로 약 2.0% 수준으로서, 이탈리아, 체코, 포르투갈에 이어 세계에서 네 번째로 낮은 국가로 나타나고 있고, 지난 2001~2003년 평균치보다 약 1/3 수준으로 크게 감소한 것으로 나타나고 있다.

이것은 우리나라의 어린이 교통사고 사망자수 비율이 전 세계에서 가장 낮은 그룹에 속한다는 것을 보여주는 자료이다.

[그림 2.3.1] OECD 가입국가의 전체 교통사고 사망자수 대비 어린이 사망자수 비율 비교

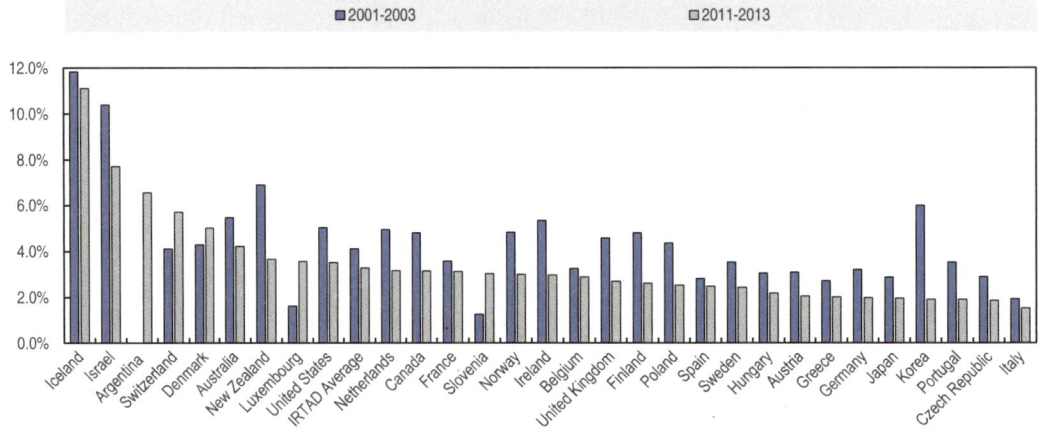

자료) OECD ITF, Road Safety Annual Report, 2015년

2. 어린이 인구 10만명당 교통사고 사망자수 비교

OECD 산하 ITF가 발간한 동일한 보고서에는 어린이 인구 10만명당 교통사고 사망자수 비교 그래프를 게재하고 있다.

이 중 우리나라의 어린이 인구 10만명당 보행중 사망자수는 2011~2013년 평균치 기준 약 0.8명으로서 OECD 가입국 중 아이슬란드에 이어 두 번째로 높은 국가로 나타나고 있다(2001~2003년 평균치 기준으로는 OECD 가입국 중 가장 높은 국가였음).

이것은 우리나라가 비록 전체 교통사고 사망자수 대비 어린이 사망자수 비율은 매우 낮은 편이지만, 이것은 우리나라의 전체 교통사고 사망자수가 워낙 많기 때문에 나타나는 현상이고, 우리나라의 어린이 인구 10만명당 보행중 교통사고 사망자수는 OECD 가입국 중에서 여전히 매우 높은 수준이라는 것을 보여주는 자료이다.

따라서 우리나라는 앞으로 어린이 교통사고 중에서도 보행중 어린이 사망자수를 감소시키는데 더욱 노력해야 함을 보여준다.

[그림 2.3.2] OECD 가입국가의 어린이 인구 10만명당 보행중 사망자수 비교

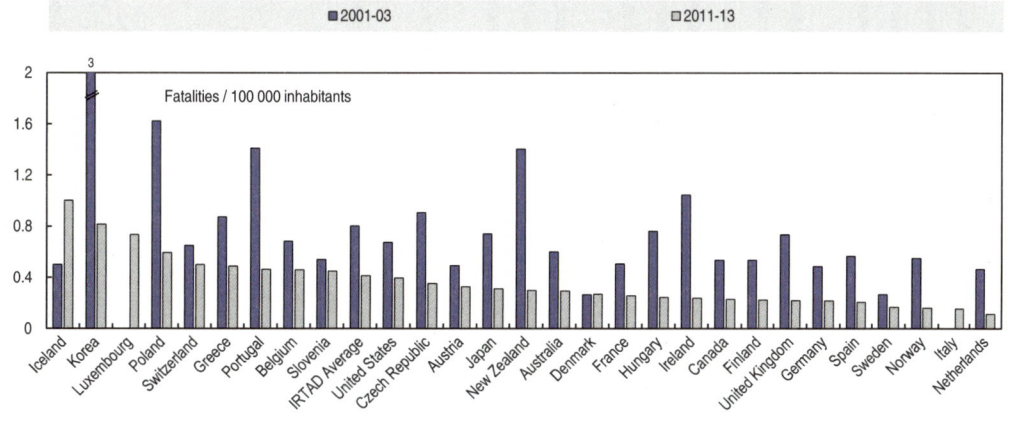

Figure 1.12. **Mortality rate of children 0-14 years as pedestrians (average rates)**

자료) OECD ITF, Road Safety Annual Report, 2015년

한편, OECD 산하 ITF의 동일한 보고서에는 어린이 인구 10만명당 자동차 승차중 사망자수 비교 그래프도 게재하고 있는데, 이에 의하면 우리나라의 어린이 인구 10만명당 자동차 승차중 사망자수는 약 0.3명으로서 OECD 가입국 중 중위권을 차지하는 것으로 나타나고 있다.

따라서 우리나라는 앞으로 전체 어린이 교통사고 사망자수를 더욱 줄여나가는 동시에, 특히 보행중 어린이 사망자수를 줄여 나가는데 가장 역점을 두어야 할 것을 보여주고 있다.

[그림 2.3.3] OECD 가입국가의 어린이 인구 10만명당 자동차승차중 사망자수 비교

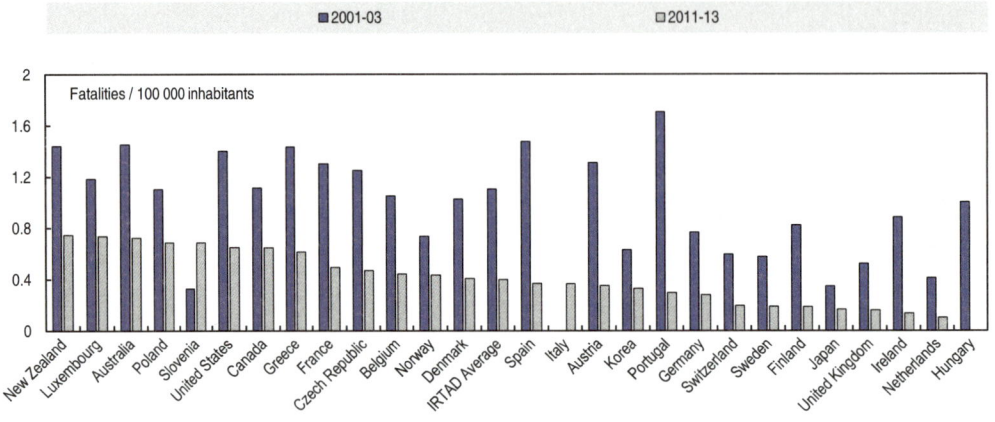

Figure 1.11. **Mortality rate of children 0-14 years as car occupants (average rates)**

자료) OECD ITF, Road Safety Annual Report, 2015년

제3장
어린이 교통안전 관련 법규

제1절 어린이 교통안전 교육 관련 법규

제2절 어린이 통행방법 관련 법규

제3절 어린이 교통안전 추진체계

제4절 어린이 교통안전 주요 정책

제3장
어린이 교통안전 관련 법규

제1절 어린이 교통안전 교육 관련 법규

이 절에서는 어린이 교통안전 교육과 관련하여 「아동복지법」, 「국민안전교육진흥기본법」, 「학교안전사고 예방 및 보상에 관한 법률」, 「학교보건법」 등에 나타난 관련 법규의 내용을 설명한다.

1. 「아동복지법」에 의한 어린이 교통안전 교육

어린이의 안전에 대한 교육은 우리나라의 「아동복지법」 제31조(아동의 안전에 대한 교육)에 의무화되어 있다. 이 법에 의하면 아동복지시설의 장, 어린이집의 원장, 유치원의 원장, 초·중등학교의 장은 교육대상 아동의 연령을 고려하여 대통령령으로 정하는 바에 따라 매년 교통안전 교육을 포함하여 다음과 같은 교육을 실시하도록 규정하고 있다.

1. 성폭력 및 아동학대 예방
2. 실종·유괴의 예방과 방지

3. 감염병 및 약물의 오남용 예방 등 보건위생관리

4. 재난대비 안전

5. 교통안전

아동복지시설의 장, 어린이집의 원장은 위에 따른 교육계획 및 교육실시 결과를 관할 시장·군수·구청장에게 매년 1회 보고하고, 유치원의 원장, 초·중등학교의 장은 관할 교육감에게 매년 1회 보고하여야 한다.

[표 3.1.1] 어린이 안전 교육 관련 「아동복지법」 내용

아동복지법 제31조(아동의 안전에 대한 교육)

① 아동복지시설의 장, 「영유아보육법」에 따른 어린이집의 원장, 「유아교육법」에 따른 유치원의 원장 및 「초·중등교육법」에 따른 학교의 장은 교육대상 아동의 연령을 고려하여 대통령령으로 정하는 바에 따라 매년 다음 각 호의 사항에 관한 교육계획을 수립하여 교육을 실시하여야 한다.
  1. 성폭력 및 아동학대 예방
  2. 실종·유괴의 예방과 방지
  3. 감염병 및 약물의 오남용 예방 등 보건위생관리
  4. 재난대비 안전
  5. 교통안전
② 아동복지시설의 장, 「영유아보육법」에 따른 어린이집의 원장은 제1항에 따른 교육계획 및 교육실시 결과를 관할 시장·군수·구청장에게 매년 1회 보고하여야 한다.
③ 「유아교육법」에 따른 유치원의 원장 및 「초·중등교육법」에 따른 학교의 장은 제1항에 따른 교육계획 및 교육실시 결과를 대통령령으로 정하는 바에 따라 관할 교육감에게 매년 1회 보고하여야 한다.

2. 어린이의 안전에 대한 교육 기준

어린이의 안전에 대한 교육 기준은 「아동복지법」 산하 대통령령인 「아동복지법 시행령」 제28조(아동의 안전에 대한 교육)에 규정되어 있다. 이에 따르면 아동복지시설의 장, 어린이집의 원장, 유치원의 원장, 초·중등학교의 장은 어린이 안전교육을 실시할 때에는 아래 표의 교육기준에 따라야 한다고

규정하고 있다. 이에 의하면 어린이에 대한 교통안전교육은 다음과 같은 내용에 대한 교육을 2개월에 1회 이상, 연간 10시간 이상 실시하도록 의무화하고 있다.

[초등학교 취학 전 교통안전교육]

1. 차도, 보도 및 신호등의 의미 알기
2. 안전한 도로 횡단법
3. 안전한 통학버스 이용법
4. 날씨와 보행안전
5. 어른과 손잡고 걷기

[초등학교 교통안전교육]

1. 안전한 통학로 알기
2. 상황에 따른 안전한 보행법
3. 바퀴 달린 탈 것의 안전한 이용법
4. 교통수단의 안전한 이용법
5. 교통법규 이해하기

[중·고등학교 교통안전교육]

1. 자전거의 안전한 이용과 점검
2. 이륜차와 자동차의 물리적 특성
3. 인간 능력의 한계와 위험 예측
4. 교통법규와 사회적 책임
5. 교통사고와 방지대책

[표 3.1.2] 어린이의 안전에 대한 교육 기준 관련 「아동복지법 시행령」 내용

아동복지법 시행령 제28조(아동의 안전에 대한 교육)

① 아동복지시설의 장, 「영유아보육법」에 따른 어린이집의 원장, 「유아교육법」에 따른 유치원의 원장 및 「초·중등교육법」에 따른 학교의 장은 법 제31조제1항에 따라 교육계획을 수립하여 교육을 실시할 때에는 별표 3의 교육기준에 따라야 한다.
② 법 제31조제2항 및 제3항에 따라 아동복지시설의 장 및 「영유아보육법」에 따른 어린이집의 원장은 시장·군수·구청장에게, 「유아교육법」에 따른 유치원의 원장 및 「초·중등교육법」 제2조에 따른 학교의 장은 교육감에게, 각각 교육계획 및 교육실시 결과를 매년 3월 31일까지 보고하여야 한다.
③ 아동복지시설의 장은 그 아동복지시설에 입소한 아동 중 「영유아보육법」에 따른 어린이집, 「유아교육법」에 따른 유치원 또는 「초·중등교육법」에 따른 학교에서 실시하는 법 제31조제1항 각 호의 사항에 관한 교육을 받은 아동에 대해서는 법 제31조제1항에 따른 교육을 실시하지 아니할 수 있다.

한편, 어린이에 대한 교통안전 교육의 방법에 대하여 「아동복지법 시행령」 제28조(아동의 안전에 대한 교육) 별표는 다음과 같은 4가지 방법을 제시하고 있다.

1. 전문가 또는 담당자 강의
2. 시청각 교육
3. 실습교육 또는 현장학습
4. 일상생활을 통한 반복 지도 및 부모 교육

[표 3.1.3] 「아동복지법 시행령」 제28조 제1항 별표 3의 교육기준

구분		성폭력 및 아동학대 예방 교육	실종·유괴의 예방·방지 교육	감염병 및 약물의 오용·남용 예방 등 보건위생관리 교육	재난대비 안전 교육	교통안전 교육
실시 주기 (시간)		6개월에 1회 이상 (연간 8시간 이상)	3개월에 1회 이상 (연간 10시간 이상)	3개월에 1회 이상 (연간 10시간 이상)	6개월에 1회 이상 (연간 6시간 이상)	2개월에 1회 이상 (연간 10시간 이상)
교육 내용	초등학교 취학 전	1. 내 몸의 소중함 2. 내 몸의 정확한 명칭 3. 좋은 느낌과 싫은 느낌 4. 성폭력 예방법과 대처법	1. 길을 잃을 수 있는 상황 이해하기 2. 미아 및 유괴 발생 시 대처방법 3. 유괴범에 대한 개념 4. 유인·유괴 행동에 대한 이해 및 유괴 예방법	1. 감염병 예방을 위한 개인위생 실천 습관 2. 예방접종의 이해 3. 몸에 해로운 약물 위험성 알기 4. 생활 주변의 해로운 약물·화학제품 그림으로 구별하기 5. 모르면 먼저 어른에게 물어보기 6. 가정용 화학제품 만지거나 먹지 않기 7. 어린이 약도 함부로 많이 먹지 않기	1. 화재의 원인과 예방법 2. 뜨거운 물건 이해하기 3. 옷에 불이 붙었을 때 대처법 4. 화재 시 대처법 5. 자연재난의 개념과 안전한 행동 알기	1. 차도, 보도 및 신호등의 의미 알기 2. 안전한 도로 횡단법 3. 안전한 통학버스 이용법 4. 날씨와 보행안전 5. 어른과 손잡고 걷기
	초등학교	1. 성폭력을 포함한 아동학대 개념 2. 성폭력의 위험상황 3. 성폭력 예방법과 대처법 4. 나와 타인의 권리 인식	1. 길을 잃을 수 있는 상황 이해하기 2. 유괴범에 대한 개념 3. 유인전략 및 위험상황 알기 4. 유괴사고 발생 시 대처법 및 예방법 5. 유괴·유인 상황 목격 시 신고 요령	1. 감염병 예방을 위한 개인위생 실천 습관 2. 예방접종의 이해 3. 약물·화학제품의 필요성과 위험성 이해하기 4. 독·오용·남용의 개념 알기 5. 중독사고의 대처법과 예방법 6. 약물·화학제품 오용·남용의 원인 알기 7. 오용·남용의 대처법과 예방법 8. 올바른 약물·화학제품 사용법	1. 화재의 원인과 예방법 2. 화재 시 대처법 3. 화재 신고 요령 4. 화상 대처법 5. 소화기 사용법 6. 자연재난의 개념과 안전한 행동 알기	1. 안전한 통학로 알기 2. 상황에 따른 안전한 보행법 3. 바퀴 달린 탈것의 안전한 이용법 4. 교통수단의 안전한 이용법 5. 교통법규 이해하기

교육내용 중·고등학교	1. 학대 및 성폭력의 개념 2. 위험상황에 따른 대처법 및 예방법 3. 학대·성폭력 범죄 신고 요령 4. 나와 타인의 권리 존중하기	1. 유인전략 및 위험상황 알기 2. 유괴사고 발생 시 대처법 및 예방법 3. 유괴·유인 상황목격 시 신고 요령 4. 가출예방 관련교육	1. 감염병 예방을 위한 개인위생 실천 습관 2. 예방접종의 이해 3. 향정신성 물질에 대한 위험성·피해 알기 4. 중독성 물질에 대한 위험성·피해 알기 5. 향정신성 의약품의 피해와 법적 처벌규정 6. 약물·화학제품 오용·남용의 원인 알기 7. 오용·남용의 대처법과 예방법 8. 올바른 약물·화학제품 사용법	1. 화재의 원인과 예방법 2. 화재 시 대처법 3. 소방기구 사용법 4. 자연재난, 인적 재난 발생 시 행동방법 5. 재난안내시스템 활용법	1. 자전거의 안전한 이용과 점검 2. 이륜차와 자동차의 물리적 특성 3. 인간 능력의 한계와 위험 예측 4. 교통법규와 사회적 책임 5. 교통사고와 방지대책
교육방법	1. 전문가 또는 담당자 강의 2. 장소·상황별 역할극 실시 3. 시청각 교육 4. 사례 분석	1. 전문가 또는 담당자 강의 2. 장소·상황별 역할극 실시 3. 시청각 교육 4. 사례 분석	1. 전문가 또는 담당자 강의 2. 시청각 교육 3. 사례 분석	1. 전문가 또는 담당자 강의 2. 시청각 교육 3. 실습교육 또는 현장학습 4. 사례 분석	1. 전문가 또는 담당자 강의 2. 시청각 교육 3. 실습교육 또는 현장학습 4. 일상생활을 통한 반복 지도 및 부모 교육

자료) 법제처, 아동복지법 시행령, 2018년

3. 「국민안전교육진흥기본법」에 의한 안전교육

어린이에 대한 교통안전교육은 행정안전부가 2017년 5월부터 시행하고 있는 「국민안전교육진흥기본법」에도 실시가 의무화되어 있다. 이 법 제10조(학교 등에서의 안전교육)에는 아래의 교육을 관장하는 기관의 장은 해당 교육대상자에 대하여 안전교육을 실시하도록 의무화하고 있다.

1. 「영유아보육법」 제2조 제3호에 따른 어린이집의 영유아
2. 「유아교육법」 제2조 제2호에 따른 유치원의 유아
3. 「초·중등교육법」 제2조에 따른 학교의 학생

4. 「고등교육법」 제2조에 따른 학교의 학생

이 법에 따르면 안전교육은 「아동복지법」에 의한 어린이집, 유치원, 초등학교, 중·고등학교 뿐만 아니라, 「고등교육법」 제2조에 따른 대학 및 전문대학에서도 안전교육을 의무적으로 실시하도록 하고 있다.

한편, 「국민안전교육진흥기본법」에서는 안전교육의 시간 및 내용에 대하여는 별도의 규정을 두고 있지 않아서, 타법인 「아동복지법」에 의한 시간 및 내용을 준수하면 되는 것으로 해석이 된다.

[표 3.1.4] 학교 등에서의 안전교육에 관한 「국민안전교육진흥기본법」 내용

국민안전교육진흥기본법 제10조(학교 등에서의 안전교육)
① 다음 각 호에 해당하는 자에 대한 교육을 관장하는 기관의 장은 해당 교육대상자에 대하여 안전교육을 실시하여야 한다.
  1. 「영유아보육법」 제2조 제3호에 따른 어린이집의 영유아
  2. 「유아교육법」 제2조 제2호에 따른 유치원의 유아
  3. 「초·중등교육법」 제2조에 따른 학교의 학생
  4. 「고등교육법」 제2조에 따른 학교의 학생
② 행정안전부장관은 교육부장관과 협의하여 다음 각 호의 사항을 지원할 수 있다.
  1. 「초·중등교육법」 제2조에 따른 학교에서의 안전교육 실시에 관한 사항
  2. 학교 안전교육 관련 자료의 개발 및 보급에 관한 사항
  3. 그 밖에 학교 안전교육의 원활한 추진을 위하여 필요한 사항
③ 행정안전부장관은 안전에 관한 사항이 학교의 교과과정 등 교육활동에 반영될 수 있도록 교육부장관과 협의할 수 있다.

4. 안전교육 전문인력(안전교육사)

우리나라의 「국민안전교육진흥기본법」 제20조(안전교육 전문인력 양성 등)는 안전교육 전문인력의 양성을 위하여 국가 및 지방자치단체는 다음의 사항에 관한 시책을 수립·추진하도록 의무화하고 있다.

1. 안전교육 전문인력의 수급 및 활용에 관한 사항
2. 안전교육 전문인력의 육성 및 교육훈련에 관한 사항
3. 안전교육 전문인력의 경력관리와 경력인증에 관한 사항
4. 그 밖에 안전교육 전문인력의 양성에 필요한 사항으로서 대통령령으로 정하는 사항

[표 3.1.5] 안전교육 전문인력 양성 관련 「국민안전교육진흥기본법」 내용

국민안전교육진흥기본법 제20조(안전교육 전문인력 양성 등)

① 국가 및 지방자치단체는 안전교육 전문인력의 양성을 위하여 다음 각 호의 사항에 관한 시책을 수립·추진하여야 한다.
  1. 안전교육 전문인력의 수급 및 활용에 관한 사항
  2. 안전교육 전문인력의 육성 및 교육훈련에 관한 사항
  3. 안전교육 전문인력의 경력관리와 경력인증에 관한 사항
  4. 그 밖에 안전교육 전문인력의 양성에 필요한 사항으로서 대통령령으로 정하는 사항
② 국가 및 지방자치단체는 제1항에 따른 시책을 수립·시행함에 있어 필요한 경우 안전교육 전문인력의 양성 등과 관련된 대학 및 연구기관 등을 지원할 수 있다. 이 경우 지원하는 대학 및 연구기관 등은 대통령령으로 정한다.

한편, 2017년 7월부터 시행하고 있는 「국민안전교육진흥기본법 시행령」 제2조(안전교육 전문인력 자격)의 별표는 안전교육 전문인력의 자격 기준을 다음의 표와 같이 규정하고 있다.

[표 3.1.6] 「국민안전교육진흥기본법 시행령」에 따른 안전교육 전문인력의 자격 기준

[별표 1]
안전교육 전문인력의 자격 기준(시행령 제2조 관련)

1. 「국가기술자격법」에 따른 안전관련 분야의 기술사 또는 기능장의 자격이 있는 사람
2. 「국가기술자격법」에 따른 안전관련 분야의 기사로서 3년 이상, 산업기사로서 5년 이상 또는 기능사로서 7년 이상의 안전관련 분야 근무경력(종사경력 및 연구경력 등을 포함한다. 이하 같다)이 있는 사람
3. 「자격기본법」에 따라 안전관련 분야의 국가자격(국가기술자격은 제외한다) 소지자로서 3년 이상의 안전관련 분야 근무경력이 있는 사람
4. 「고등교육법」제2조 각 호에 따른 학교(같은 조 제4호의 전문대학은 제외한다. 이하 "대학등"이라 한다)에서 안전관련 분야의 박사학위를 취득한 사람
5. 대학등에서 안전관련 분야의 석사학위를 취득한 후 2년 이상의 안전관련 분야 근무경력이 있는 사람
6. 대학등에서 안전관련 분야의 학사학위를 취득(다른 법령에서 이와 같은 수준 이상의 학력이 있다고 인정되는 경우를 포함한다)한 후 5년 이상의 안전관련 분야 근무경력이 있는 사람
7. 대학등에서 학사학위를 취득(다른 법령에서 이와 같은 수준 이상의 학력이 있다고 인정되는 경우를 포함한다)한 후 7년 이상의 안전관련 분야 근무경력이 있는 사람
8. 5급 이상의 경력직공무원(이에 상당하는 공무원을 포함한다)으로서 3년 이상 또는 7급 이상의 경력직공무원(이에 상당하는 공무원을 포함한다)으로서 5년 이상의 안전관련 분야 근무경력이 있는 사람
9. 「재난 및 안전관리 기본법」 제3조제5호나목에 따른 재난관리책임기관에서 경력직공무원 7급 상당 이상으로 5년 이상의 안전관련 분야 근무경력이 있는 사람
10. 군인으로서 5년 이상의 안전관련 분야 근무경력이 있는 사람
11. 그 밖에 제1호부터 제10호까지의 기준과 같거나 그 이상의 자격·학력 또는 경력이 있다고 인정되는 사람으로 행정안전부장관이 정하여 고시하는 사람

※ 비고: 안전관련 분야 학위 및 근무경력 등 구체적인 내용은 행정안전부장관이 정하여 고시한다.

위에서 안전교육 전문인력이 되기 위해 필요한 안전관련 분야 학위 및 근무경력 등 구체적인 내용은 행정안전부 장관이 정하여 고시하도록 하고 있다. 그에 따라 행정안전부는 2018년 4월 「안전교육 전문인력 자격 세부기준 고시」를 제정하여 안전교육 전문인력의 자격 기준 중 안전관련 분야의 학위 및 근무경력 등 구체적인 내용을 제정하였다.

이에 따른 "안전관련 분야 근무경력의 업무 범위"는 다음의 표와 같이 전체 6개 분야, 24개 영역으로 분류하여 제시하였다. 이 표에서 제시한 안전관련 분야의 6개 분야는 다음과 같다.

Children Traffic Safety

1. 생활안전
2. 교통안전
3. 자연재난안전
4. 사회기반체계안전
5. 범죄안전
6. 보건안전

위와 같은 6개 분야를 「아동복지법」 제31조(아동의 안전에 대한 교육)에 의한 교육내용과 비교해 보면, 「아동복지법」에 의한 '재난대비 안전교육'을 여기서는 생활안전, 자연재난안전, 사회기반체계안전의 3가지로 분류하고 있고, 「아동복지법」에 의한 '성폭력 및 아동학대 예방 교육'과 '실종·유괴의 예방과 방지 교육'을 범죄안전으로 합하여 분류하고 있다.

이러한 차이는 「아동복지법」이 아동중심의 교육인 반면, 「국민안전교육진흥기본법」은 일반 성인 전체를 대상으로 하는 차이점에서 나온 것으로 보인다.

[표 3.1.7] 안전관련 분야 근무경력의 업무 범위

안전관련 분야		업무 범위
분야	영역	
1. 생활안전	1-1 시설안전	다중이용시설안전, 놀이시설안전, 붕괴, 폭발, 수도마비
	1-2 승강기안전	승강기안전
	1-3 화재안전	화재안전
	1-4 전기안전	전기안전
	1-5 가스안전	가스안전
	1-6 작업안전	도구사용안전, 제품사용안전, 실험·실습안전, 작업환경안전
	1-7 여가활동안전	놀이안전, 캠핑안전, 스포츠안전, 해외여행안전
	1-8 수상안전	수상안전, 물놀이안전
2. 교통안전	2-1 교통안전	보행안전, 자전거안전, 오토바이안전, 자동차안전, 대중교통안전, 교통·물류마비

제3장 어린이 교통안전 관련 법규

3. 자연재난 안전	3-1 자연재난안전	재난정보, 재난대피, 재난구호, 홍수, 태풍, 황사, 대설·한파, 낙뢰, 폭염, 가뭄, 호우, 강풍, 풍랑, 해일, 조류대발생, 조수, 소행성·유성체 등 자연우주물체의 추락·충돌, 우박, 지진, 쓰나미, 산사태, 화산, 기타 재난 및 안전관리
4. 사회기반 체계안전	4-1 환경안전	환경오염
	4-2 생물테러안전	생물테러
	4-3 방사능안전	방사능오염
	4-4 에너지안전	에너지안전
	4-5 정보통신안전	정보통신마비
5. 범죄안전	5-1 폭력안전	학교폭력, 집단따돌림, 언어·사이버폭력, 가정폭력, 학대
	5-2 유괴·미아안전	유괴·미아안전, 가출
	5-3 성폭력안전	성매매, 성폭력
	5-4 사기범죄안전	사이버사기, 다단계사기
6. 보건안전	6-1 식품안전	식중독, 유해식품안전
	6-2 중독안전	약물안전, 물질중독, 흡연·음주폐해, 사이버·스마트폰중독
	6-3 감염안전	감염병, 가축전염병, 의료마비
	6-4 응급처치	심폐소생술(AED포함), 응급구조, 응급처치
	6-5 자살	자살

※ 비고 : 업무 범위는 예방·대비·대응·복구 활동을 포함한다.

한편, 이 고시에 의하여 제정한 "안전관련 분야의 학위 범위"는 다음의 표와 같다. 여기서 이 표에 명시되지 아니한 학과(전공) 등을 졸업한 사람은 앞에서 제시한 "안전관련 분야 근무경력의 업무 범위"와 관련된 교과목의 학점을 다음 두 가지 가운데 어느 하나와 같이 취득한 경우 해당 학과(전공)와 같은 것으로 보도록 규정하고 있다.

1. 석사학위 또는 박사학위 과정 : 24학점 이상
2. 학사학위 과정 : 60학점 이상

따라서 안전교육 전문인력이 되기 위해 필요한 학위 범위는 매우 광범위하고 넓어서, 거의 모든 분야의 전공자가 해당 분야의 안전교육 전문인력이 되는데 문제가 없도록 하고 있다.

[표 3.1.8] 안전관련 분야의 학위 범위

안전관련 분야		학사학위 해당 학과(전공)
분야	영역	
1. 생활안전	1-1 시설안전	소방학, 소방공학, 소방교육학, 소방행정학, 방재학, 방재공학, 안전학, 안전공학, 건축학, 건축공학, 건축구조학, 건축설계학, 건축설비공학, 건축환경공학, 기계건축공학, 해양건축공학, 실내건축학, 토목공학, 토목교통공학, 토목환경공학, 농업토목공학, 철도토목공학, 해양토목공학, 건설공학, 건설방재공학, 도시공학, 도시건축공학, 도시토목공학, 도시교통공학, 제어계측공학, 전기제어공학, 제어시스템공학, 지질공학, 지반방재공학, 상하수도공학, 수자원공학,
	1-2 승강기안전	소방학, 소방공학, 소방교육학, 소방행정학, 방재학, 방재공학, 안전학, 안전공학, 전기제어공학, 제어계측공학, 제어시스템공학, 기계설계공학, 건축학, 건축공학, 건축구조학, 건축설계학, 건축설비공학, 기계건축공학, 실내건축학, 토목공학, 건설공학, 건설방재공학, 지질공학, 지반방재공학
	1-3 화재안전	소방학, 소방공학, 소방교육학, 소방행정학, 방재학, 방재공학, 건설방재공학, 안전학, 안전공학, 산업안전공학
	1-4 전기안전	소방학, 소방공학, 소방교육학, 소방행정학, 방재학, 방재공학, 건설방재공학, 안전학, 안전공학, 산업안전공학, 전기공학, 전기제어공학, 철도전기공학, 전자공학, 제어계측공학, 제어시스템공학, 철도전기제어공학
	1-5 가스안전	소방학, 소방공학, 소방교육학, 소방행정학, 방재학, 방재공학, 건설방재공학, 안전학, 안전공학, 산업안전공학, 가스공학, 전기제어공학, 철도전기제어공학, 제어계측공학, 제어시스템공학
	1-6 작업안전	소방학, 소방공학, 소방교육학, 소방행정학, 방재학, 방재공학, 안전학, 안전공학, 산업안전공학, 신소재안전공학, 보건학, 간호학, 보건교육학, 산업보건학, 공중보건학, 가스공학, 전기공학, 화학공학, 공업화학, 응용화학공학, 에너지화학공학, 화학공정시스템공학, 기계설계공학, 농기계공학
	1-7 여가활동안전	소방학, 소방공학, 소방교육학, 소방행정학, 방재학, 방재공학, 안전학, 안전공학, 응급구조학, 사회체육학, 생활체육학, 스포츠레저학, 해양스포츠학
	1-8 수상안전	소방학, 소방공학, 소방교육학, 소방행정학, 방재학, 방재공학, 안전학, 안전공학, 응급구조학, 해양경찰학, 해양행정학, 사회체육학, 생활체육학, 스포츠레저학, 해양레저학, 해양스포츠학
2. 교통안전	2-1 교통안전	소방학, 소방공학, 소방교육학, 소방행정학, 방재학, 방재공학, 안전학, 안전공학, 경찰학, 경찰법학, 경찰행정학, 해양경찰학, 해양행정학, 교통공학, 도시교통공학, 토목교통공학, 해상교통공학, 물류학, 물류시스템공학, 교통물류공학, 항공물류공학, 해양물류공학, 도시공학, 도시건축공학, 도시토목공학, 상하수도공학, 토목공학, 토목환경공학, 건설공학, 설방재공학, 자동차공학, 자동차기계공학, 항공학, 항공기계공학, 항공우주공학, 항공물류학, 항공정보통신학, 철도공학, 철도전기공학, 철도전기제어공학, 철도토목공학, 철도전기제어공학, 조선공학, 조선기계공학, 해양레저학, 해양정보통신학, 제어계측공학, 전기제어공학, 제어시스템공학, 지질공학, 지반방재공학

안전관련 분야		학사학위 해당 학과(전공)
분야	영역	
3. 자연재난 안전	3-1 자연재난안전	소방학, 소방공학, 소방교육학, 소방행정학, 방재학, 방재공학, 건설방재공학, 안전학, 안전공학, 산업안전공학, 심리학, 인지과학, 임상심리학, 재활심리학, 언론학, 신문방송학, 미디어학, 정보통신공학, 컴퓨터공학, 인터넷공학, 정보시스템공학, 전파공학, 정보보호학, 항공정보통신학, 해양정보통신학, 천문학, 기상학, 우주과학, 대기과학, 건축학, 건축공학, 건축설계학, 축구조학, 건축설비공학, 건설방재공학, 건축환경공학, 농업토목공학, 해양건축공학, 실내건축학,, 토목공학, 건설공학, 토목교통공학, 토목환경공학, 농업토목공학, 해양토목공학, 철도토목공학, 상하수도공학, 도시공학, 도시건축공학, 도시교통공학, 도시토목공학, 지리학, 지구과학, 지질학, 지질공학, 지적학, 지반방재공학, 우주과학, 해양계측공학,
4. 사회기반 체계안전	4-1 환경안전	소방학, 소방공학, 소방교육학, 소방행정학, 방재학, 방재공학, 안전학, 안전공학, 환경학, 환경공학, 생태공학, 환경생물학, 환경시스템공학, 환경에너지공학, 해양공학, 해양생물학, 해양자원학, 해양행정학, 해양계측공학, 천문학, 대기공학, 수자원공학
	4-2 생물테러안전	소방학, 소방공학, 소방교육학, 소방행정학, 방재학, 방재공학, 안전학, 안전공학, 생물학, 생물공학, 분자생물학, 미생물학, 세포생물학, 생물정보학, 생물화학공학, 생명공학, 생명과학, 유전공학, 화학, 화학공학, 고분자공학, 무기화학, 생화학, 응용화학, 응용화학공학, 에너지화학공학, 농식품공학, 화학공정시스템공학, 대기공학
	4-3 방사능안전	소방학, 소방공학, 소방교육학, 소방행정학, 방재학, 방재공학, 안전공학, 전기제어공학, 제어계측공학, 제어시스템공학, 원자력공학, 원자력계측제어공학, 방사선학, 방사선공학
	4-4 에너지안전	소방학, 소방공학, 소방교육학, 소방행정학, 방재학, 방재공학, 안전학, 안전공학, 에너지공학, 에너지시스템공학, 가스공학, 전기공학, 원자력공학, 제어계측공학, 제어시스템공학, 전기제어공학, 환경에너지공학
	4-5 정보통신안전	소방학, 소방공학, 소방교육학, 소방행정학, 방재학, 방재공학, 안전학, 안전공학, 컴퓨터공학, 인터넷공학, 소프트웨어공학, 정보보호학, 보통신공학, 정보시스템공학, 전파공학, 항공정보통신학, 해양정보통신학, 의료정보학
5. 범죄안전	5-1 폭력안전	안전학, 경찰학, 경찰법학, 경찰행정학, 법학, 범죄수사학, 해양경찰학, 경호학, 심리학, 인지과학, 임상심리학, 아동심리학, 가정복지학, 청소년복지학, 아동복지학
	5-2 유괴·미아안전	안전학, 경찰학, 경찰법학, 경찰행정학, 법학, 범죄수사학, 가정복지학, 청소년복지학, 아동복지학, 경호학
	5-3 성폭력안전	안전학, 경찰학, 경찰법학, 경찰행정학, 법학, 범죄수사학, 경호학, 심리학, 인지과학, 임상심리학, 아동심리학, 가정복지학, 청소년복지학, 아동복지학
	5-4 사기범죄안전	안전학, 경찰학, 경찰법학, 경찰행정학, 법학, 범죄수사학, 정보보호학

안전관련 분야		학사학위 해당 학과(전공)
분야	영역	
6. 보건안전	6-1 식품안전	안전학, 식품영양학, 조리학, 식품생명공학, 농식품공학, 보건학, 보건교육학, 공중보건학, 산업보건학, 의학, 의료정보학, 수의학, 간호학
	6-2 중독안전	안전학, 보건학, 보건행정학, 산업보건학, 공중보건학, 의학, 약학, 간호학, 임상병리학, 중독재활학, 경찰학, 경찰법학, 경찰행정학
	6-3 감염안전	안전학, 소방학, 소방공학, 소방교육학, 소방행정학, 보건학, 보건교육학, 공중보건학, 산업보건학, 보건행정학, 의료정보학, 의료행정학, 의학, 수의학, 간호학, 임상병리학
	6-4 응급처치	응급구조학, 소방학, 소방교육학, 소방행정학, 안전학, 보건학, 보건교육학, 공중보건학, 산업보건학, 의학, 간호학
	6-5 자살	안전학, 보건학, 보건교육학, 공중보건학, 산업보건학, 심리학, 인지과학, 임상심리학, 아동심리학, 의학, 간호학, 아동복지학, 청소년복지학

※ 비고 : 과, 학부, 계열, 과정 등은 학과(전공)와 같은 의미로 본다.

이와 함께 행정안전부는 안전교육 전문인력의 양성을 위하여 '제1차 국민안전교육기본계획(2018~2022년)'에 의거하여 2019년부터 국가자격으로 '안전교육사'를 신설하는 방안을 추진하고 있다.

따라서 안전교육 전문인력의 자격을 갖춘 사람으로서 국가자격시험에 합격한 사람은 '안전교육사'가 되도록 하는 체계를 갖추고 있다.

5. 「학교안전사고 예방 및 보상에 관한 법률」에 의한 안전교육

2007년 9월부터 시행된 우리나라의 「학교안전사고 예방 및 보상에 관한 법률」 제8조(학교안전교육의 실시)에 의하면, 학교장은 학교안전사고를 예방하기 위하여 교육부령이 정하는 바에 따라 학생·교직원 및 교육활동 참여자에게 학교안전사고 예방 등에 관한 교육을 실시하고, 그 결과를 학기별로 교육감에게 보고하도록 의무화하고 있다.

그러나 이 법에서 정한 학교안전교육은 별도의 새로운 교육이 아니고, 「아동복지법」 제31조에 따른 교통안전교육, 감염병 및 약물의 오남용 예방 등 보건위생관리교육 및 재난대비 안전교육으로 명시하고 있다.

따라서 「아동복지법」에 정한 안전교육을 시행하면 자동적으로 「학교안전사고 예방 및 보상에 관한 법률」에 정한 안전교육을 시행하는 것이 된다고 할 수 있다.

[표 3.1.9] 학교안전교육 관련 「학교안전사고 예방 및 보상에 관한 법률」 내용

> **학교안전사고 예방 및 보상에 관한 법률 제8조(학교안전교육의 실시)**
>
> ① 학교장은 학교안전사고를 예방하기 위하여 교육부령이 정하는 바에 따라 학생·교직원 및 교육활동참여자에게 학교안전사고 예방 등에 관한 다음 각 호의 교육(이하 "안전교육"이라 한다)을 실시하고 그 결과를 학기별로 교육감에게 보고하여야 한다.
>   1. 「아동복지법」 제31조에 따른 교통안전교육, 감염병 및 약물의 오남용 예방 등 보건위생관리교육 및 재난대비 안전교육
>   2. 「학교폭력 예방 및 대책에 관한 법률」 제15조에 따른 학교폭력 예방교육
>   3. 「성폭력방지 및 피해자보호 등에 관한 법률」 제5조에 따른 성폭력 예방에 필요한 교육
>   4. 「성매매방지 및 피해자보호 등에 관한 법률」 제5조에 따른 성매매 예방교육
>   5. 「초·중등교육법」 제23조에 따른 교육과정이 체험중심 교육활동으로 운영되는 경우 이에 관한 안전사고 예방교육
>   6. 그 밖에 안전사고 관련 법률에 따른 안전교육
> ② 교육부장관 및 교육감은 다음 각 호의 사항이 포함된 안전교육에 필요한 교재와 프로그램을 개발·보급하고, 학교장의 요청이 있는 경우 교육부령으로 정하는 안전교육을 담당할 강사를 알선하는 등 안전교육에 필요한 지원을 하여야 한다.
>   1. 안전사고 예방 및 대책에 관한 사항
>   2. 재난대비 훈련 및 안전에 관한 사항
>   3. 그 밖에 교육부장관이 필요하다고 인정하는 사항
> ③ 학교장은 필요에 따라 안전교육을 이론교육과 실습교육으로 병행하여 실시하되, 안전교육을 효율적으로 실시하기 위하여 교원 또는 교육활동참여자로 하여금 담당하게 하거나 교육부령으로 정하는 바에 따라 전문교육기관·단체 또는 전문가에 위탁하여 실시할 수 있다.

6. 「학교보건법」에 의한 안전교육

우리나라의 「학교보건법」 제12조(학생의 안전관리)는 학교의 장은 학생의 안전사고를 예방하기 위하여 학생에 대한 안전교육을 포함하여 필요한 조치를 하도록 규정하고 있다.

그러나 이 법 조항은 하부의 시행령 및 시행규칙에 구체적인 내용이 명시되어 있지 않아서 선언

규정의 역할을 하고 있고, 타법에 의한 안전교육을 실시하면 되는 것으로 해석할 수 있다.

[표 3.1.10] 학생의 안전관리 관련 「학교보건법」 내용

> **학교보건법 제12조(학생의 안전관리)**
> 학교의 장은 학생의 안전사고를 예방하기 위하여 학교의 시설·장비의 점검 및 개선, 학생에 대한 안전교육, 그 밖에 필요한 조치를 하여야 한다.

제2절 어린이 통행방법 관련 법규

1. 어린이 보행자의 통행 방법

우리나라의 「도로교통법」은 어린이 보행자에 대한 별도의 규정은 없고, 어린이는 보행자의 한 사람으로서 일반 보행자 관련 규정을 지켜야 한다. 어린이는 운전자가 아니고 보행자의 입장에 있으므로, 어린이 교통사고는 주로 보행자의 입장에서 발생하고 있다.

따라서 어린이가 도로를 보행할 때는 보행자의 한 사람으로서 「도로교통법」에 정한 보행 관련 규칙을 지켜야 한다. 「도로교통법」에 보행자의 통행과 관련하여 정하고 있는 핵심내용은 다음의 세 가지이다.

1. 보행자는 보도와 차도가 구분된 도로에서는 언제나 보도로 통행하여야 한다.
2. 보행자는 보도와 차도가 구분되지 아니한 도로에서는 차마와 마주보는 방향의 길가장자리 또는 길가장자리구역으로 통행하여야 한다.
3. 보행자는 보도에서는 우측통행을 원칙으로 한다.

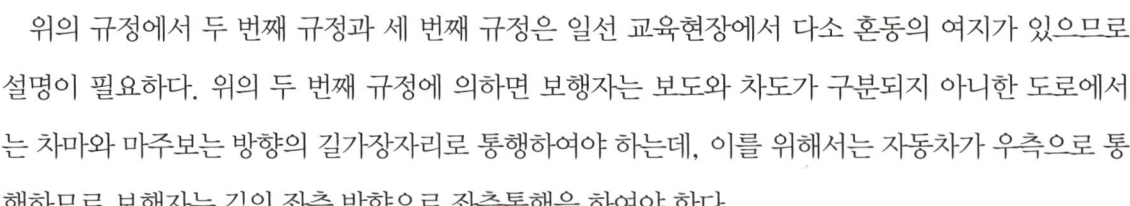

위의 규정에서 두 번째 규정과 세 번째 규정은 일선 교육현장에서 다소 혼동의 여지가 있으므로 설명이 필요하다. 위의 두 번째 규정에 의하면 보행자는 보도와 차도가 구분되지 아니한 도로에서는 차마와 마주보는 방향의 길가장자리로 통행하여야 하는데, 이를 위해서는 자동차가 우측으로 통행하므로 보행자는 길의 좌측 방향으로 좌측통행을 하여야 한다.

그러나 세 번째 규정은 보도에서는 우측통행을 원칙으로 한다고 규정하고 있으므로(원칙으로 하는 것이고 의무 규정은 아님) 위의 두 번째 규정과 상충되는 면이 있다.

따라서 보도와 차도가 구분되지 아니한 도로에서는 어린이가 차마와 마주보도록 좌측통행을 하고, 보도가 있는 도로에서는 우측통행을 하도록 지도하여야 한다.

[표 3.2.1] 「도로교통법」에 의한 보행자의 통행방법 규정

도로교통법 제8조(보행자의 통행)
① 보행자는 보도와 차도가 구분된 도로에서는 언제나 보도로 통행하여야 한다. 다만, 차도를 횡단하는 경우, 도로공사 등으로 보도의 통행이 금지된 경우나 그 밖의 부득이한 경우에는 그러하지 아니하다.
② 보행자는 보도와 차도가 구분되지 아니한 도로에서는 차마와 마주보는 방향의 길가장자리 또는 길가장자리구역으로 통행하여야 한다. 다만, 도로의 통행방향이 일방통행인 경우에는 차마를 마주보지 아니하고 통행할 수 있다.
③ 보행자는 보도에서는 우측통행을 원칙으로 한다.

2. 어린이의 도로 횡단 방법

우리나라의 「도로교통법」은 어린이의 도로 횡단 방법에 대하여 별도의 규정은 없고, 어린이는 보행자의 한 사람으로서 일반 보행자의 도로 횡단 규정을 지켜야 한다. 많은 보행자 교통사고는 보행자가 도로를 횡단할 때 발생하며, 이것은 어린이 교통사고의 경우도 마찬가지이다.

따라서 어린이는 보행자의 한 사람으로서 도로를 횡단할 때는 「도로교통법」 제10조(도로의 횡단)에 정한 다음의 네 가지 도로 횡단 규정을 지켜야 한다.

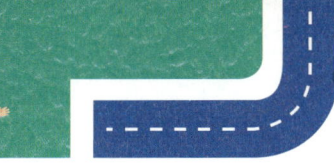

1. 보행자는 횡단보도, 지하도, 육교나 그 밖의 도로 횡단시설이 설치되어 있는 도로에서는 그 곳으로 횡단하여야 한다.
2. 보행자는 횡단보도가 설치되어 있지 아니한 도로에서는 가장 짧은 거리로 횡단하여야 한다.
3. 보행자는 모든 차의 바로 앞이나 뒤로 횡단하여서는 아니 된다.
4. 보행자는 안전표지 등에 의하여 횡단이 금지되어 있는 도로의 부분에서는 그 도로를 횡단하여서는 아니 된다.

위의 두 번째 규정에서 보행자는 횡단보도가 설치되어 있지 아니한 도로에서는 가장 짧은 거리로 횡단하여야 한다는 규정은, 도로를 따라 비스듬히 횡단하지 말고 도로의 직각 방향으로 가장 짧은 시간에 횡단하여 차량에 치일 가능성을 최소화하도록 하라는 규정이다.

그리고 세 번째 규정은 어린이가 주차 차량에 가려서 발생하는 교통사고를 예방하기 위하여 매우 중요한 규정인데, 어린이는 모든 차의 바로 앞이나 뒤로 횡단하지 말고, 차량에서 충분히 떨어져서 다른 차량의 운전자가 어린이를 잘 볼 수 있도록 하기 위한 규정이다.

[표 3.2.2] 「도로교통법」에 의한 도로의 횡단 규정

도로교통법 제10조(도로의 횡단)

① 지방경찰청장은 도로를 횡단하는 보행자의 안전을 위하여 행정안전부령으로 정하는 기준에 따라 횡단보도를 설치할 수 있다.
② 보행자는 제1항에 따른 횡단보도, 지하도, 육교나 그 밖의 도로 횡단시설이 설치되어 있는 도로에서는 그 곳으로 횡단하여야 한다. 다만, 지하도나 육교 등의 도로 횡단시설을 이용할 수 없는 지체장애인의 경우에는 다른 교통에 방해가 되지 아니하는 방법으로 도로 횡단시설을 이용하지 아니하고 도로를 횡단할 수 있다.
③ 보행자는 제1항에 따른 횡단보도가 설치되어 있지 아니한 도로에서는 가장 짧은 거리로 횡단하여야 한다.
④ 보행자는 모든 차의 바로 앞이나 뒤로 횡단하여서는 아니 된다. 다만, 횡단보도를 횡단하거나 신호기 또는 경찰공무원등의 신호나 지시에 따라 도로를 횡단하는 경우에는 그러하지 아니하다.
⑤ 보행자는 안전표지 등에 의하여 횡단이 금지되어 있는 도로의 부분에서는 그 도로를 횡단하여서는 아니 된다.

3. 어린이에 대한 보호

우리나라의 「도로교통법」은 어린이 교통사고를 예방하기 위하여 어린이의 보호자 또는 경찰관에게 어린이를 보호하도록 의무화하는 규정을 두고 있다.

어린이의 보호자 또는 경찰공무원은 어린이를 보호하기 위하여 「도로교통법」 제11조(어린이 등에 대한 보호)의 규정에 따라 다음의 세 가지 규정을 지켜야 한다.

1. 어린이의 보호자는 교통이 빈번한 도로에서 어린이를 놀게 하여서는 아니 되며, 영유아(6세 미만인 사람을 말함)의 보호자는 교통이 빈번한 도로에서 영유아가 혼자 보행하게 하여서는 아니 된다.
2. 어린이의 보호자는 도로에서 어린이가 자전거를 타거나 행정안전부령으로 정하는 위험성이 큰 움직이는 놀이기구를 타는 경우에는 어린이의 안전을 위하여 행정자치부령으로 정하는 인명보호 장구(裝具)를 착용하도록 하여야 한다.
3. 경찰공무원은 다음에 해당하는 어린이 또는 영유아를 발견한 경우에는 그들의 안전을 위하여 적절한 조치를 하여야 한다.
   - 교통이 빈번한 도로에서 놀고 있는 어린이
   - 보호자 없이 도로를 보행하는 영유아

위의 규정은 이를 위반한 보호자와 경찰관에 대한 별도의 처벌 규정이 없기 때문에 어린이의 안전을 위한 선언적인 규정에 해당한다고 할 수 있다.

Children Traffic Safety

[표 3.2.3] 「도로교통법」에 의한 어린이 보호 규정

도로교통법 제11조(어린이 등에 대한 보호)

① 어린이의 보호자는 교통이 빈번한 도로에서 어린이를 놀게 하여서는 아니 되며, 영유아(6세 미만인 사람을 말한다. 이하 같다)의 보호자는 교통이 빈번한 도로에서 영유아가 혼자 보행하게 하여서는 아니 된다.
② 앞을 보지 못하는 사람(이에 준하는 사람을 포함한다. 이하 같다)의 보호자는 그 사람이 도로를 보행할 때에는 흰색 지팡이를 갖고 다니도록 하거나 앞을 보지 못하는 사람에게 길을 안내하는 개로서 행정안전부령으로 정하는 개(이하 "장애인보조견"이라 한다)를 동반하도록 하는 등 필요한 조치를 하여야 한다.
③ 어린이의 보호자는 도로에서 어린이가 자전거를 타거나 행정안전부령으로 정하는 위험성이 큰 움직이는 놀이기구를 타는 경우에는 어린이의 안전을 위하여 행정안전부령으로 정하는 인명보호 장구(裝具)를 착용하도록 하여야 한다.
④ 경찰공무원은 신체에 장애가 있는 사람이 도로를 통행하거나 횡단하기 위하여 도움을 요청하거나 도움이 필요하다고 인정하는 경우에는 그 사람이 안전하게 통행하거나 횡단할 수 있도록 필요한 조치를 하여야 한다.
⑤ 경찰공무원은 다음 각 호의 어느 하나에 해당하는 사람을 발견한 경우에는 그들의 안전을 위하여 적절한 조치를 하여야 한다.
 1. 교통이 빈번한 도로에서 놀고 있는 어린이
 2. 보호자 없이 도로를 보행하는 영유아
 3. 앞을 보지 못하는 사람으로서 흰색 지팡이를 가지지 아니하거나 장애인보조견을 동반하지 아니하는 등 필요한 조치를 하지 아니하고 다니는 사람
 4. 횡단보도나 교통이 빈번한 도로에서 보행에 어려움을 겪고 있는 노인(65세 이상인 사람을 말한다. 이하 같다)

제3절 어린이 교통안전 추진체계

1. 교통안전 추진체계

우리나라는 「교통안전법」에 의하여 국토교통부 장관이 위원장을 맡고 있는 '국가교통위원회'가 어

린이 교통안전을 비롯하여 국내의 전체 교통안전을 총괄하는 최고 의결기구이다.

국가교통위원회는 「국가통합교통체계효율화법」에 의거하여 구성되는 위원회이며, 우리나라의 「교통안전법」은 교통안전에 관한 주요 정책과 국가교통안전기본계획을 심의하는 기능을 동 위원회에 위임하도록 규정하고 있다. 위의 국가교통위원회의 법적 개요는 다음과 같다.

- 「국가통합교통체계효율화법」에 의해 국가교통위원회는 위원장 1명과 부위원장 1명을 포함한 30명이내의 위원으로 구성됨
- 국가교통위원회의 위원장은 국토교통부장관이 되고, 부위원장은 국토교통부 차관이 됨
- 국가교통위원회의 위원은 관계 중앙행정기관의 차관(차관급 공무원 포함) 및 공공기관의 교통 관련 분야에 관한 전문지식 및 경험이 풍부한 자 중에서 위원장이 위촉하는 자가 됨

국가교통위원회 산하에는 교통안전 실무를 담당하기 위하여 「국가통합교통체계효율화법」에 의거하여 '국가교통안전실무위원회'가 설치되어 있다. 국가교통안전실무위원회의 위원장은 국토교통부 고위공무원단 중 국토부장관이 임명하는 자로 하고(현재 1급 교통물류실장 담당), 관련부처 고위공무원단(국장급)을 위원으로 구성하여 운영하고 있다.

한편, 지방자치단체 차원에는 시·도 단위에 시·도지사가 위원장을 맡고 있는 지방교통위원회가 설치되어 교통안전 업무를 총괄하고 있다. 그리고 시·군·구 단위에는 시·군·구청장이 위원장을 맡는 시·군·구교통안전정책위원회가 설치되어 교통안전 업무를 총괄하고 있다.

어린이 교통안전은 위와 같은 국가 및 지자체 교통안전 추진체계의 기본 틀 안에서 전체 교통안전 대책의 일부로서 시행되고 있다.

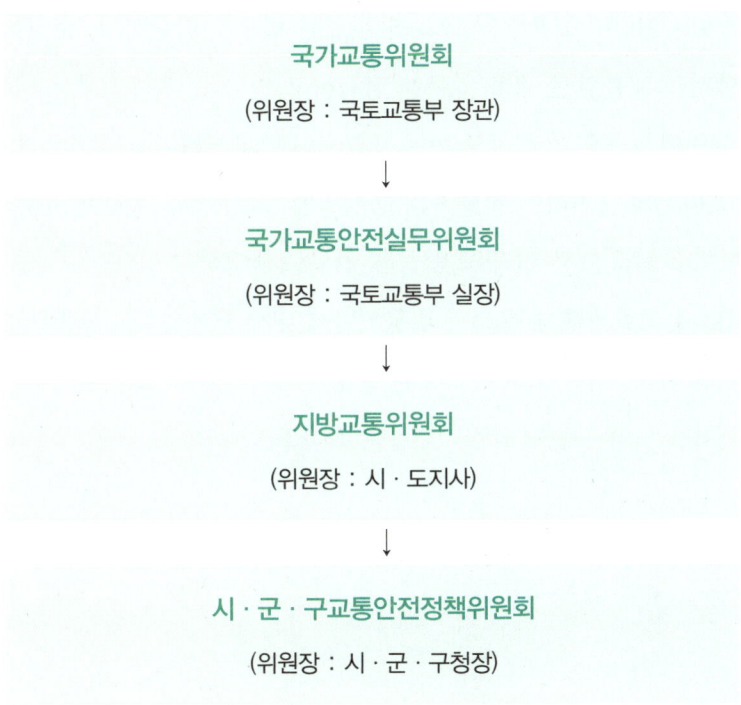

[그림 3.3.1] 교통안전 추진체계 개요

2. 어린이 교통안전을 위한 중앙부처의 역할

우리나라 「교통안전법」은 교통안전과 관련된 정부 부처로서 국토교통부, 행정안전부, 교육부, 경찰청 등 모두 12개의 지정행정기관을 지정하고 있다. 국토교통부는 교통안전 관련 부처간의 총괄적인 정책조정 업무를 담당하고, 고속국도 및 일반국도의 교통안전 대책을 담당하고 있다.

국토교통부는 어린이 교통안전 정책에 대한 내용을 포함하여 매 5년마다 국가교통안전기본계획을 수립하고, 어린이 통학차량 구조기준 제정, 교통사고 유자녀 지원 등의 업무를 수행하고 있다.

행정안전부는 어린이 안전을 위하여 어린이 보호구역 개선사업, 교통사고 잦은 곳 개선사업 등의 사업을 시행하고, 노인보호구역 및 장애인보호구역 업무도 담당하고 있다.

교육부는 학교에서의 어린이 교통안전 교육과 관련한 업무를 담당하고, 보건복지부는 아동복지 시설 및 어린이집에서의 교통안전 교육 업무를 담당하고 있다. 기획재정부는 교통안전 예산 관련 업무를 담당하고, 어린이 교통안전 예산도 이에 포함되어 다루어진다.

경찰청은 「도로교통법」에 근거하여 보행자의 통행방법, 교통단속, 운전면허관리, 교통사고조사, 교통사고통계, 통학버스 신고 및 관련자 교육 등의 업무를 담당하고 있다.

특히 경찰청은 어린이 보호구역 내 운전자 법규위반에 대해 교통범칙금 2배 부과, 도로 상의 통학버스 보호규정에 대한 단속, 어린이 보호구역 내 교통사고 발생 시 「교통사고처리특례법」에 의하여 운전자에 대한 형사처벌 등의 어린이 안전대책을 추진하고 있다.

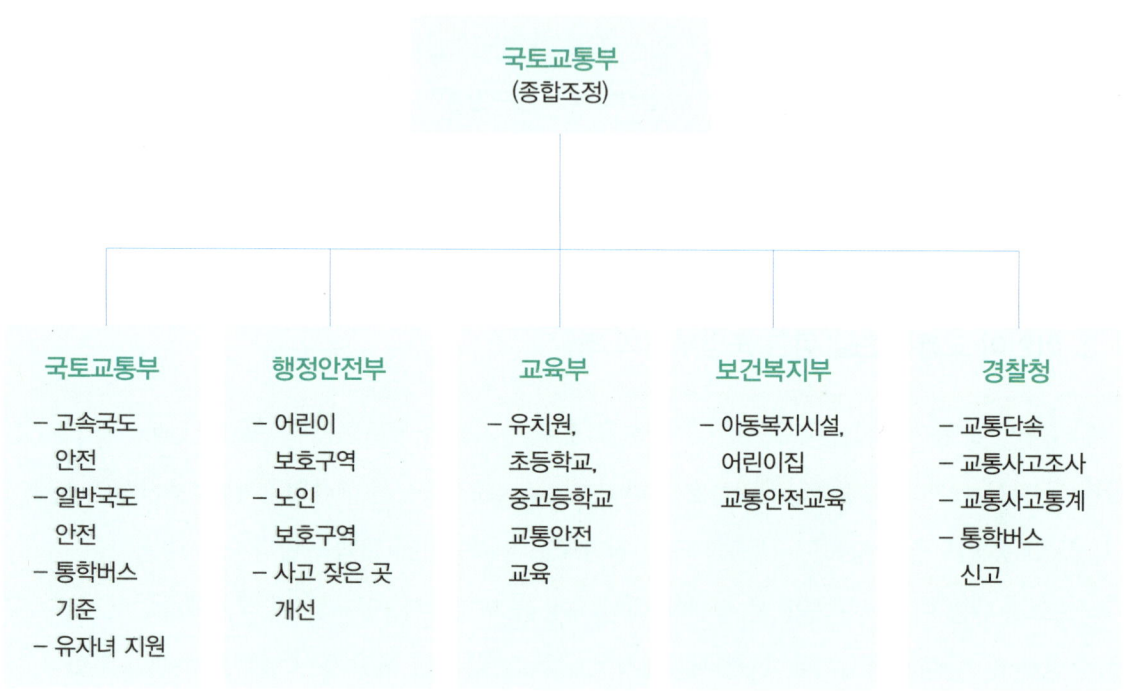

[그림 3.3.2] 어린이 교통안전 관련 주요 부처

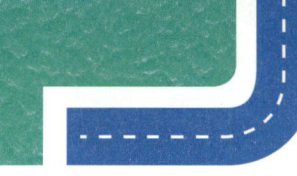
Children Traffic Safety

[그림 3.3.3] 어린이 교통안전 교육 모습

3. 어린이 교통안전 관련 공공단체의 역할

우리나라에서 운영되고 있는 어린이 교통안전과 관련한 대표적인 공공기관은 도로교통공단, 한국교통안전공단, 한국교통연구원 등이 있다. 도로교통공단은 경찰청 산하 공공기관으로, 어린이 교통안전 교육교재 개발, 교통안전 교사 교육, 어린이 보호구역 지침 개발, 어린이 교통안전 홍보 등의 업무를 담당하고 있다. 도로교통공단 산하에 있는 교통과학연구원은 어린이 교통안전 관련 연구를 담당하고, 교통사고종합분석센터는 어린이 교통사고 통계분석을 담당하고 있으며, 전국 초등학교 주변의 어린이 교통사고 발생현황을 파악할 수 있도록 어린이 교통사고분석시스템(TAAS)을 개발하여 운영하고 있다.

한국교통안전공단은 국토교통부 산하 공공기관으로서 어린이 통학버스 기준 개발, 통학버스 차량 검사, 어린이 교통안전 홍보, 학교 교통안전 교사 교육 등의 업무를 담당하고 있다. 한국교통안전공단 산하에 있는 자동차안전연구원은 자동차의 충돌시험을 통한 자동차 안전도 제고 업무를 담당하고 있다.

한국교통연구원은 국무총리실 산하 정부출연 연구기관으로서, 전반적인 교통정책 연구의 일환

으로 어린이 교통안전 관련 연구를 수행하고 있으며, 어린이 안전과 관련한 세미나 개최, 보고서 발간, 정책 제안 등의 업무를 담당하고 있다.

이 밖에도 어린이 안전과 관련된 공공기관으로서 한국산업안전보건공단, 대한손해보험협회 등의 기관이 연구, 교육, 홍보 등의 업무를 실시하고 있다.

한편, 교통안전 관련 민간단체로는 한국생활안전연합, 안전생활실천시민연합(안실련), 세이프 키즈 코리아(Safe Kids Korea) 등의 단체가 어린이 교통안전을 위한 교재 개발, 정책 제안 등의 역할을 수행하고 있다.

제4절 어린이 교통안전 주요정책

1. 어린이 교통안전 정책

우리나라는 어린이 교통사고를 줄이기 위하여 그 동안 여러 가지 정책을 추진하였다. 우리나라가 추진한 어린이 교통안전 정책 중에서 중요한 것을 3E(Engineering, Education, Enforcement) 측면을 중심으로 설명하면 다음과 같다.

먼저 공학적 시설(Engineering) 측면에서는 1995년부터 도입한 어린이 보호구역 제도를 들 수 있으며, 이 제도에 의하여 유치원 및 초등학교 주변을 어린이 보호구역으로 지정하고 교통안전시설을 대폭 강화하였다. 그리고 통학버스의 좌석안전띠 규정, 등화 규정 등 자동차 안전규정도 자동차 공학적 대책의 일환으로 강화되었다.

그리고 교육(Education) 측면에서는 1996년부터 교육부 지침에 의하여 유치원 및 초등학교에서 어린이 교통안전 교육을 시행하였으며, 그 후 2000년부터 「아동복지법」에 의하여 법적으로 어린이 교

통안전 교육을 의무화하게 되었다.

그리고 단속(Enforcement) 측면에서는 1997년부터 어린이 통학버스 보호제도를 도입하였고, 2011년부터 어린이 보호구역 내 교통법규 위반운전자에 대해 범칙금을 2배 중과하였으며, 2016년부터 어린이 보호장구 착용 위반 운전자에게 범칙금을 2배 부과하는 제도를 시행하였다.

한편, 이와 같은 여러 가지 대책을 각 추진부처별로 분류하면, 공학적 대책은 주로 국토교통부와 행정안전부, 교육적 대책은 주로 교육부, 단속적 대책은 주로 경찰청에 의하여 추진되었다.

2. 연도별 주요 정책

위에서 설명한 대책 외에도 우리나라는 어린이 교통안전을 위하여 여러 가지 대책을 추진하였으며, 그 동안 추진한 주요 어린이 교통안전 정책을 연도별로 정리하여 제시하면 다음과 같다.

- 1972년에는 녹색어머니회를 창립하여 초등학교 앞에서 등하교시 어린이 교통안전 지도활동을 시작
- 1990년에는 승용차의 앞좌석 유아보호용 장구 착용을 의무화
- 1992년에는 '교통사고 줄이기 운동 원년'을 선포하고, 교육부 지침으로 유치원은 연간 40시간, 초,중,고교는 연간 20시간 이상 교통안전 교육을 실시하도록 하고, 학교별로 교통안전교육 전담교사 1명을 지정
- 1995년에는 「도로교통법」을 개정하여 학교 주변에 어린이 보호구역(School zone) 제도를 도입, 내무부, 교육부, 건설교통부 공동부령으로 「어린이 보호구역의 설치 및 관리에 관한 규칙」을 제정 공포
- 1996년에는 교육부 지침에 의하여 유치원은 연간 30시간, 초등학교는 연간 21~23시간 교통안전 교육 실시 의무화
- 1997년에는 「도로교통법」을 개정하여 어린이 통학버스의 경찰서 신고 의무화, 도로 상에서 어

　　린이 통학버스 특별보호 규정을 도입
- 1999년에는 초등학교, 중학교 교통안전 관련 교과과정을 개편
- 2000년에는 「아동복지법」을 개정하여 어린이에 대해 연간 교통안전 교육 12시간 이상 실시를 의무화
- 2001년에는 「도로교통법」을 개정하여 어린이가 자전거 승차 시 및 킥보드 등 놀이기구를 탈 때 안전 헬멧 착용을 의무화
- 2002년에는 「도로교통법」을 개정하여 어린이 통학버스 동승 보호자 탑승을 의무화함
- 2003년에는 대통령이 '어린이 안전 원년'을 선포하고, 국무총리실 방침에 의하여 교통안전홍보 민·관협의회를 구성하여 운영
- 2006년에는 「도로교통법」을 개정하여 어린이 보호구역 지정대상을 특수학교 및 정원 100인 이상 보육시설까지 확대하고, 어린이 통학버스 신고차량을 9인승 이상으로 확대
- 2007년에는 「교통사고처리특례법」을 개정하여 어린이 보호구역 내에서 어린이 교통사고 야기 운전자에 대해 종합보험에 가입했어도 형사처벌하는 규정을 도입
- 2008년에는 「아동복지법」을 개정하여 어린이에 대해 연간 교통안전 교육시간을 10시간으로 조정
- 2010년에는 행정안전부 주관으로 워킹 스쿨버스(Walking school bus) 시범운영학교를 지정하여 도입
- 2011년에는 「도로교통법」을 개정하여 어린이 보호구역 내에서 교통법규 위반 시 운전자에게 범칙금을 2배로 중과하는 제도를 도입하고, 「어린이·노인·장애인 보호구역의 지정 및 관리 지침」을 제정하여 시행하였으며, 「도로교통법」을 개정하여 어린이 통학버스 운전자에 대한 교통안전 교육을 의무화
- 2014년에는 「도로교통법」을 개정하여 어린이 통학버스 사상사고 발생 시 경찰서장은 주무기관의 장에게 사고 관련 정보를 제공하도록 함
- 2016년에는 어린이 카시트 미장착 운전자에 대한 범칙금을 3만원에서 6만원으로 2배로 상향
- 2017년에는 '제8차 국가교통안전기본계획(2017~2021년)'을 발표하여 어린이 교통사고 사망자수

를 2015년 65명에서 2021년 38명으로 감소시키는 목표를 설정

우리나라는 위와 같은 여러 가지 정책에 의하여 어린이 교통사고 사망자수를 지난 1988년 1,766명에서 2017년 54명으로 97%를 감소시켰다.

우리나라가 시행한 어린이 교통안전 정책의 세부적인 내용은 다음 장부터 해당분야별로 상세하게 설명한다.

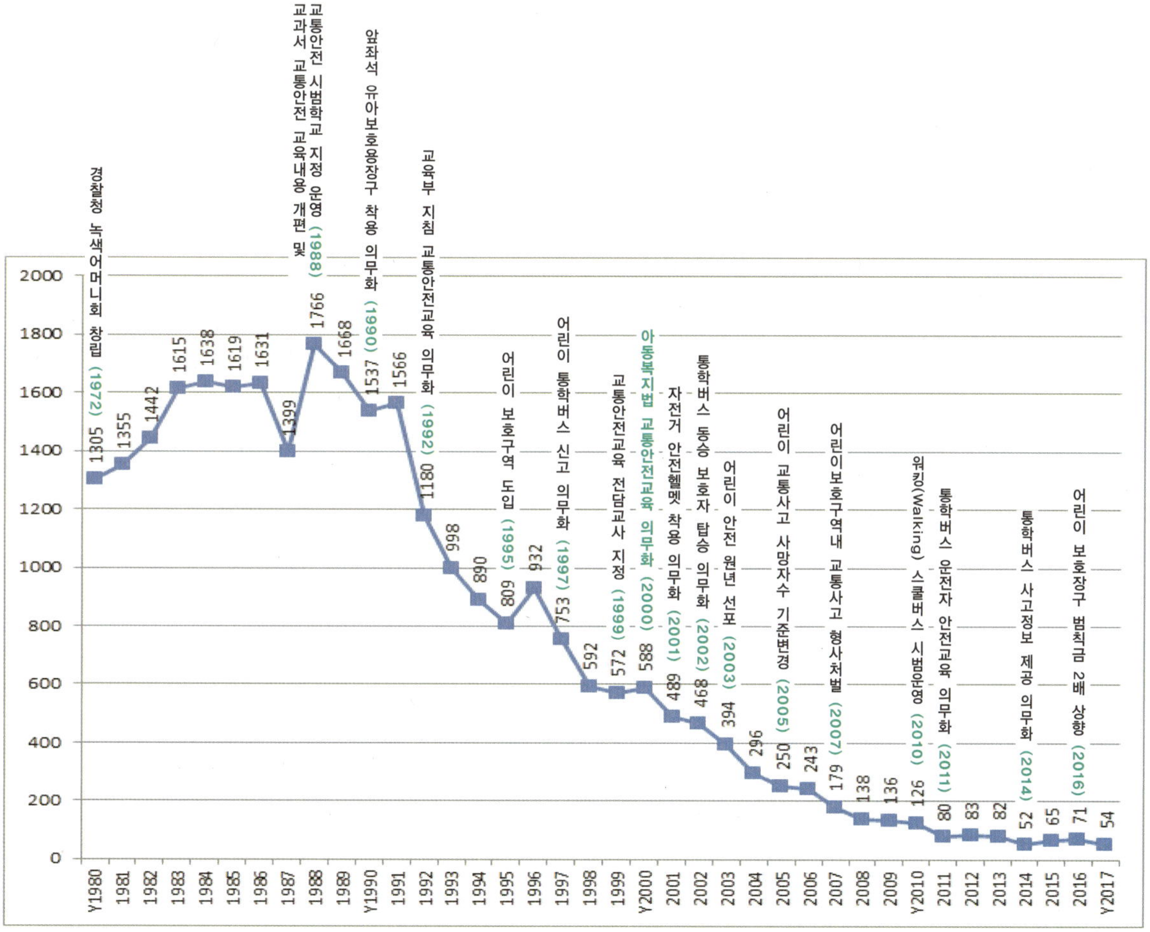

[그림 3.4.1] 연도별 어린이 교통안전 정책 및 사망자수 추이

제3장 어린이 교통안전 관련 법규

[표 3.4.1] 주요 어린이 교통안전 정책 연표

연도	어린이 사망자수	주요 어린이 교통안전 정책
1972	1,077	경찰청 '녹색어머니운용지침' 제정, '녹색어머니회' 6대 도시 창립(3월) 경찰청 '모범운전자 선발 및 운용지침' 제정, '모범운전자회' 창립(12월)
1979	1,443	국토교통부 「교통안전법」 제정(12월)
1983	1,615	제1차 국가교통안전기본계획(1983~1986년) 수립 서울지방경찰청 전국 최초 신천 어린이 교통공원 개장
1987	1,399	국무총리실 '교통안전종합대책' 수립 추진(8월)
1988	1,766 (최고치)	경찰청 교통사고 통계원표 제정, 교통사고통계 전산화 시작 어린이 교통사고 사망자수 사상 최고치 도달(1,766명) '88 서울올림픽 교통질서 확립운동 전개 초등학교 교통안전교육 시범학교 지정 운영 시작(서울, 부산) 초등학교 교과서 교통안전 교육내용 개편 완료(12월) 초등학교 외에 유아원까지 녹색어머니회 조직 확대
1989	1,668	제1차 교통사고 잦은 곳 개선사업 착수
1990	1,537	시내도로 앞좌석 승차자 안전벨트 착용 및 유아보호용 장구 착용 의무화(11월)
1991	1,566	연간 교통사고 총사망자수 사상 최고치 도달(13,429명)
1992	1,180	국무총리실 '교통사고 줄이기 운동' 원년 선언, 교통사고 줄이기 범국민운동 전개 행정기관별, 지방자치단체별 교통사고 감소 목표관리제 시행 좌석 안전띠 착용의무 확대(운전자 옆좌석 및 고속도로 전좌석 의무화) 교육부 지침으로 유치원 연간 40시간, 초·중교 연간 20시간 이상 교통안전 교육 실시, 학교별로 교통안전교육 전담교사 1명 지정 교육부 초등학교용 어린이 교통안전 길잡이 교재 발간 보급 「자동차교통관리개선특별회계법」 제정(11월), 교통범칙금을 교통안전에 사용 근거 마련
1995	809	「도로교통법」 개정, 학교 주변 어린이 보호구역(School zone) 제도 도입(1월) 내무부, 교육부, 건설교통부 공동부령 「어린이 보호구역의 설치 및 관리에 관한 규칙」 제정 공포(9월)
1996	932	교육부 지침에 의거, 유치원 연간 30시간, 초등학교 연간 21~23시간 교통안전 교육 실시
1997	753	「도로교통법」 개정, 어린이 통학버스 경찰서 신고 의무화, 도로 상에서 어린이 통학버스 특별보호 규정 도입, 어린이, 맹인, 지체장애인이 차도 횡단 시 운전자 일시정지 의무화(8월)

Children Traffic Safety

연도	어린이 사망자수	주요 어린이 교통안전 정책
1999	572	교육부 '1999 교통안전교육 세부추진계획 및 안전교육 강화 지침' 제정, 초·중·고교 연간 21~23시간 교통안전 교육 의무화 초등학교, 중학교 교통안전 관련 교과과정 개편 초·중·고교 교통안전교육 전담교사 지정(학교당 1명)
2000	588	경찰청 교통사고 사망자수 집계 기준을 사고발생 후 72시간 이내에서 30일 이내로 변경(1월) 「아동복지법」 개정, 어린이에게 연간 교통안전 교육 12시간 이상 실시 의무화 국무총리실 '안전관리개선기획단' 설치 운영, 국가안전관리종합대책 수립 시행(12월)
2001	489	「도로교통법」 개정, 어린이가 자전거 승차 시 안전 헬멧 착용 의무화, 어린이가 킥보드 등 놀이기구를 탈 때 안전장구 착용 의무화(1월) 미국 Safe Kids의 협력 하에 한국에 Safe Kids Korea 창립
2002	468	「도로교통법」 개정, 어린이 통학버스 동승 보호자 탑승 의무화
2003	394	어린이 안전 원년 선포(5월) 국무총리실 방침에 의거, 교통안전홍보 민·관협의회 구성 운영
2005	250	어린이 교통사고 사망자수 집계 기준을 도로교통법 규정대로 만 14세 이하에서 13세 미만으로 변경
2006	243	녹색어머니중앙회가 경찰청 산하 비영리 민간단체로 등록(2월) 「도로교통법」 개정, 어린이 보호구역 지정대상을 특수학교, 정원 100인 이상 보육시설까지 확대, 어린이 통학버스 신고 차량을 11인승 이상에서 9인승 이상으로 완화(6월)
2007	179	「교통사고처리특례법」 개정, 어린이 보호구역 내에서 어린이 교통사고 야기 운전자에 대해 종합보험에 가입했어도 형사처벌 규정 도입
2008	138	「아동복지법」 개정, 어린이에게 연간 교통안전 교육시간 10시간으로 조정
2010	126	행정안전부 워킹 스쿨버스(Walking school bus) 시범운영학교 지정 도입
2011	80	「도로교통법」 개정, 어린이 보호구역 내에서 교통법규 위반 시 범칙금 2배 부과 제도 도입 「어린이·노인·장애인 보호구역의 지정 및 관리 지침」 제정 시행(1월) 어린이 보호구역 지정 권한을 경찰청에서 지자체로 이관(1월), 「도로교통법」 개정, 어린이 통학버스 운전자에 대한 교통안전교육 의무화
2014	52	세월호 사고 발생 영향 어린이 교외 활동 축소로 어린이 교통사고 사망자수 사상 최저치 도달(52명) 「도로교통법」 개정, 어린이 통학버스 사상사고 발생 시 주무기관의 장에게 사고 정보 제공 의무화
2016	71	어린이 카시트 미장착 운전자 범칙금 3만원에서 6만원으로 2배 상향
2017	54	제8차 국가교통안전기본계획(2017~2021년) 착수, 어린이 교통사고 사망자수를 2015년 65명에서 2021년 38명으로 감소시키는 목표 설정 도로교통공단 어린이 교통사고 분석시스템 도입 (taas.koroad.or.kr/ childTaas), 전국 초등학교 주변 교통사고 발생자료 제공(11월)

제3장 어린이 교통안전 관련 법규

제4장
어린이 교통안전 교육 정책

제1절 어린이 교통안전 교육 개요

제2절 학교 교통안전 교육의 정착

제3절 교통안전 전문기관의 지원

제4절 지방자치단체와 지역사회의 역할

제4장
어린이 교통안전 교육 정책

제1절 어린이 교통안전 교육 개요

1. 어린이 교통안전 교육의 발전 과정

어린이는 심신이 한창 발달하는 과정에 있으므로 교통장면에서 성인과 같은 정도의 능력을 기대하기는 어렵다. 이들은 교통의 약자이며, 때로는 희생자가 되기도 한다. 따라서 어린이를 보호하기 위해서는 교통안전에 대한 교육과 함께 각종 정부 정책과 시설을 통한 보호대책을 적절히 시행하는 것이 중요하다.

어린이 교통사고를 감소시키기 위해서는 법규적인 대책, 시설적인 대책, 단속적인 대책 등 여러 가지 대책이 필요하지만, 그 중에서도 현대의 자동차 대중화 사회에서 어린이 교통안전 교육이 어린이를 위한 생존기술(Survival technique)로서 가장 중요하고 기초적인 교육이라고 할 수 있다.

우리나라는 지난 1970년대의 고도성장과 자동차의 급증으로 어린이 사상자를 비롯한 교통사고 사상자가 크게 증가함에 따라, 1979년부터 「교통안전법」을 제정하여 국토교통부 주도로 5년 단위의

'국가교통안전기본계획'을 수립하여 시행하도록 하였으며, 그에 의하여 1983년에 제1차 국가교통안전기본계획(1983~1986년)이 시작되었다.

국가교통안전기본계획의 도입 시행에도 불구하고 교통사고 사상자 증가추세가 줄어들지 않자, 1987년에는 대통령의 지시로 국무총리 주관 하에 관련부처 합동의 교통안전대책을 수립하여 시행토록 하였으며, 그에 따라 1989년부터 어린이 교통사고 사망자수가 조금씩 줄어들기 시작하였다.

그 후 정부가 1992년을 '교통사고 줄이기 원년'으로 선포하고「교통사고 줄이기 5개년 계획」을 수립하여 시행하면서 어린이 교통사고 사망자수는 본격적으로 줄어들기 시작하였다. 1992년 정부의 '교통사고 줄이기 원년' 선포에 맞추어 교통안전시행계획의 일환으로서 교육부는 유치원 교육과정에서 연간 40시간을 확보하여 교통안전 교육내용을 반영하여 지도하도록 하였으며, 초, 중, 고등학교에서는 각급 학교별로 교통안전교육에 필요한 시간을 연간 20시간 확보하여 교육하도록 하였다.

또한 유치원을 포함하여 각급 학교별로 교통안전교육 전담교사 1명을 지정하도록 하였으며, 초, 중, 고등학교에 대해서는 시·도 교육청별로 교통안전시범학교를 지정, 운영하여 우수사례를 일반학교에 전파하도록 하였다.

한편 2000년부터 2004년까지 개편 완료된 제7차 교육과정에서는 각 교과에 걸쳐 체계적으로 교통안전교육에 대한 내용을 학습할 수 있도록 대폭 반영하였다. 특히 등·하교 시 사고가 높게 나타나는 초등학교 1,2학년의 교과 내용에서는 교통안전교육 내용을 중점적으로 반영하였다. 이러한 각종 교통안전 교육 시책과 함께 교통안전종합대책의 일환으로 어린이 보호대책을 중점적으로 실시한 결과, 어린이 교통사고 사상자수는 1989년부터 본격적으로 줄어들기 시작하였다.

지난 1990년 이후 어린이 교통사고를 줄이기 위한 정부의 교통안전 교육 관련 주요 정책의 내용을 소개하면 다음과 같다.

1992년 : '교통사고 줄이기 원년' 선포 및 교통안전 교육시간 확보
- 정부는 1992년을 '교통사고 줄이기 원년'으로 선포하고, 유치원은 연간 40시간 이상, 초,중,고교는 연간 20시간 이상 교통안전 교육을 실시하도록 교육부 지침 시달

1993년 : 교육부 차원의 어린이 교통안전교육 교재 발간, 보급
- 교육부에서는 도로교통공단과 공동으로 초등학교용 어린이 교통안전 길잡이 저학년용과 고학년용 교재를 발간, 보급.

1996년 : 교육부의 교통안전교육 강화 조치
- 교육부에서는 교통안전에 관한 학교 교육을 강화하기 위해서 각 급 학교에 '1996년 교통안전교육 세부시행계획' 시달 및 '안전교육 강화지침'을 시달.
- 유치원에서는 교통안전교육에 필요한 시간을 연간 30시간 이상 확보, 초·중·고등학교에는 21~23시간 이상 확보하여 교육하도록 조치.

1997년 : 대통령의 공약 '교통안전교육의 강화'
- 대통령의 관심 하에 교통안전교육을 강화할 수 있는 조치를 관계부처 합동으로 검토하여, 각급학교 교육과정에 교통안전 교육 내용을 적극 반영하도록 함.
- 1997년 12월 제 7차 교육과정 고시와 함께 교과서 개편 시 교통안전교육 내용을 반영함.

2000년 : 「아동복지법」을 개정하여 어린이에게 교통안전 교육을 연간 12시간 이상 실시 의무화

2002년 : 교통안전기본계획 중 '현장 중심의 교통안전 실습교육 정착' 추진
- 제5차 국가교통안전기본계획(2002~2006년)의 세부적인 추진 목표의 일환으로 '현장 중심의 교통안전 실습교육 정착'을 적극 추진하면서, 정부 및 지자체 차원에서 어린이 교통공원 등의 체험교육시설들을 전국적으로 설치하기 시작.

2004년 : 제7차 교육과정 개편 완료(교통안전 교육 내용 강화 반영)
- 제7차 교육과정에 따라 2000년부터 시작된 각 급 학교 교과서 개편이 고등학교 교과서까지 완료됨.

2008년 : 「아동복지법」을 개정하여 어린이 교통안전 교육시간을 연간 10시간으로 조정

2013년 : 어린이 통학차량 안전관리 강화(교육부, 행안부, 국토부, 문체부, 복지부, 경찰청)
- 통학차량 안전사고의 지속적인 발생에 따라 관련부처 어린이 통학차량 안전강화 종합대책 발표(2013. 5월).

- 통학차량 신고 의무화 및 안전교육 강화, 통학차량에 안전장치(좌·우광각 실외후사경, 후방카메라 또는 후진경고음 발생장치) 설치 의무화 등의 법 개정 추진

2017년 : 「국민안전교육진흥기본법」 제정 시행
- 2014년 4월 발생한 세월호 침몰사고에 따라 재난 방지체계 개편의 일환으로 신설된 국민안전처(2017년 행정안전부에 통합됨)가 2016년 5월 제정하여 2017년 5월부터 시행한 「국민안전교육진흥기본법」에 따라 교통안전 교육, 재난안전 교육 등 각급 학교에서의 안전교육 시행을 재차 의무화

2. 어린이 교통안전교육의 역할

교통안전교육은 지식교육보다는 실천 행동 교육이 강조되는 분야로서, 교육활동 전체를 통해 충분한 시간적 여유를 가지고 이루어져야 하나, 교통안전 교육에 대한 인식이 부족하여 다른 교과 지도에 밀리게 되는 것이 일반적이다.

따라서 교통안전교육을 여러 개의 관련 교과에 분산시켜 지도를 하든지, 또는 단일의 교과로 편성하든지 간에 그에 대한 원칙이 정립될 필요가 있으며, 만일 분산 교과로 다룬다는 원칙이 서더라도 교통안전교육의 통합성과 체계성이 확보되도록 과목별 시간 배당과 교육내용의 할당문제를 해결하기 위해서는 교통안전 교육의 목표와 내용체계가 정립될 필요가 있다.

도로교통안전 교육은 단순히 안전교육의 일부로서만 취급되어서는 안 되며, 이 문제에 대해서는 1980. 12월 "어린이와 10대의 교통안전교육에 대한 유럽 운수성 장관회의 제3차 합동회의(The 3rd Joint Conference by the European Council of Ministers of Transport on Road Safety Education for Children and Teenagers)"의 다음과 같은 결론을 참고할 필요가 있다.

- 가능하다면 언제든지 어린이와 10대에 대한 행동목표는 모의상황에 덧붙여 실제상황에서의 연습과 테스트로써 성취되어야 한다는 점이 중요하다. 이와 관련하여 교사는 가능하다면 전문

적인 훈련을 받은 경찰과 부모의 상호협조를 모색하는 것이 바람직하다.
- 도로안전훈련은 학교교육의 확고한 과목이 되어야 한다. 교통안전 교육은 전문적인 훈련이 이루어져야 하며, 독립교과로서 또는 다른 교과와 통합되어 다루어 질 수 있고, 특정교육수준에 집중되어야 한다는 여러 가지 본질적 요소에 의거하여 이루어져야 한다.
- 도로교통교육에 대한 훈련이 없거나 또는 익숙하지 못한 교사들은 전문적인 보수 교육 과정을 통해서 자격을 인정받아야 한다.

우리나라의 경우 각 교과에 걸쳐 교통안전 교육의 수준을 정립하게 된 것은 제 7차 교육과정 개편 이후이다. 1997년에 대통령의 공약으로 '교통안전교육의 강화'가 천명되었고, 그에 따라 교육부에서는 교육과정 내에 반영할 교통안전 교육 내용 구성에 대해 경찰청 산하 도로교통공단에 협조를 요청하였으며, 1998년부터 2000년까지 초등학교 및 중,고등학교 교육과정 분석을 근거로 제시된 도로교통공단의 교통안전 관련 내용 개선안을 대폭 반영하였다. 그에 따라 2000년 초등학교 1·2학년을 시작으로, 2001년 초교 3·4학년과 중학교 1학년, 2002년 초교 5·6학년과 중2, 고1, 2003년 중3, 고2, 2004년 고3 교과서에 차례로 반영하였다.

그러나 교통안전교육은 이론보다는 실습과 실천이 중요하기 때문에 현장 중심의 학습과 실천활동을 강화할 필요성이 있다. 우리나라에서 '현장 중심의 교통안전 실습교육'이 적극 반영되기 시작한 것은 제5차 국가교통안전기본계획(2002~2006년)부터이다. 동 계획의 실천전략 중 '교통안전의식 확립 및 선진 교통문화 정착'의 세부적인 추진 목표 및 구체적인 전략의 일환으로 '현장 중심의 교통안전 실습교육 정착'을 적극 추진하였다.

이 후 제6차 국가교통안전기본계획(2007~2011년)에서도 취학 전·후 아동에 대한 교통안전 조기교육 프로그램 보급으로 지속적인 교통안전교육 실시 및 체험교육 기회를 확대하는 데 중점을 두었다.

[그림 4.1.1] 학교 교통안전교육 강화 연구 시리즈(도로교통공단)

제2절 학교 교통안전교육의 정착

1. 각 급 학교 교통안전교육의 실시 근거 확보

우리나라는 1992년 이후 범국가적 차원에서 실시된 '교통사고 줄이기 운동'의 일환으로 학교 교육과정에서 유치원의 경우 연간 40시간 이상, 초등학교의 경우 연간 20시간 이상을 교통안전교육에 할애하도록 권장하였다. 그에 따라 많은 학교들이 교통안전교육에 관심을 가지고 교통안전교육을 교육과정에 포함시키기 시작하였다.

1996년부터는 교육부에서 교통안전에 관한 학교교육을 강화하기 위해서 각 급 학교에 '교통안전교육 세부시행계획' 시달 및 '안전교육 강화지침'을 시달하였다. 유치원에서는 교통안전교육에 필요한 시간을 연간 30시간 이상 확보, 초, 중, 고등학교에는 21~23시간 이상 확보하여 지도하도록 하였다.

1996년 이후 정부에서는 교통안전교육을 포함한 안전교육을 법률적으로 의무화하는 방안을 모색하였다. 그 기초가 된 것은 「학교보건법」과 「아동복지법」의 개정이다. 1996년에 OECD에 가입하

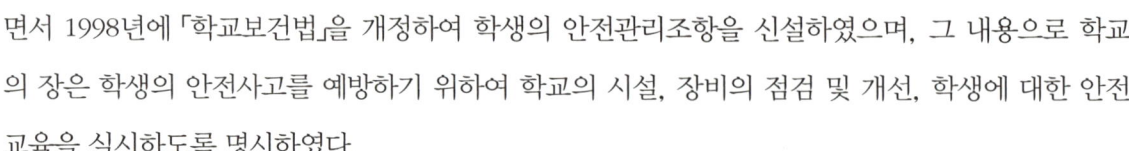

면서 1998년에 「학교보건법」을 개정하여 학생의 안전관리조항을 신설하였으며, 그 내용으로 학교의 장은 학생의 안전사고를 예방하기 위하여 학교의 시설, 장비의 점검 및 개선, 학생에 대한 안전교육을 실시하도록 명시하였다.

또한 2000년에 개정된 「아동복지법」에서는 아동의 건강 및 안전 조항을 신설했으며, 같은 해에 시행령을 개정하면서 유아복지시설과 유치원, 초, 중, 고등학교장의 안전교육 실시에 대한 조항을 포함시켰다. 이러한 정부 차원의 관심과 정책 추진 및 법률 개정이 이루어짐에 따라 교통안전교육을 포함한 안전교육이 법률에 의거한 교육으로 자리를 잡을 수 있게 되었다.

이후 2003년 2월 출범한 정부에서는 특히 어린이 안전을 중요한 정책과제로 삼아 그 해 7월 국무회의에서는 학교안전 강화를 위한 정책으로서 '어린이 안전 종합대책' 추진을 포함한 부처별 안전사고방지 추진상황을 점검하고 개선책을 모색하였다.

① 어린이 안전 종합대책 추진

'어린이 안전 종합대책'은 제81회 어린이날(2003년 5월 5일)에 당시 노무현 대통령이 2003년을 '어린이 안전 원년'으로 선포함에 따라, 어린이가 안전하게 자랄 수 있도록 모든 제도와 환경을 개선하기 위한 대책이다. 그 일환으로 모두 13개 부처와 민간단체가 참여하여 12개 분야, 76개 과제를 추진하였다. 어린이 안전 종합대책의 추진목표는 2003년부터 5년간 어린이 10만 명당 안전사고 사망자수를 매년 10%씩 낮추어, 2007년까지 2003년(1,269명)의 1/2수준(635명)으로 줄이고, OECD 국가 최하위 수준에서 중위권 수준으로 진입하는 것을 목표로 하였다. 또한 이를 위해 2007년까지 어린이 안전을 위한 모든 제도와 환경을 구축하는 것이었다.

② 학교 안전교육 강화

학교 안전교육은 학교생활에서 발생하는 사고 및 가정, 사회, 산업체 등 성인사회에서 발생할 수 있는 각종 사고를 방지할 목적으로 학생들에게 안전에 관한 지식, 기능, 태도 및 대책 등을 교육을 통하여 체계적으로 습득하게 하는 교육이다.

③ 학교 시설물 안전관리 및 안전교육을 위한 제도적 기반 확보

「학교 안전사고 예방 및 보상에 관한 법률」 제정(법률 제8267호, 2007년 1월 26일 공포, 2007년 9월 1일 시행)으로 학교 안전사고를 예방하고, 학생·교직원 및 교육활동 참여자가 학교 안전사고로 인하여 입은 피해를 신속·적정하게 보상하기 위하여 학교 안전사고 보상 공제사업을 실시하도록 제도적 기반을 마련하였다.

④ 「아동복지법」에 의한 어린이 교통안전교육

현재 학교 교통안전 교육 근거는 「아동복지법」, 「학교보건법」, 「학교안전사고 예방 및 보상에 관한 법률」 등에 규정되어 있다. 특히 「아동복지법 시행령」 제28조의 별표3에서는 유치원을 비롯하여 초, 중, 고등학교에서 각각 교통안전교육을 연간 10시간 이상, 2개월에 1회 이상 실시하도록 규정하고 있다.

⑤ 제8차 국가교통안전기본계획(2017~2021년)의 어린이 교통안전대책 내용

정부는 2016년 12월 '제8차 국가교통안전기본계획(2017~2021년)'을 발표하고 향후 5년간의 우리나라 교통안전 추진방향을 제시하였다. 그 중 어린이 교통안전 분야의 추진목표는 2021년까지 어린이 교통사고 사망자수를 38명으로 감소하는 것을 목표로 하고, 추진내용은 어린이 중심의 안전한 학교 및 통학환경 조성, 교통안전교육 의무화 및 실효성 강화의 2대 과제를 수립하였다.

이 중 어린이 교통안전 교육과 관련해서는 현재 교육부 표준안으로 연간 51시간의 안전교육 시간 중 11시간을 교통안전 교육에 할당하도록 하고 있다. 그리고 어린이 교통안전교육을 조회, 종례 등에 포함하여 약 15분 이상 교육 시 1차시 교육으로 인정하고 있는 것을 개선하여, 교통안전 교육시간의 실질적 확보 및 교육 컨텐츠 확대를 주요 추진과제로 제시하고 있다.

[표 4.2.1] 제8차 국가교통안전기본계획(2017~2021년)의 어린이 교통안전대책 내용

추진목표
- 어린이의 교통안전의식 조기형성을 위한 안전교육 체계개선
- 어린이 통학환경의 안전성 강화

■ 어린이 교통사고 사망자수 감소목표

2015년(기준년도)	2017년	2018년	2019년	2020년	2021년
65명	56명	53명	48명	43명	38명

■ 추진내용

나. 교통안전교육 의무화 및 실효성 강화

① (지속) 유치원, 초등, 중등, 고등 대상 교통안전교육 의무화 및 실효성 강화추진 ('17~'19)

○ 어린이 및 학생대상 교통안전교육의 실효성 강화 방안 추진

– 현재, 연간 안전교육 관련 연간수업시수(51차시)를 확보하여 교육하도록 운영 중이나, 교통안전교육은 전체 연간수업시수의 약 20%수준 할당에 머물러 있는 상태

* 교과부는 안전교육시간을 학교안전교육 7대 표준안('16.3)을 통해 학급별교과과정 기준시간을 정하고 있으나, 조회, 종례 등에 포함하여 약 15분 이상 교육시 1차시 교육으로 인정 중

〈표〉 학급별 교과과정 기준시간

구분	생활 안전교육	교통 안전교육	폭력예방, 신변예방교육	약물, 사이버 중독예방교육	재난 안전교육	직업 안전교육	응급처치 교육	합계
유치원	14	11	10	6	6	2	2	51
초등	12	11	10	6	6	2	4	51
중등	8	7	11	11	7	3	4	51
고등	8	5	11	11	7	5	4	51
비고	학기별 2회이상	학기별 2회이상	학기별 2회이상	학기별 2회이상	학기별 2회이상	학기별 1회이상	학기별 1회이상	–

- 교통안전 교육시간의 실질적 확보 및 교육 컨텐츠(체험교육 등) 확대

    * (독일) 연간 40시간 이상, 교통안전 전문교사가 교육, (미국) 연간 50시간 이상, 교통안전 담당교사 이수자격제도 운영, (스웨덴) 연간 20시간 이상, 교통안전 전문교사가 교육

- 중장기적으로 교통안전교육의 의무화(정규과목화 등) 추진방안 검토

② (신규) 교원 대상 교통안전 교육프로그램 운영추진 ('17~'19)

○ 교원 대상 교통안전교육 시행 및 교통안전 전문인력 양성

    - 학교 안전담당교사 지정, 교육프로그램 이수 및 연수 촉진

○ 유치원, 초·중·고등학교 교원 대상 출장 또는 초청교육 시행

    - 교통안전 지도방법, 어린이 행동특성과 교통안전 등에 대한 교육

    * (홀수년) 유치원 교사, (짝수년) 초, 중, 고등학교 교사

③ (신규) 가정단위의 교통안전 교육 활성화 촉진 ('17~'21)

○ 가정단위 교통안전교육 시행유도

    - 학교·어린이집 등을 중심으로 통학 가정별 교육안전교육 컨텐츠(교통안전규칙, 통학로 안전 등) 제공 및 가정교육 유도

2. 각 급 학교 교과 내 교통안전 지도내용의 반영

제7차 교육과정은 교육부가 발족한 이래 일곱 번째로 개정된 교육과정으로 2000년에 시행되었다. 제7차 교육과정에서는 교통안전교육 내용을 각 교과에 걸쳐 체계적으로 반영한 것이 특징이다. 초등학교의 경우 8교과 12단원에 반영하였으며, 특히 도로교통공단과 경찰청 등의 권고를 받아들여 초등학교 1~2학년 교과에 교통안전교육 내용을 중점적으로 반영하였다.

제7차 교육과정에서 교통안전교육 내용 강화의 기본 배경은 대통령의 공약에 '교통안전교육의 강화'가 포함되었고, 그것이 교육부에 대한 대통령의 지시로 구체화 된 데 있다. 제7차 교육과정에서 교통안전교육의 교육 방침은 다음과 같다.

- 안전교육은 재량활동을 통하여 중점적으로 지도하되, 관련되는 교과와 특별활동 등 학교 교육 활동 전반에 걸쳐 통합적으로 다루어지도록 강조
- 유치원 교육과정 운영 및 일상생활 훈련을 통한 반복적 지도
  · 교통사고의 70%를 점유하는 보행 중 사고 예방법 집중 교육
  · 유치원 교육과정 『건강생활영역』 중 '교통안전규칙 지키기'에서 '교통기관을 안전하게 이용한다', '보행안전규칙을 지킨다' 등 중점지도
  · 유치원 교육과정 운영계획서 작성 시 생활주제 「교통기관」, 「건강한 몸과 마음」, 「교통안전」 등을 교육계획에 포함하여 연중 반복하여 지도
  · 교통공원, 교통안전교육 시범학교 등에서의 현장학습(연1회)
- 초·중·고등학교에서의 관련 교과를 통한 교통안전 지도
  · 슬기로운 생활, 바른생활, 도덕(국민윤리), 국어, 사회, 체육, 교련, 미술, 생활과 과학 등에 교통안전 내용을 반영하고, 특히 체육 등에는 중점적으로 걷기, 도로횡단 등 체험교육 내용을 반영함.
- 초·중·고등학교 특별활동과 재량활동의 교통안전교육 내용
  · 교통안전을 주제로 한 백일장, 웅변대회, 표어짓기, 포스터그리기, 사진 전시회 등 개최
  · 교통공원, 교통안전교육 시범학교 등 교통안전 현장 실습교육 실시
- 특별활동에 체험중심 안전교육 방안, 체험활동 중심의 재해대비 교육 및 안전교육 프로그램 제시

3. 각 급 학교에 대한 등·하교 지도의 강화

교통사고가 급증하던 1980년대 후반까지 어린이 교통사고는 주로 학교 주변 등·하교 길에서 많이 발생하였다. 이에 따라 1990년대의 어린이 교통사고 대책에는 등·하교 지도 강화 대책이 필수적으로 포함되었다.

특히 초등학교에는 어린이 교통봉사대 및 학부모 봉사대를 조직, 운영하여 등·하교 시간대에 맞추어 등·하교 지도 등을 실시하였다. 이와 함께 학교주변을 어린이 보호구역으로 지정하는 어린이 보호구역을 확대 설치함으로써 등·하교길의 안전을 강화하였다.

2010년부터는 행정안전부에서 워킹스쿨버스(Walking School Bus) 시스템을 도입하여, 일부학교에서 시범실시하고, 점차 이를 확대하여 실시하고 있다. 이 시스템은 일반 스쿨버스가 등·하교하는 어린이들을 태우고 내려주듯이, 보행안전지도사(지킴이)가 정해진 시간과 장소에서 어린이들을 데리고 통학로를 걸으며 안전하게 등·하교시키는 집단 보행 방식을 말하는 것이다. 현재 워킹스쿨버스는 600여개 이상의 학교에서 실시하고 있다.

보행안전지도사는 지자체의 지역공동체 일자리사업 등을 통해 퇴직인력(경찰, 교사), 자원봉사요원 등을 교통안전 지도·교육 전문 인력으로 양성한 것이다. 등·하교길 안전과 관련한 중요한 활동들은 다음과 같다.

- 등·하교 시간대 위주 어린이 보호구역 교통관리 강화
- 학교 주변 등·하교 시간대 교통경찰 증가 배치, 어린이 보호구역 및 어린이 통학차량 법규위반 행위에 대해 연중 집중 계도·단속 실시
- 통학로 상 교통사고 위험정보를 담은 '통학로 위험지도' 제작, 배포 등 현장 중심 홍보 활동 강화
    · 부모에 대한 가정통신문 배포 또는 학교 홈페이지 팝업창 게재 등을 통한 지도
    · 통학로 부근 사고 발생 빈발지점 등 위험지역 무인단속카메라 설치 확대
    · 어린이 대상 교통안전 예방교육 강화
- 초등학교 저학년 대상 보행자 면허증 취득교육 실시

– 초등학교 입학 시 안전한 보행수칙(도로횡단, 보도통행)에 대한 소정의 교육을 실시한 후 면허 시험을 실시

4. 교통안전 담당교사 교육과 교통안전교육 시범학교 운영

학교 교통안전교육에 있어서 교사의 교통안전에 대한 지식과 발달단계에 맞는 적절한 지도 능력은 무엇보다도 중요하다. 이와 관련하여 각 급 학교를 관할하는 시·도 교육청에서는 유치원 및 초·중·고등학교의 교통안전교육을 위하여 담당교사를 지정하여 교통안전교육을 지도하도록 하고 있다.

시·도 교육청에서는 교통안전 담당교사들에게 올바른 교통안전 교육 지도법을 전수하기 위하여 교통안전지도 연수를 실시하고 있다. 매년 약 5천여 명에 달하는 유치원·초·중·고등학교 교사들이 도로교통공단 등을 비롯한 전문기관으로부터 연수를 받고 있다.

교통안전담당교사는 학교별로 등·하교 지도방안 및 교통안전교육 매뉴얼 작성 등을 포함한 교통안전 제고계획을 수립한다.

그 외에도 시·도 교육청별 일반 교원 직무 연수과정 및 자격 연수과정 등 교육 프로그램에 어린이 안전 및 학교 안전 관련 내용을 포함시켜 교원 연수를 실시함으로써 모든 교사가 안전교육 내용을 제대로 지도할 수 있게끔 하고 있다.

시·도 교육청에서는 어린이 교통안전문화를 확산, 정착시키기 위해 교통안전교육 시범학교, 교통안전 모범학교, 교통안전 지역 중심학교, 등하교 도우미(Walking School Bus) 시범 운영학교 등을 지정하여 운영하고 있다. 이들 학교는 교통안전문화를 선도하는 중심학교로서 교통안전과 관련한 프로그램 개발, 보급, 교수·학습자료 개발, 우수 사례 발굴 등을 통해 인접 학교에 교통안전 교육문화를 전파하고 있다. 특히 시범학교에서 실천한 우수 사례와 학습자료들은 시, 도 교육청별로 홈페이지에 게재하여 각급 학교 교사, 학생, 학부모 등이 활용하도록 하고 있다.

5. 현장 체험교육 및 사이버 교통안전교육의 활성화

국가차원에서 '현장 중심의 교통안전 실습교육 정착'이 적극 반영되기 시작한 것은 제5차 국가교통안전기본계획(2002~2006년)부터이다. 유치원 및 초등학교 어린이를 주 대상으로 하는 체험을 통한 교통안전교육장은 일반적으로 교통공원이라고 부르고 있으나, 교통안전체험교육센터, 교통안전체험교육장, 교통나라, 교육홍보관 등 여러 가지 명칭으로 불리고 있다.

이러한 시설들은 그 운영주체에 따라 정부 및 관련 기관들이 운영하는 홍보관 및 전문교육시설, 일부 민간회사에서 운영하는 교육 홍보관, 지방정부에서 운영하는 교통공원 등으로 구분할 수 있다

국내의 체험형 교통안전 전문교육장은 2003년부터 경찰청의 국고보조금 예산으로 건립하고 있는 교통안전체험교육장을 포함하여 2014년 현재 총 66개가 운영 중에 있고, 경찰청이 자치단체 보조사업으로 추진한 3000㎡ 이상 대규모 체험교육장은 전국 17개소이다.

[표 4.2.2] 시·도별 교통안전 교육장 현황(2014년)

총계	서울	부산	대구	인천	광주	대전	울산	경기	강원	충북	전북	전남	경북	경남	제주
66	5	3	1	3	1	4	1	14	5	6	5	1	6	5	2

출처) 경찰청, 도로교통안전백서, 2015년

[그림 4.2.1] 광명시 어린이 교통공원의 어린이 교통안전교육

사진 출처) http://humayu.tistory.com/169

　기존 교통공원의 경우 운영체계가 운영주체와 시설관리로 나누어지며 지방자치단체 및 기관 직영, 경찰, 도로교통공단 등 다양할 뿐 아니라 교육도 경찰과 전문교육기관 혹은 자원봉사자들로 이루어지고 있다.

　한편, 학교 및 어린이 교통공원 등에서 뿐 아니라 언제 어디서든지 어린이 교통안전교육을 받을 수 있도록 IT인프라를 이용하여 교육에 대한 접근이 가능하도록 각종 인터넷 홈페이지가 개설되어 있다. 어린이 교통안전 교육 관련 인터넷 홈페이지는 경찰청을 비롯한 국가 기관, 정부 산하단체 및 각종 민간단체들이 개설하고 있다. 어린이 교통안전교육 관련 주요 인터넷 사이트를 소개하면 다음과 같다.

[표 4.2.3] 어린이 교통안전교육 관련 주요 인터넷 사이트

사이트명	주소	내용	운영기관
어린이 경찰청	www.police.go.kr/kid/main.do	○교육자료, 동화, 게임 (연령별)등	경찰청
사이버 교통학교	cyedu.koroad.or.kr	○주제별 학습, 게임, 동영상, 교육자료 등	도로교통공단
Safe Kids Korea	www.safekids.or.kr	○수업용 자료 및 애니메이션, 교육지침서, 동화, 게임 등	세이프 키즈 코리아
어린이 안전넷	www.isafe.go.kr	○ 어린이안전사고 예방 ○ 교통, 가정, 학교, 놀이 등 안전 ○ 안전관련 뉴스 및 학부모 뉴스 등	한국소비자원 어린이안전넷
어린이 안전학교	www.go119.org	○교통 · 화재 · 학교 · 가정 · 가스 · 전기 · 식품 · 놀이 안전 ○ 응급처치, 자연재해	행정안전부 소속 사단법인
한국어린이 안전재단	www.childsafe.or.kr	○ 안전사고 사례 ○ 안전수칙 ○ 어린이 안전교육 버스	한국어린이 안전재단
송파 안전체험 교육관	www.isafeschool.com	○영/유아 안전, 교통 · 물놀이 · 스포츠 · 낙상 · 화상 · 놀이터 · 가정내 안전 · 안전사고 사례사진전	서울 송파구청 (한국어린이 안전재단 위탁운영)
한국생활 안전연합	www.safia.org	○안전정보 및 안전자료 사이트 구축. 어린이 안전체험관 사이트운영	한국생활안전 연합

제3절 교통안전 전문기관의 지원

　어린이 교통사고의 심각성을 알리고, 정부 차원에서의 안전대책을 수립하는 데 있어서는 1980년대 설립된 전문기관들의 역할이 컸다. 특히 이들 기관들은 어린이 교통사고 실태에 대한 조사연구를 비롯해서 각종 어린이 교통안전교육 교재를 제작하여 각 급 학교에 대한 배포 및 교육활동을 전개함으로써 학교에서의 교통안전 교육 필요성이 높아지는 계기를 만들었다.

　이러한 활동에 힘입어 1990년대부터는 학교 교육과정에 교통안전교육을 반영해서 교육하도록 하는 교육정책이 자리를 잡게 되었다. 주요 전문기관의 어린이 교통안전 교육 활동 내용은 다음과 같다.

1. 도로교통공단

　도로교통공단은 「도로교통법」 제120조에 의거하여, 도로에서의 교통질서 확립 및 안전성 제고, 도로교통상의 위험과 장해예방 목적으로 경찰청 산하 기관으로 설립되었다.

　도로교통공단의 주요사업은 안전기술 지원 사업, 교통안전교육 및 홍보사업, 교통방송 사업, 운전면허관리 사업, 연구개발 사업 등이다. 어린이 교통안전교육과 관련한 도로교통공단의 주요 역할은 다음과 같다.

- 유치원, 초, 중, 고등학교 교통안전 교재와 유치원, 초, 중, 고등학교 지도교사용 교재 발간, 배포
- 교통안전 좌담회, 어린이 교통안전대회, 교통안전 사진전시회 등의 개최, 녹색어머니회, 모범운전자회 등에 대한 장구 지원 및 교육, 어린이 교통안전교실 등의 개최 등을 실시.
- 어린이 교통안전 체험교육 등을 위해서 '90년에는 국내 최초로 334평 규모의 어린이 교통안전 홍보관을 개관

2. 한국교통안전공단

한국교통안전공단은 1979년 「교통안전진흥공단법」 제정에 따라 1981년에 국토교통부 산하 '교통안전진흥공단'으로 설립되었으며, 그 후 '교통안전공단'으로 명칭을 바꾸었다가, 2018년에는 명칭을 '한국교통안전공단'으로 변경하여 현재에 이르고 있다.

한국교통안전공단의 주요업무는 자동차검사, 철도, 항공안전, 운수업체 교통안전진단, 자동차 성능시험 연구, 교통안전 연구, 교육 및 홍보 등이다. 어린이 교통안전교육과 관련한 한국교통안전공단의 주요 역할은 다음과 같다.

- 유아 교통안전지도서, 교통안전담당 교사용 교재, 유치원, 초등학교 교사용 지도서와 교사교육용 교재, 어린이 교통안전 교육 강화방안 등 발간, 배포
- 유치원, 초등학교 교사 대상으로 어린이 교통안전 지도요령에 대한 교육을 실시. 초등학교 및 유치원 등에 교통안전표지 등 시설물 등을 지원

3. 한국교통연구원

한국교통연구원은 1987년 「도시교통정비촉진법」에 의거하여 정부출연연구기관 '교통개발연구원'으로 설립되었고, 그 후 1999년 「정부출연연구기관 등의 설립·운영 및 육성에 관한 법률」에 의거, 국무총리실 산하 경제인문사회연구회 소관기관으로 변경되었으며, 2005년 '한국교통연구원'으로 명칭을 변경하였다.

한국교통연구원의 주요업무는 교통정책의 개발 및 발전에 관한 조사·연구, 교통정보의 체계적인 수집·분석과 관리 및 보급, 교통안전 및 환경정책에 관한 연구, 각종 운수사업의 경영개선 및 그 사업의 발전을 위한 연구 등이다. 어린이 교통안전교육과 관련한 한국교통연구원의 주요 역할은 다음과 같다.

- '초등학교 교사용 어린이 안전 교육 지침서(1996)' 발간 배포 및 어린이 교통안전 정책 관련 연

구 등 수행
- 'Korea's 95% Reduction in Child Traffic Fatalities' 등 어린이 안전 영문 보고서의 발간 및 해외 배포

제4절 지방자치단체와 지역사회의 역할

도로교통 안전문제는 국가적인 제도 및 정책뿐만 아니라, 지역사회의 도로교통 환경, 사회 구성원들의 교통질서 및 안전에 대한 의식 등 여러 가지가 복합적으로 영향을 미친다.

그에 따라 지방자치단체나 지역사회는 교통안전문제에 대한 역할과 책임이 크고, 교통사고건수를 포함한 사상자 수준에 있어서도 지역별 차이가 크게 나타나게 된다.

또한 자동차 제작업체, 보험회사, 도로건설 업체, 안전시설업체, 자동차운전 전문학원, 택시, 버스, 화물 운송업체 등은 모두 도로교통 안전에 직접적으로 연관된 업무들을 수행하고, 도로교통 안전에 중요한 역할을 수행한다.

어린이 교통안전교육의 확산에 있어서 1990년대는 중앙정부와 교통관련 기관들의 역할이 컸던 반면, 2000년대를 넘어서는 점차 지방자치단체와 지역사회의 역할이 크게 작용하게 되었다.

1. 안전도시 운동과 '국제안전학교'

1989년부터 세계적인 운동으로 시작된 '안전도시(Safe City)' 운동에 대해서 2000년대 들어 지방자치단체들이 관심을 갖게 되면서부터, 그 핵심과제의 하나인 교통안전에도 많은 힘을 쏟게 되었다.

안전도시 운동은 모든 지역사회 주민이 건강하고 안전한 삶을 누릴 동등한 권리를 가진다는 전제에서 출발한다. 안전도시 운동에서는 안전도시를 지향함에 있어 어떤 새로운 기구나 조직을 만드는

것이 아니라, 사고나 손상 예방에 관심을 갖고 있는 기존의 기관, 단체들이 역량을 결집하여 주도적인 역할을 수행해야 한다는 점을 강조한다.

한국에서는 2002년 경기도 수원시를 시작으로 제주특별자치도(2007), 서울시 송파구(2008년), 강원도 원주시(2009) 등이 WHO 국제안전도시(International Safe City) 공인을 받았으며, 그 외에도 서울, 부산, 광주 등 총 11개의 도시가 인증을 받았다.

이 과정에서 많은 지방자치단체 소속 학교 들이 '국제안전학교(International Safe School)' 인증을 받거나 추진하고 있는 데, 2008년 정자초등학교가 처음 인증을 받은 것을 시작으로 성산초등학교(2010년), 구엄초등학교(2012년), 청계초등학교(2013년), 개화초등학교(2014년), 명덕초등학교(2014년) 등 총 6개 학교가 인증을 받았다. 이와 같은 국제안전학교의 인증기준은 다음과 같은 7가지이다.

① 학교의 안전증진에 책임이 있는 학생, 교사를 포함한 교직원, 학부모들의 파트너십과 협력에 근거한 기반을 구축한다.
② 학교 정책을 제정, 운영하는 의사결정권이 있는 운영위원회 및 전문가 의견을 반영하여 안전한 학교 관련 정책을 마련하여야 한다.
③ 학교의 모든 구성원들의 연령, 성, 환경, 상황 등을 포괄할 수 있는 장기적으로 지속운영 가능하면서 실천적인 학교 프로그램을 기획한다.
④ 학교 내 사고위험이 가장 높은 대상과 환경에 초점을 맞춘 손상예방 프로그램을 운영하여야 한다.
⑤ 학교 구성원의 손상발생에 대한 빈도와 원인 파악 프로그램을 운영한다.
⑥ 안전학교 정책, 프로그램의 과정 및 변화의 효과를 측정할 수 있도록 지속적인 평가를 실시한다.
⑦ 국제안전학교 네트워크에 지속적으로 참여하여 경험을 공유한다.

[표 4.4.1] 국제안전학교(International Safe School) 인증 기준

Indicators for Safe Schools (18 March 2003)

Safe Schools in a Safe Community setting have:
1. An infrastructure based on partnership and collaborations, governed by a group of teachers, pupils, technical staff and parents that is responsible for safety promotion in their school; the group should be chaired by a School Board (representative of school policy governance) representative, with the Headmaster as a co-chair;
2. Safe School policies decided by the School Board (representative of school policy governance) and the Community Council in a Safe Community setting;
3. Long-term, sustainable, operational school programs covering both genders and all ages, environments, and situations;
4. Programs that target high-risk groups and environments, and programs that promote safety for vulnerable groups;
5. Programs that document the frequency and causes of injuries – both un-intentional (accidents) and intentional (violence and self-directed);
6. Evaluation measures to assess school policies, programs, processes and the effects of change;
7. Ongoing participation in Safe Schools networks – at community, national and international levels.

자료) International Safe Schools Certifying Center, 2017년

안전도시운동에서 어린이 교통안전과 관련된 중요한 활동 사례는 어린이 손상감시체계 구축, 안전한 통학로 개선, 등하교길 보행자 도로 환경개선 및 안전교육, 반사재가 부착된 안전티셔츠와 안전조끼 등 어린이 안전용품 보급, 안전일기 제작 및 보급, 실제 생활에서 위험환경 발생시 활용할 수 있는 안전체험교실 운영 등이다.

2. 자발적 민간 교통안전 조직의 활동

국민의 교통질서와 안전의식을 확산시키려면 무엇보다도 자율적인 민간 조직의 확대가 중요하다. 현재 어린이 교통안전 교육 및 지도 등의 활동을 하고 있는 민간 조직으로서는 녹색어머니회,

모범운전자회, 안전생활실천시민연합, 한국생활안전연합, Safe Kids Korea 등이 있다.

'녹색어머니회'는 1972년 3월부터 전국 6대 도시(서울, 부산, 대구, 인천, 광주, 대전)를 중심으로 초, 중, 고교의 자모 등을 대상으로 조직해왔으며, 1990년 초 국무총리실 교통안전종합대책에 따라 미조직된 유치원까지 확대 조직하게 되었다. 각 초등학교별로 개별적으로 운영되던 녹색어머니회는 전국 단위 조직으로 구성되면서 2006년에는 민법 32조에 의한 경찰청 산하 비영리단체로 등록되었다.

녹색어머니회는 각 지역별로 어린이 등·하교길 지도, 어린이 교통안전교육 등 지역 단위 교통안전 확보에 중추적인 역할을 하고 있다. 현재 녹색어머니 회원수는 전국에 걸쳐 약 56만 명에 이른다.

[그림 4.4.1] 녹색어머니의 등·하교 어린이 횡단 지도

사진 출처) http://ggvc1365.tistory.com/827

'모범운전자회'는 1972년 12월 경찰청의 모범운전자 선발 및 운용지침에 따라 조직된 이래, 발전을 거듭하여 명실상부한 교통안전봉사 단체로 자리 잡았으며, 현재는 전국적으로 약 2만 6천 명의 회원이 있다.

이들은 교차로에서의 교통정리 및 학생 등·하교 지도를 포함하여 교통안전 캠페인 등 많은 활동을 하고 있다.

Children Traffic Safety

[그림 4.4.2] 모범운전자들의 교통안전 캠페인 활동

사진 출처) www.koreabestdriver.or.kr

　녹색어머니회와 모범운전자회를 비롯한 많은 민간단체들은 공교육의 영역에서 충분히 접근할 수 없는 어린이와 학부모 개개인에게까지 교통안전과 교통질서 의식을 함양시키는 데 큰 역할을 하고 있다.

　'한국생활안전연합'은 어린이 안전과 관련한 활발한 교육 및 홍보 활동을 펼치고 있는데, 서울시 어린이 교통안전 교육자료 개발, 어린이 교통안전 지도 제작을 통한 안전 개선활동 등 활발한 활동을 펼치고 있다.

　이 밖에 자발적인 여러 시민단체가 어린이 교통안전을 위하여 활동하고 있으며, 이에 대한 자세한 내용은 제9장에 나타나 있다.

제5장
어린이 교통안전 교육내용

제1절 학령단계별 교통안전 교육내용

제2절 초등학교 취학 전 교통안전교육

제3절 초등학교 교통안전교육

제4절 중·고등학교 교통안전교육

제5장
어린이 교통안전 교육내용

제1절 학령단계별 교통안전 교육 내용

 이 절에서는 우리나라의 어린이 교통안전 교육내용을 규정하고 있는 「아동복지법」에 정한 바에 따라 어린이 학령단계별 교통안전 교육 내용과, 교육 실시주기 및 방법에 대하여 설명한다.

1. 학령단계별 교통안전 교육 내용

 어린이에 대한 교통안전 교육내용은 어린이의 육체적·정신적 성숙도 및 어린이가 마주치는 교통환경의 변화 종류에 따라 연령단계별로 달라져야 한다.
 이에 대하여 우리나라의 「아동복지법 시행령」 제28조(아동의 안전에 대한 교육)는 어린이에 대한 교통안전 교육 내용을 초등학교 취학 전, 초등학교, 중·고등학교 등 학령 단계별로 다음과 같이 정해 놓고 있다.

Children Traffic Safety

[초등학교 취학 전 교통안전교육]
1. 차도, 보도 및 신호등의 의미 알기
2. 안전한 도로 횡단법
3. 안전한 통학버스 이용법
4. 날씨와 보행안전
5. 어른과 손잡고 걷기

[초등학교 교통안전교육]
1. 안전한 통학로 알기
2. 상황에 따른 안전한 보행법
3. 바퀴 달린 탈것의 안전한 이용법
4. 교통수단의 안전한 이용법
5. 교통법규 이해하기

[중·고등학교 교통안전교육]
1. 자전거의 안전한 이용과 점검
2. 이륜차와 자동차의 물리적 특성
3. 인간 능력의 한계와 위험 예측
4. 교통법규와 사회적 책임
5. 교통사고와 방지대책

2. 교육 실시 주기 및 방법

우리나라의 「아동복지법 시행령」 제28조(아동의 안전에 대한 교육)는 어린이에 대한 교통안전 교육 실시주기 및 시간은 매 2개월에 1회 이상, 연간 10시간 이상 실시하도록 의무화하고 있다.

또한, 어린이 교통안전 교육의 교육방법은 다음과 같이 4가지를 제시하고 있다.

1. 전문가 또는 담당자 강의
2. 시청각 교육
3. 실습교육 또는 현장학습
4. 일상생활을 통한 반복 지도 및 부모 교육

이 장에서는 위와 같은 법 규정에 맞추어서 각 학령단계별로 어린이에게 교육시켜야 할 교통안전 교육 내용에 대하여 자세하게 제시하기로 한다.

[표 5.1.1] 「아동복지법 시행령」 제28조 제1항 관련 별표 3의 교육기준 (발췌)

교육기준(아동복지법 시행령 제28조제1항 관련) (교통안전 교육만 발췌)		
구분		교통안전 교육
실시 주기 (시간)		2개월에 1회 이상 (연간 10시간 이상)
교육 내용	초등학교 취학 전	1. 차도, 보도 및 신호등의 의미 알기 2. 안전한 도로 횡단법 3. 안전한 통학버스 이용법 4. 날씨와 보행안전 5. 어른과 손잡고 걷기
	초등학교	1. 안전한 통학로 알기 2. 상황에 따른 안전한 보행법 3. 바퀴 달린 탈것의 안전한 이용법 4. 교통수단의 안전한 이용법 5. 교통법규 이해하기
	중·고등학교	1. 자전거의 안전한 이용과 점검 2. 이륜차와 자동차의 물리적 특성 3. 인간 능력의 한계와 위험 예측 4. 교통법규와 사회적 책임 5. 교통사고와 방지대책
교육 방법		1. 전문가 또는 담당자 강의 2. 시청각 교육 3. 실습교육 또는 현장학습 4. 일상생활을 통한 반복 지도 및 부모 교육

제2절 초등학교 취학 전 교통안전교육

초등학교 취학 전의 교통안전교육은 주로 유치원 및 어린이집에서 이루어지게 된다. 그러나 유치원 및 어린이집에서의 교통안전교육이라고 하더라도 어린이는 한 살의 차이로도 연령별로 이해력에 큰 차이를 보이기 때문에 일률적인 교육내용을 제시하기는 어렵다.

여기서는 유치원 및 어린이집의 선생님이 어린이에게 교육시켜야 할 일반적인 내용을 선생님의 수준에 맞추어 제시하고, 실제 어린이에 대한 교통안전 교육은 해당 연령에 맞게 적절히 조절하여 교육시켜야 한다. 여기에 수록한 내용은 경찰청 산하 도로교통공단이 어린이 교통안전을 위하여 비매품으로 발행한 「유치원 교사용 교통안전 길라잡이」에 수록된 내용을 알기 쉽게 재정리하여 수록하였다.

1. 어린이의 교통행동 특성

어린이 교통사고는 대부분 어린이의 교통행동 특성과 관련이 깊다. 어린이의 교통행동 특성과 교통사고 유발 요인의 관련성을 이해해야 교통사고를 예방할 수 있다. 교사가 알아두어야 할 발달단계와 연관된 취학 전 어린이, 즉 유아의 교통행동 특성은 다음과 같다.

가. 자기중심성

① **발달특성**

유아는 자기의 관점과 남의 관점을 구별하지 못한다. 자기 입장에서만 사물을 보기 때문에 다른 사람이나 운전자가 어떻게 생각할 것인가를 상상하기 어렵다.

② **교통행동**

길을 건너갈 때 손을 들고 건너도록 가르치면 언제든지 손만 들면 차가 서줄 것으로 생각하며, 신호가 바뀌려고 깜빡이고 있는데도 앞 사람만 보고 그대로 건너가려 한다.

나. 직관적 사고

① 발달특성

유아는 눈에 보이지 않는 것은 없다고 생각하며, 듣는 것만으로 상황을 판단하기는 힘들다. 어린이는 구체적인 물체를 보고서야 상황을 판단한다.

② 교통행동

차량이 접근하는 것이 눈에 보이지 않을 때에는 마치 차가 없는 것으로 생각하고 그에 따라 행동을 하게 된다. 버스에 가려서 다가오는 차량이 보이지 않을 때 유아는 차가 없는 것처럼 생각하고 마음 놓고 건너는 수가 있다.

다. 충동성

① 발달특성

유아는 자신의 감정을 억제하거나 참아내는 능력이 약하다. 기분이나 감정이 변하는 대로 행동하는 충동성이 강하게 나타난다.

② 교통행동

부모에게 꾸중을 듣거나 하던 일을 제지당하면 곧 침울해지고, 땅을 보고 걷거나 자동차의 접근을 알아채지 못하는 경우가 있다.

라. 모방성

① 발달특성

유아는 다른 사람을 흉내 내어 그처럼 되고자 하는 충동이 강하며, 어른에 대해 모방의 경향이 강하다. 흔히 어른이 하는 말이나 동작을 그대로 따라 한다. 그 행동이 위험한지 아닌지를 모르면서 어른의 행동을 잘 따라 한다.

② 교통행동

어른들이 횡단보도가 아닌 곳을 무단횡단하면 이를 그대로 본받아 행동하기도 하며, 옆에 어른이 있으면 어른들의 횡단 물결에 휩싸여 신호를 보지 않고 횡단보도를 건너가기도 한다.

마. 회귀성 본능

① 발달특성

유아는 신기하게 생겼거나 구석진 곳을 좋아하며, 빈 상자 속에 들어가거나 보이지 않는 곳에 숨기를 좋아한다.

② 교통행동

서 있는 차의 옆이나 뒤에서 놀면서 차 밑 부분을 들여다보거나 들어가 노는 경향이 있어서 후진이나 출발할 때에 교통사고가 자주 발생한다.

2. 어린이의 교통사고 유형

취학 전 어린이, 즉 유아 교통사고는 성인의 교통사고 유형과 달리 통행량이 많은 대낮에 집 부근에서 보행이나 놀이 중에 주로 발생한다는 점을 유념하고 지도해야 한다. 유아에게 자주 발생하는 교통사고 유형을 통하여 사고를 예방할 수 있는 교육내용이나 지도방법을 구성해야 한다.

가. 횡단 중 교통사고

① 신호등 있는 횡단보도

신호등이 있는 횡단보도에서 녹색신호가 켜지자마자 급하게 뛰어들거나 녹색신호가 점멸할 때 뒤늦게 뛰어들다가 사고를 당하는 경우가 있다.

〈지도요령〉

· 녹색신호가 켜지더라도 신호를 위반하고 가는 자동차가 있으므로 꼭 차가 멈춘 것을 확인한 후 건너가도록 한다.
· 녹색신호가 켜진 후 급하게 뛰지 말고 손을 들고 좌우를 살피고 건너도록 한다.
· 제동을 늦게 한 차에 대비하여 횡단보도는 가급적 오른쪽으로 건너도록 한다.
· 녹색점멸 신호에서는 기다렸다가 다음 신호에 길을 건너도록 한다.

출처) 유치원 교사용 교통안전 길라잡이(도로교통공단)

② 신호등 없는 횡단보도

유아는 횡단보도가 무조건 안전한 장소라고 생각하여 갑자기 도로로 뛰어들다가 사고를 당하는 경우가 있다.

〈지도요령〉

· 신호등 없는 횡단보도는 혼자 건너기 위험하므로 가급적 어른과 같이 길을 건너도록 지도한다.
· 유아는 달려오는 차의 속도나 정지거리에 대한 판단력이 부족하기 때문에 차의 멈춤을 확인하거나 차를 먼저 보내고 길을 건너도록 한다.
· 제동을 늦게 한 차에 대비하여 횡단보도는 가급적 오른쪽으로 건너도록 한다.

- 손을 들어 길을 건너겠다는 의사를 밝히고 운전자와 눈을 마주친 후 횡단보도 선을 벗어나지 않게 건너도록 한다.

출처) 유치원 교사용 교통안전 길라잡이(도로교통공단)

③ 무단횡단(또는 횡단보도가 없는 곳에서의 횡단)

유아 보행자 사고의 70% 정도는 횡단보도가 아닌 곳에서 갑자기 뛰어들기로 발생한다. 뛰어들기 사고는 주거지역 내의 폭이 좁은 이면도로에서 많이 일어난다. 주차된 차량 사이에서 갑자기 뛰어나오거나 횡단보도 근처, 도로 반대편에 친구나 부모님을 보고 갑자기 무단횡단 하다가 사고가 나는 경우가 있다.

〈지도요령〉
- 자동차 사이에서 어린이가 나올 경우 운전자는 볼 수 없으므로 반드시 좌·우를 살핀 후 천천히 나오도록 한다.
- 어른들이 횡단보도가 아닌 곳으로 건너가더라도 따라 건너지 않도록 한다.
- 조금 돌아가더라도 횡단보도나 육교와 같은 안전한 횡단시설로 건너도록 한다.
- 누가 부른다고 해서 급하게 길을 건너지 말아야 한다.

출처) 유치원 교사용 교통안전 길라잡이(도로교통공단)

나. 놀이 중 교통사고

① **공놀이 중 사고**

유아는 놀이에 열중하면 다른 곳에는 신경을 쓰지 못한다. 예를 들어 길가에서 공놀이를 하다가 갑자기 공이 도로로 굴러가면 공만 따라서 도로로 뛰어들게 된다.

출처) 유치원 교사용 교통안전 길라잡이(도로교통공단)

〈지도요령〉

- 놀이터나 지정된 장소에서 놀도록 하고 특히 도로주변이나 이면도로나 주차된 차량 사이에서 노는 것은 위험하다는 것을 지도한다.
- 차가 많은 도로 주변에서는 공을 공 주머니에 넣고 이동하도록 한다.

Children Traffic Safety

② 인라인 스케이트 등을 타다가 발생하는 사고

유아는 인라인 스케이트 등을 타다가 속도나 방향을 제어하지 못해 차량과 충돌하여 사고를 당하는 경우가 있다.

〈지도요령〉
· 반드시 보호장구를 착용하고 타는 것을 습관화한다.
· 학교 운동장, 놀이터 등 안전한 장소에서 타도록 한다.

출처) 유치원 교사용 교통안전 길라잡이(도로교통공단)

③ 자전거를 타던 중 사고

자전거는 어린이 놀이 기구 중 속도가 가장 빠르고 사고 발생 시 피해가 아주 큰 경우가 많다. 골목길이나 도로 근처에서 급하게 달려 나오다 일어나는 사고, 횡단보도에서 급하게 달려 나오다 발생하는 사고 등이 있다.

〈지도요령〉
· 안전한 장소에서 안전장구를 착용하고 자전거를 타도록 한다.
· 횡단보도에서는 자전거에서 내려서 끌고 가도록 한다.

· 운전자의 눈에 띄기 쉽도록 밝은 옷을 입고 야광등과 같은 반사재를 부착하도록 한다.

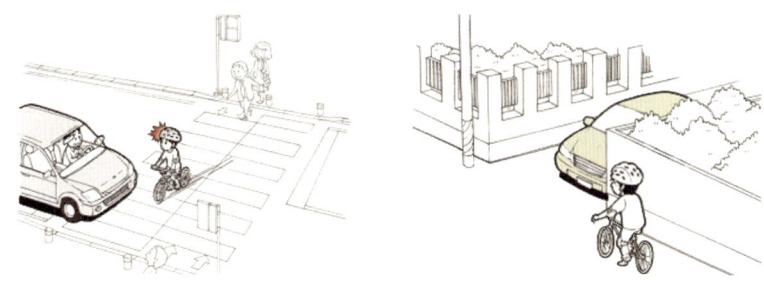

출처) 유치원 교사용 교통안전 길라잡이(도로교통공단)

다. 통학차량 이용 중 발생하는 사고

① 승·하차 중에 발생하는 사고

유아는 통학차량에서 내릴 때 옷이나 가방끈, 도복 끈이 차량 출입문에 끼어 출발하다 사고가 발생하거나, 통학차량 하차 후 앞이나 뒤로 뛰어가다가 주행 중인 차량에 부딪히는 경우가 있다.

〈지도요령〉

· 자동차가 정차 한 다음 반드시 좌우를 확인하고 내린다.
· 가방끈이나 옷이 자동차의 문에 끼지 않도록 주의한다.
· 자동차의 사각지대에 대한 교육을 실시하여 자동차 앞뒤의 사각지대로 건너가지 않도록 한다.

출처) 유치원 교사용 교통안전 길라잡이(도로교통공단)

② **통학차량 안에서 발생하는 사고**

차량 안에서 안전띠를 매지 않고 장난을 치거나 차창 밖으로 손이나 머리를 내미는 경우가 있다.

〈지도요령〉

· 자동차 안에서는 반드시 안전띠를 착용하도록 한다.

· 차창 밖으로 머리나 손을 내밀지 않도록 한다.

· 차 안에 혼자 남아있지 않는다.

· 가능하면 마주보기 탑승을 시키지 않도록 한다.

출처) 유치원 교사용 교통안전 길라잡이(도로교통공단)

3. 교통안전 교육의 목표와 내용

가. 교통안전 교육의 목표

유아 교통안전교육의 목표는 안전을 위협하는 교통 상황에서 유아가 스스로 안전하게 행동할 수 있도록 하는 데 있다. 안전한 통원과 도로 횡단, 교통수단 이용하기 등과 관련하여 유아가 주로 보행자로서 가져야 할 기본적인 지식을 익히고 안전한 태도와 행동을 습관화할 수 있도록 해야 한다.

교통안전교육의 목표를 달성하기 위해 실제 교육 시에 다뤄야 할 일반 목표와 구체적 목표를 제시하면 다음과 같다.

[표 5.2.1] 유아 교통안전 교육의 목표

목표영역	일반목표	구체적 목표
1. 안전한 보행	도로에서 안전하게 걷는 태도와 습관을 갖는다.	· 안전한 길로 안전하게 유치원을 오갈 수 있도록 한다. · 도로에서 안전하고 바르게 걷도록 한다.
2. 도로 횡단	도로를 안전하게 건너는 태도와 능력을 기른다.	· 도로 횡단 시 '우선 멈춤'과 '안전 확인'의 습관을 기른다. · 가장 안전한 횡단 장소에 대해 알고 횡단 장소로 건널 수 있도록 한다. · 신호에 따라 안전하게 횡단할 수 있도록 한다. · 위험한 횡단 장소에 대해 알고 주의하여 횡단하는 습관을 기른다.
3. 교통수단 이용	교통수단의 종류를 이해하고 안전하게 이용할 수 있는 능력을 기른다.	· 기본적인 교통수단의 종류와 특성에 대해 알게 한다. · 버스, 전철 등 교통수단을 안전하게 기다리기, 내리고 타기 등에 대해 알고 안전하게 이용할 수 있도록 한다.
4. 교통상황	일상생활에서 흔히 나타나는 교통의 잠재적 위험에 대해 대처할 수 있는 태도와 능력을 기른다.	· 비 오는 날에 교통의 위험을 알고 도로에서 안전하게 행동하도록 한다. · 도로에서 노는 것의 위험에 대해 알고 도로에서 놀지 않는 습관을 갖도록 한다. · 겨울철에 교통의 위험을 알고 안전하게 행동하도록 한다.
5. 교통질서와 안전	교통질서 및 교통안전의 기초 개념에 대해 이해하고 협조하는 태도를 갖는다.	· 기본적인 교통안전표지 및 법규 등에 대해 알고 그에 따라 행동하게 한다. · 교통안전을 위해 애쓰는 사람들에 대해 알고 행동하는 태도를 갖도록 한다.

자료) 도로교통공단, 유치원 교사용 교통안전 길라잡이, 2017

Children Traffic Safety

나. 교통안전 교육의 내용

위에서 제시한 각 목표영역별로 유아에게 교육시켜야 할 교통안전 교육의 내용을 제시하면 다음과 같다.

[표 5.2.2] 유아 교통안전 교육내용

목표영역	일반목표	교육내용
1. 보행	안전한 통원	· 보도와 차도의 구분 · 통원버스 타기
	안전하게 걷기	· 길을 걸을 때의 바른 자세 · 여럿이 걸을 때의 바른 태도
2. 도로 횡단	도로횡단과 신호	· 안전한 횡단 장소 선정 · 신호에 따라 횡단하기 · 안전한 횡단 방법
	위험한 장소에서 횡단	· 신호등 없는 도로 횡단 · 철길 건널목 횡단
3. 교통수단의 이용	교통수단의 이해	· 탈 것의 종류, 모양, 특성
	올바른 이용 방법	· 안전하게 기다리기 · 내리고 탈 때의 주의점
4. 교통 상황과 안전	비오는 날의 안전	· 비 오는 날의 위험 · 비 오는 날의 안전한 통행
	안전한 놀이	· 위험한 놀이 장소 · 자전거 타기
	겨울철의 안전	· 겨울철의 위험성 · 안전하게 걷기
5. 교통질서와 안전	교통규칙의 이해	· 교통안전표지의 이해 · 교통법규의 이해
	교통안전의 이해	· 교통안전의 기초 개념 · 교통안전을 위해 애쓰는 사람들

자료) 도로교통공단, 유치원 교사용 교통안전 길라잡이, 2017

다. 연간 교통안전 교육 계획

아래에 제시하는 연간 교통안전교육 계획(안)은 각 계절별로 일반적인 사항을 고려한 계획(안)이며, 실제 계획은 유아 교육기관의 실정과 유아의 특성에 맞도록 교사가 창의성을 발휘하여 적절히 구성하도록 한다.

[표 5.2.3] 연간 유아 교통안전 교육 계획

월	활동주제	활동내용
3~5월	등·하원의 안전 교육	· 길을 걷는 데 규칙이 있음을 알고 안전한 길(보도, 차가 없는 길)로 다니기 · 안전한 등원을 위하여 충분한 시간을 두고 집에서 나오기 · 길을 건널 때는 육교, 지하도를 먼저 이용하기 · 도로 횡단 시의 주의점 알기 　- 우선 멈춘 후 좌우를 살핀 다음 손을 들고 건너기 · 신호등의 색깔 구별하기 · 차도에 갑자기 뛰어들지 않기 · 차도에서 장난을 하거나 놀지 않기 · 귀가 시에는 교사 앞에 모여서 한 줄로 서서 나가기 · 자동차를 탈 때는 정해진 장소에서 줄서서 기다리기
6~8월	안전한 보행 교육	· 앞을 잘 보고 걷기 · 장난하면서 걷지 않기 · 반드시 보도로 걷되 보도가 없을 때는 도로의 가장자리로 걷기 · 집단으로 걸어갈 때는 각자가 차나 주위의 상황에 주의하면서 너무 옆으로 퍼지지 않고 교사를 잘 보고 걷기 · 신호등의 의미를 알고 신호에 따라 행동하기 · 비오는 날의 위험성 알기 　- 미끄럽고, 보행자나 운전자 모두 앞을 보기 힘들다 　- 우비·바람에 우산을 놓치기 쉽다 · 비 오는 날의 옷차림 알기 　- 간편하고, 눈에 잘 띄는 색의 옷 · 우산을 들 때의 주의점 알기 　- 너무 깊이 쓰지 않고, 앞을 볼 수 있도록 쓴다 · 위험한 장소(주차장 근처 등)에서 놀지 않기 · 안전한 장소에서 자전거 타기
9~11월	교통기관의 올바른 이용	· 육상 교통기관의 종류와 차이점 알기 · 버스, 전철 등 대중교통수단을 이용할 때 기다리는 법 알기 　- 차도에서 떨어진 곳에서 기다리기 　- 노란선 밖에서 기다리기 　- 사람이 많을 때는 줄을 서기 　- 차가 완전히 멈춘 후 타고 내리기 　- 사람들이 완전히 내린 후 타기 　- 앞의 사람을 밀지 않기 · 차 안에서의 행동 알기 　- 의자에 올라서거나 돌아다니지 않기 　- 안전띠 매기 　- 뒷좌석에 타기 　- 운전하는 사람에게 매달리거나 귀찮게 하지 않기

월		활동주제	
12월		겨울철의 안전한 보행 교육	· 겨울철의 안전한 보행에 대해 이야기 나누기 　- 눈 오는 날은 운전자, 보행자 모두 앞을 보기 힘들다. 　- 빙판길에서 주의하기 　- 주머니에 손을 넣고 걷지 않기 · 겨울철 놀이 시 주의점 알기 　- 찻길 근처에서 눈싸움하지 않기, 비탈길에서 미끄럼 타지 않기 · 간단한 교통안전 표지 달기 　- 횡단보도 표지, 자전거길 표지 등 · 교통안전을 위해 수고하시는 분에게 감사하는 마음 갖기

자료) 도로교통공단, 유치원 교사용 교통안전 길라잡이, 2017

라. 월별 교통안전교육 계획(안)

앞에서는 연간 교통안전교육 계획(안)을 제시하였고, 보다 구체적으로 월별로 수행할 교통안전교육 내용의 사례를 제시하면 다음과 같으며, 이 계획안은 실제 유아의 교통안전 교육의 월별 필요성과 교육기관의 사정을 고려하여 적절히 수정하여 적용하도록 한다.

[표 5.2.4] 월별 교통안전교육 계획(안)

월	활동주제	교육내용
3월	안전한 걷기	· 유치원에 다니는 안전한 길 익히기 · 뛰어 나가기의 위험과 안전한 걷기 · 길을 건너는 방법 익히기 · 길 가장자리 걷기 · 좌측통행과 바르게 걷기
4월	신호등 및 교통안전표지	· 신호등의 구분과 보는 방법 · 신호등 기다리는 방법 · 보행자용과 차량용 신호등 구분 · 교통안전 표지의 종류와 의미 알기 · 교통안전 표지에 따른 안전한 행동
5월	횡단보도 건너기	· 신호등 있는 횡단보도 건너기 · 횡단보도 건너는 방법 · 신호등 없는 횡단보도 건너기
6월	안전한 놀이	· 차도에서 자전거 타지 않기 · 다른 사람의 안전 지키기 · 안전한 곳에서 놀기

7월	자동차와 보행자	· 자동차의 속도와 제동거리 · 자신을 보일 수 있도록 하는 방법 · 사각지대, 내륜차 등 자동차의 특성과 안전한 행동
8월	교통상황 및 안전한 지도	· 비 오는 날의 안전한 걷기 · 위험한 장소에서 놀지 않기 · 바람 부는 날의 안전한 걷기 · 다른 사람의 안전 지키기 · 방학 중의 교통안전
9월	교통수단의 이용	· 차를 기다릴 때의 안전한 행동 · 차 안에서 안전한 행동 · 승하차 중의 안전한 행동
10월	건널목 건너기	· 차단기 있는 건널목 · 경보기 있는 건널목
11월	교통 질서	· 차를 타고 내릴 때의 줄서기 · 차가 완전히 멈춘 후 타고 내리기 · 차를 타고 내릴 때 밀거나 뛰지 않기
12월	겨울철의 안전	· 눈 오는 날의 안전 · 빙판길 걷기

자료) 도로교통공단, 유치원 교사용 교통안전 길라잡이, 2017

4. 주제별 학습내용(안)

여기서는 유아 교통안전을 위하여 가장 중요한 주제라고 판단되는 교육내용에 대하여 개략적으로 설명하며, 상세한 내용은 도로교통공단이 발행한 유아용 교통안전 교육 교재를 참조하도록 한다.

가. 유치원 다니는 길

[교육활동]

○ 유치원 오고가는 길에 어떠한 것이 있는가 이야기를 나눈다

① 어떤 것들이 길 주변에 있지?

· 보도, 차도, 횡단보도, 육교, 지하도 등의 교통 시설과 건물

② 길에서 사람이나 자동차는 어떻게 다니고 있나?

- 길을 다니는 데는 규칙이 있다.
- 사람은 보도로, 차는 차도로 다닌다.

③ 차들은 어느 쪽으로 다닐까?

- 오른쪽으로 다닌다.

○ "규칙이 없다면 어떻게 될까"에 대해 이야기를 나눈다

① 교통이 혼잡해져서 다니기가 힘들게 된다.

② 서로 부딪혀서 다치기 쉽다.

[유의사항]

① 보행할 수 있는 곳과 보행해서는 안 되는 곳을 확실히 인식시킨다.

② 보도를 걸을 때는 가능한 한 차도에서 떨어져서 걷도록 지도한다.

나. 안전한 통원

[교육활동]

○ "집에서 유치원까지 안전하게 다니려면 어떻게 해야 될까"에 대해 이야기를 나눈다

① 집에서 나올 때

- 잊은 물건이 없는가 항상 확인한다.
- 충분한 시간을 두고 나온다.

② 길을 다닐 때

- 보도로 다닌다.
- 부모나 선생님의 손을 잡고 다닌다.
- 도중에 놀거나 한눈을 팔지 않는다.

　　　　· 장난치거나 뛰어 나가지 않는다.
　③ **길을 건널 때**
　　　　· 육교, 지하도 등을 우선으로 이용한다.
　　　　· 횡단보도를 이용한다.
　　　　· 횡단보도는 항상 어른과 함께 건넌다.

○ **실제로 해 보기**
· 보도로 걷기
· 어른의 손잡고 걷기
· 횡단 시설 이용하기

[유의사항]
① 사람이 다니는 길로 다닐 때도 자전거나 손수레 등에 부딪히지 않도록 조심해야 한다는 것을 알려준다.
② 유아 혼자 횡단보도를 건너기는 매우 위험하므로 교통안전 습관이 형성될 때까지 어른과 같이 건너도록 지도한다.
③ 통원로가 조금 멀더라도 안전한 길을 선택하도록 한다.
④ 보도와 차도가 구분된 곳에서 어른과 손잡고 걸을 때는 어른이 차 쪽으로 걷는 것이 유아를 보호할 수 있다.

다. 통학버스 타기

[교육활동]
○ "통학버스를 탈 때는 어떻게 해야 될까?" 를 묻고 함께 이야기를 나눈다
　① **기다릴 때**
　　　　· 지정된 장소에서 줄을 서서 기다린다.

Children Traffic Safety

　　· 보도 연석선과 떨어진 곳에서 기다린다.

　　　※ 연석선 : 차도와 보도 사이의 경계가 되도록 연석이 이어진 선

② **내리고 탈 때**

　　· 차가 완전히 섰을 때 내리고 탄다.

　　· 차례대로 질서 있게 내리고 탄다.

　　· 장난을 치거나 앞사람을 밀지 않는다.

③ **차 안에서**

　　· 앞을 향해 바르게 앉고, 섰을 때는 반드시 손잡이 등을 꼭 잡는다.

　　· 돌아다니거나 창밖으로 얼굴이나 손을 내밀지 않는다.

○ **실제로 해 보기**

　　· 기다리기, 내리고 타기, 차내 행동

[유의사항]

① 급정거나 커브길 등에서 다칠 우려가 있다는 것을 알려준다.

② 안전하게 통행할 수 있을 때까지 반복하여 연습시킨다.

라. 올바른 보행방법

[교육활동]

○ **올바른 걷기에 대해서 서로 이야기한다**

　　· 걸을 때는 반드시 앞을 잘 본다.

　　· 보도가 있는 곳에서는 반드시 보도로 걷도록 하고, 보도가 없을 때는 도로의 왼쪽 가장자리로 걷는다.

　　· 길 모퉁이, 좁은 길에서 큰 길로 나갈 때는 반드시 멈춰 서서 좌우를 확인한다.

・좁은 도로에서는 자동차에 더욱 주의하고 차도에는 갑자기 뛰어들지 않는다.

○ **집단으로 걸어갈 때의 올바른 행동에 대해 이야기한다**

・두 사람씩 걸을 때는 옆 사람의 손을 잡고 앞사람을 따라 걷는다.

・짝을 지어 앞뒤 간격을 적당히 유지하며 흐트러지지 않도록 한다.

・짝을 지어 장난치거나 잡담을 하지 않는다.

○ **차가 지나가는 장소에서는 어떻게 걸어야 할까에 대해서 이야기한다**

・빌딩 주차장 입구, 골목길로 들어가는 입구 등이 있는 보도에서는 반드시 멈춰 선다.

・차가 오지 않는가 주위를 살펴본다 : 귀로도 잘 들어본다.

・차가 오지 않을 때 비로소 걷기 시작한다.

○ **위험한 걷기와 행동에 대해서 이야기하고 그 이유에 대해 생각해본다**

・뛰어들기 : 좁은 길에서 넓은 길로 나올 때, 교문에서 차도로, 골목에서 나올 때

・장난치거나 잡담하면서 걷기

・연석이나 차도 근처로 걷기

○ **실제로 해 보기**

・보도를 걷는 방법과 보・차도 구분이 없는 도로 걷는 방법

・혼자서 또는 집단으로 걷기

・등・하원 시 같은 방향별 집단으로 걷기

・보도의 차가 지나가는 장소에서 걷기

[유의사항]

① 소풍이나 견학 등에 앞서 중점적으로 지도하는 것이 좋다.

② 모의 도로에서 보행 연습은 교통경찰관 등의 협조를 얻는 것도 좋다.

③ 집단 보행에 문제가 있는 어린이는 개별지도를 한다.

④ 유치원 마당이나 놀이장에 미리 놀이 코스를 마련한다.

마. 신호의 의미와 건너는 방법

[교육활동]

○ 교통신호등과 관련된 경험을 이야기하도록 한다

　① 신호등을 본 적이 있는가

　　· 어디에서 본 적이 있나?

　　· 신호등에는 어떤 색깔이 들어 있나?

○ 신호등의 의미에 대해서 이야기한다

　① 신호등은 자동차와 사람이 길을 잘 다니기 위해 서로 지키기로 한 약속임을 알게 한다.

　② 횡단보도가 있는 곳에 설치된 보행자용 신호기의 모양과 신호등 색깔에 대해 이야기한다.

○ 신호에 따라 건너는 방법에 대하여 이야기한다

　① 빨간등이 켜졌을 때 : 도로를 건너서는 안 된다.

　② 녹색등이 켜졌을 때 : 도로를 건널 수 있다.

　③ 녹색등이 깜박일 때 : 다음 녹색신호가 켜질 때까지 기다린다. 이미 도로를 건너고 있을 때는 빨리 가까운 쪽 보도로 올라가야 한다.

바. 안전한 횡단방법

[교육활동]

○ 안전한 횡단 방법에 대해서 이야기한다

① 보도 가장자리에서 조금 떨어져서 기다린다.

② 주위를 잘 관찰한다.

③ 신호에 따라 횡단할 때는 좌우의 차가 정지한 것을 확인하고 건넌다.

④ 횡단 시에는 한 손을 들고 주위를 살피며 조심스럽게 건넌다.

⑤ 횡단 시에는 곧바로 일직선으로 건넌다.

○ 횡단 시에 주의할 점을 이야기한다

① 횡단 시에 허둥대거나 뛰어서 건너지 않는다.

② 횡단 중에 장난을 치거나 도중에 멈추지 않는다.

③ 외곽으로 가로질러 횡단해서는 안 된다.

④ 횡단 중에는 차가 오지 않나 눈으로 잘 보고 귀로 확인해야 한다.

○ 실제로 해 보기 : 신호에 따라 건너기

① 기다리기

② 빨간색 신호일 때

③ 녹색신호일 때

④ 녹색신호가 깜빡일 때

⑤ 경찰관의 수신호

Children Traffic Safety

사. 신호등 없는 도로의 횡단

[교육활동]

○ 신호등 없는 도로 횡단의 위험성에 대해 이야기한다

　① 신호등이 없는 곳에서는 차가 잘 멈추지 않는다.

　② 자동차는 갑자기 서지 못한다.

○ 신호등 없는 도로의 횡단 방법에 대해 이야기한다

　① 어떠한 횡단 장소를 택해야 할까?

　　· 횡단보도를 택한다.

　　· 차, 전주, 간판 등이 없어 잘 보이는 장소를 택한다.

　　· 횡단금지 표지가 있는 곳은 횡단하지 않는다

　　· 어른과 함께 건넌다

　② 언제 횡단을 시작해야 할까?

　　· 좌우의 차가 완전히 지나간 후

　　· 손을 들어 신호하여 차가 멈춘 것을 확인한 후

[유의사항]

① 이 시기 유아는 판단력이 미숙하고 신체적으로 적절한 통제가 어려우므로 횡단 시설이 없거나 신호등이 없는 횡단보도에서는 혼자 걷지 않도록 한다. 신호기 없는 횡단보도를 이용하는 유아에게는 특별히 개별 지도를 통해 신호등이 없는 횡단보도를 안전하게 횡단할 수 있도록 한다.

② 신호등 없는 도로에서 횡단할 때는 자동차의 속도와 거리 등에 대한 판단이 요구되나, 유아들은 이러한 능력이 부족하므로 혼자 건너게 하는 것은 위험하다. 반드시 횡단을 도와줄 수 있는 어른과 함께 건너도록 부모와 협조를 한다.

5. 어린이 통학버스 안전지도

어린이 통학차량 관련 사고는 희생되는 유아뿐만 아니라 부모, 교사, 유치원 등에 잊을 수 없는 슬픔을 주고 사회적 파장이 크다는 점에서 등·하원 시 인솔교사의 철저한 주의가 필요하다.

가. 통학버스 안전을 위한 유치원 및 운영자의 역할

- 어린이 통학버스의 안전운행이 이루어질 수 있도록 승하차 시 부모가 인계하는 것을 원칙으로 한다. 부득이한 경우 통학버스 이용에 대한 가정통신문을 활용하여 안전한 통원이 되도록 부모와 연계한다.
- 반드시 승하차 시간을 준수하도록 부모님께 알려 통학버스 운전자가 조급한 운전을 하지 않도록 한다.
- 통학버스의 코스를 계획할 때 가급적 유아가 길을 건너지 않도록 안전한 장소에서 승하차할 수 있는 장소를 선정한다.
- 인솔교사나 운전자의 주기적인 교육을 통하여 통학버스 사고가 나지 않도록 경각심을 높인다.
- 정기적인 차량점검으로 고장이나 정비불량으로 인한 사고가 나지 않도록 철저히 관리한다.
- 차량화재 발생에 대비해 차내에 소화기를 항상 비치하고 사용방법에 대한 교육을 정기적으로 실시한다.
- 차량 고임목, 안전삼각대, 응급구급함 등 교통사고나 비상시에 필요한 장비들을 갖추어야 한다.

나. 동승 보호자(인솔 교사)의 역할 및 안전지도 요령

○ **승차할 때**

- 통학버스 앞에서 뛰지 않도록 지도한다.
- 승차할 때는 줄을 서서 손잡이를 잡고 이동하며 자리에 안전하게 앉도록 유도한다.
- 교사는 미리 아이들 옷맵시를 단정하게 해주고 차량에 탑승시킨다.

Children Traffic Safety

○ 출발할 때

- 안전하게 승차한 후 차량 문을 닫는다.
- 동승 보호자는 차량 내에서 어린이들의 인원을 확인한다.
- 안전띠 착용하는 것을 도와주고 확인 후 서서히 출발하도록 운전자에게 알린다.

○ 차내 안전

- 통학버스로 이동 중에는 위험한 상황이 발생할 수 있음을 평소에 지도한다.
- 차창 밖으로 얼굴이나 손과 같은 신체의 일부를 내미는 행위나 장난을 치지 않도록 한다.
- 차내에서는 운전자에 방해되는 음악 등을 틀지 말고 정숙한 분위기가 유지되도록 한다.
- 잠깐이라도 자리를 비울 때는 어린이 혼자 통학버스에 있지 않도록 하고, 운행 종료 후에는 차 안의 맨 뒷좌석까지 꼭 확인한다.

○ 하차할 때

- 차가 완전히 정차 한 후 하차할 수 있도록 준비시킨다.
- 차문이 열린 후 오토바이나 자전거가 오는지 버스 뒤쪽을 살피고 하차시킨다.
- 하차할 때는 인솔교사가 먼저 내려 안전하게 하차시키고 부모에게 인계한다.
- 유아가 보도나 길 가장자리 구역 등 안전한 장소에 도착한 것을 반드시 확인하여 운전자에게 알리고 서서히 출발한다.
- 부모에게 어린이를 안전하게 인계한다.

    ※ 통학차량에 인솔교사가 없이 단독으로 운전할 경우 운전자가 직접 하차하여 어린이의 안전한 승·하차를 확인해야 한다. 위반 시 승합차 기준 범칙금 7만 원이 부과된다.

○ 차내 어린이 방치 방지

우리나라는 종종 차내에 어린이를 방치하여 무더운 여름날 어린이가 혼수상태에 빠지거나 사망하는 사고가 발생하고 있다. 선진국에서는 이런 경우에 운전자 또는 동승자에게 형사처벌 등 엄격한 처벌을 가하고 있다. 통학버스에서 이러한 사고를 방지하기 위해서는 다음과 같은 행동준수가 필요하다.

- 동승보호자(인솔교사)는 목적지에 도착하여 통학버스에서 내릴 때, 승차한 어린이수와 하차한 어린이수가 동일한 지 확인하고, 차내에 남아있는 어린이가 있는지 반드시 점검하여야 한다.
- 통학버스 운전자는 차량을 주차시킨 후 차량 문을 잠그기 전에 혹시 차내에서 잠을 자거나 남아있는 어린이가 있는지 확인하고 차량 문을 잠가야 한다.
- 유치원의 교사 또는 원장은 결석한 어린이가 있는 경우에 반드시 부모에게 즉시 연락하여 어린이가 통학버스에 승차하였는지 확인하고, 어린이가 차내에 남아있을 가능성을 확인하여야 한다.
- 통학버스 내에는 가능한 한 슬리핑 차일드 체크(Sleeping child check) 벨을 설치하여, 운전자가 차량 뒤편까지 가서 혹시 남아 있을지 모르는 어린이를 확인하고 체크 벨을 누르지 않으면, 차량에서 큰 경고음이 발생하여 운전자에게 알려주는 장치를 설치하여 운영한다.

다. 교사의 역할 및 안전지도 요령

○ 유치원, 어린이집 등에서 승차할 때

- 통학버스에 승차하기 전 질서를 지키도록 지도한다.
- 통학버스에 승차하기 전 인원을 확인한다.
- 교사는 미리 아이들 옷맵시를 단정하게 해주고 차량에 탑승시킨다.
- 통학버스에 승차한 인솔교사에게 어린이를 안전하게 인계한다.

○ 유치원, 어린이집 등에서 하차할 때

- 어린이가 하차하기 전에 미리 교사를 대기하고 있도록 한다.
- 하차한 어린이가 통학버스의 앞이나 뒤 그리고 차도에 가지 않도록 지도한다.
- 하차할 때는 동승 보호자가 안전하게 하차시키고 교사에게 인계한다.

6. 교통사고 발생 시 조치요령

가. 유아가 교통사고를 당했을 때 조치 요령

○ **부상자를 옮길 때는 가능한 움직이지 않도록 한다**

교통사고로 머리나 온 몸을 다치는 일이 많기 때문에, 유아의 몸을 수평으로 유지하면서 될 수 있는 대로 움직이지 않도록 해서 안전한 장소로 옮겨야 한다.

○ **119나 1339에 연락하여 구조 요청을 한다**

전화나 휴대전화로 사고가 발생한 장소를 알려 도움을 받는다.

○ **유아의 상태를 안전하게 유지한다**

유아의 의식이 뚜렷이 있으면 유아를 안심시킬 필요가 있고, 의식이 없을 때는 흔들어 움직이거나 일으키려고 해서는 안 된다. 불러 봐도 반응이 없을 때는 숨길을 확보하면서 호흡이나 맥박의 상태를 살펴봐야 한다. 호흡이 멈추었을 때는 인공호흡을 실시하고, 맥박이 멈추었으면 인공호흡과 심폐소생술을 같이 하고, 출혈이 심할 때는 지혈조치를 해야 한다.

○ **가벼운 부상이라도 병원으로 후송한다**

유아는 다친 정도를 정확히 호소할 수 없기 때문에 겉으로 봐서는 제대로 알 수 없다. 경미하다고 생각되어도 후유증이 생기는 것을 막기 위해서는 반드시 전문의의 진찰을 받아야 한다.

○ **사고를 일으킨 운전자의 신원을 확인한다**

유아의 상태를 안전하게 유지하며 구급차를 기다리면서 교통사고를 일으킨 사고 관련자 및 차량 현황, 목격자, 증거물 위치 표시, 기록, 촬영 등 증거를 확보한다.

○ **교통사고를 꼭 경찰관에게 신고할 것**

운전자는 교통사고 발생 즉시 경찰관에게 신고할 의무가 있다. 흔히 운전자들은 유아가 길에서 놀다가 교통사고를 당하면 "보호자가 어린이를 보호할 의무를 소홀히 하여 사고가 났으므로 보호자도 법적 책임이 있다. 경찰에 신고하지 말고 당사자끼리 합의하자"라며 신고를 회피하는 경우가 있다. 그러나 운전자의 책임이 없어지는 것은 아니므로 경찰에게 반드시 신고해야 피해를 줄일 수 있다.

※ 유치원 교사나 통학차량 관계자는 평소에 유아 심폐소생술(CPR)이나 하임리히법(기도 질식 시 응급처치법) 등 응급처치 방법을 숙지하여 위급한 상황에 생명을 구할 수 있도록 대비한다.

나. 통학차량 교통사고 발생 시 조치

① **통학차량 운전자의 의무**

- 즉시 정차하거나 상황에 따라 다른 차에 방해되지 않도록 길 가장자리, 갓길 등 안전한 장소로 차를 정차시킨다.
- 부상자를 확인하여 피해 정도에 따라 적절한 조치를 취하고, 119나 1339의 응급 구호요원이 사고현장에 도착하면 이러한 사실들을 알려서 전문 구급요원이나 의사 등의 도움을 받는다.
- 후속사고 방지를 위해서 비상등을 켜고 안전삼각대를 설치한다.
- 안전삼각대가 없을 때에는 차 뒤 트렁크를 열어 놓는다.
- 경찰공무원에게 신속히 신고한다.

② **인솔 교사의 대처 요령**

- 부상당한 유아가 있는 지 신속히 파악하고 응급조치를 실시한다.
- 유아를 안전하게 하차시키고 보도나 도로 밖 등 안전한 장소로 대피시킨다.
- 경찰공무원이나 구급차가 도착할 때까지 심리적 안정을 취하게 하고 인원파악을 철저히 한다.
- 유치원에 즉시 알리고 부모에게 통보한다.

다. 교사가 알아 두어야 할 기본 응급조치요령

① **응급조치 시 주의 사항**

- 모든 부상 부위를 찾는다.
- 꼭 필요한 경우가 아니면 함부로 부상자를 움직이지 않는다.
- 부상자가 의식이 없으면 옷을 헐렁하게 하고, 물 등을 먹일 때에는 코로 들어가지 않도록 주의한다.

② **응급조치 순서**

- 부상자를 구호하여 안전한 장소로 이동한다(부상이 심한 경우 그 자리에 둔다).
- 부상자를 조심스럽게 눕힌다.
- 119나 1339에 신속하게 연락한다.
- 부상 부위에 대하여 응급처치를 한다.

③ **응급조치 방법**

- 말을 걸어 보거나 팔을 꼬집어 보고 눈동자를 확인하여 의식상태를 확인한다.
- 의식이 있을 때에는 부상자를 안심시키고 의식이 없을 때에는 기도를 확보한다.
- 머리를 충분히 뒤로 젖혀 기도를 확보한다.
- 의식이 없거나 구토를 할 때는 목에 오물이 막혀서 질식하지 않도록 옆으로 눕힌다.
- 출혈이 적을 때에는 거즈나 깨끗한 손수건으로 상처를 꽉 누른다.
- 골절이 된 경우에는 골절된 부분을 건드리지 않고 지혈한다.

제3절 초등학교 교통안전교육

초등학교 취학 전에 유치원에 다닐 때는 주로 어린이 통학버스를 이용하여 등원하지만, 초등학교에 다니기 시작하면 어린이가 혼자서 독립보행을 하여 학교에 등·하교하게 되므로 보행 중 교통사고의 위험성이 높아지게 된다.

여기서는 경찰청 산하 도로교통공단이 어린이 교통안전을 위하여 비매품으로 발간한 「초등학교 교사용 교통안전 길라잡이」 교재를 재정리하여 초등학교에서 교육시켜야 할 주요 내용에 대하여 설명하도록 한다.

1. 안전하게 길 걷기

가. 이면도로 및 보도 보행

보행전용공간인 보도가 설치되어 있지 않은 이면도로는 다른 교통수단, 즉 오토바이나 자전거·자동차 등도 함께 사용하는 공유된 곳으로 다른 차량들의 움직임을 잘 살피며 보행해야 한다.

이면도로에서는 주변 건물이나 노점상으로 시야확보가 안 될 수 있으므로 길을 건널 때는 반드시 좌우를 확인해야 한다. 특히 주·정차된 차량이 있으면 보행 시 주변에서 진행해 오는 차를 인지하기 어렵고, 운전자도 주변 보행자의 진행 여부를 제대로 예측하기 어려우므로 길을 건너기 전 멈추어 확인하는 습관이 필요하다.

또 정차 중이던 차량이 갑자기 출발하기 위해 전진하거나 후진할 수 있으므로, 주·정차 차량 주변에서는 운전자가 탑승하고 있는지, 시동이 켜져 있는 지 확인하며 주의를 기울여야 한다.

어린이 교통사고의 유형을 보면 집에서 노상으로 뛰어나오거나, 혹은 좁은 골목길에서 도로로 갑자기 뛰어나오며 발생하는 사고가 많다. 때로는 횡단하기 위해 교차로 곡각지점에서 있다가 우회전하는 차량에 사고를 당하는 경우도 있다.

Children Traffic Safety

① 보·차도가 구분되지 않은 도로 통행 시 지도사항

보도가 설치되지 않은 이면도로에서는 길가장자리 구역으로 통행하도록 한다. 주·정차 차량이 있거나 노점상 등 장애물이 있는 경우 도로를 횡단하기 전 반드시 멈추어 차가 오는가를 확인하도록 지도한다.

또한 도로는 오토바이나 승용차·화물차·자전거 등이 함께 이용하는 곳으로, 운전자는 길을 건너는 어린이가 보이지 않아 갑자기 도로로 뛰어나오면 사고를 피하기 어렵다는 것을 이해시키도록 한다.

출처) 초등학교 교사용 교통안전 길라잡이(도로교통공단)

② 보·차도가 구분된 도로 통행 시 지도사항

보도가 설치되어 있으면 반드시 보도로 통행하고, 가급적 보도 안쪽으로 통행하도록 한다. 또 보도가 끊어지는 곳에서도 일단 멈춘 후 진행하는 차가 있는지 확인하고 건너가도록 지도한다.

교차로 곡각지점에서는 내륜차 현상으로 우회전 차량이 보도에 서 있는 보행자를 충격할 수 있으므로, 어린이가 곡각지점에 서 있지 않도록 지도하며 내륜차 현상을 이해시킨다.

③ 보도 위 위반차량 주의하기

보도는 보행자를 위한 공간이지만 자전거나 오토바이 등 이륜차가 위반한 채, 통행하는 경우가 많다. 또한 주차하기 위해 자동차 등을 운전하며 보도로 올라오는 위반 운전자도 있다.

따라서 어린이에게 보도 보행 중 위반하는 차량으로 사고가 날 수 있음을 알려주고, 보도 주변 차량의 소리나 모습을 확인하며 안전하게 보행하도록 지도한다.

출처) 초등학교 교사용 교통안전 길라잡이(도로교통공단)

④ 보행 중 이어폰 사용은 DMB 보며 운전하는 것만큼 위험

최근 어린이 및 청소년층이 스마트폰 등 첨단기기를 도로상에서 이용하는 경우가 많아 보행자 사망사고가 늘어나고 있다. 특히 보행 중에 이어폰을 끼고 걷는 것은 자동차의 접근소리를 듣지 못하게 되어 교통사고의 위험성이 매우 높아지게 된다.

또한, 보행 중에 DMB를 보며 도로를 횡단하거나 걷는 것은 다가오는 자동차를 바라보지 않는 결과가 되어 교통사고의 위험성이 더욱 높아지게 된다.

따라서 보행 중에는 절대로 이어폰을 끼지 않도록 지도하고, 특히 DMB를 시청하며 보도를 걷거나 횡단보도를 건너지 않도록 지도한다.

나. 빗길과 눈길 보행

비가 오거나 눈이 오는 날에 어린이는 평소보다 교통상황에 대한 주의력이 떨어지고 돌발적 행동을 많이 한다. 비나 눈을 피하기 위해 갑자기 도로로 뛰어든다거나 보행신호를 무시하고 횡단하기도 한다. 또 빗소리 때문에 차가 접근해 오는 것을 알지 못할 뿐만 아니라 차의 경음기 소리를 듣지 못할 수도 있고, 내리는 눈을 보며 기분 좋아 장난칠 때는 교통상황 변화를 인식하지 못하게 된다.

빗길이나 눈길에서는 운전자 역시 시계가 불량하고 가시거리가 짧으며, 마른 노면상태에서 운전할 때보다 차의 정지거리 또한 훨씬 길어진다. 따라서 갑자기 도로에 뛰어나오는 어린이를 늦게 발견하고, 브레이크를 밟더라도 차가 미끄러지면서 사고로 이어지는 경우가 많다.

따라서 운전자는 평소보다 감속해서 운전해야 하며, 보행자도 빗길이나 눈길 보행 시에는 평소보다 주변 차량의 움직임을 더 잘 살펴야 한다. 특히 어린이는 경우 운전자의 눈에 잘 띄도록 밝은 색의 옷과 신발을 착용하고 시야확보를 위해 투명우산을 사용하는 것이 안전하다.

횡단시설이 있는 곳에서 횡단하도록 하고, 녹색 보행신호가 켜진 후 바로 횡단하지 말고 차가 멈춘 것을 반드시 확인하고 건너도록 한다. 노면이 젖어 있거나 눈이 쌓이면 운전자가 브레이크를 밟더라도 차의 제동거리가 길어져 바로 정지하기 어렵기 때문이다.

Children Traffic Safety

(1) 비가 올 때 안전한 보행 방법

① 우산을 숙이거나 내려 쓰면 시야가 가려 자동차 등이 잘 보이지 않으므로 주변을 잘 볼 수 있게 올려 쓰도록 지도한다.

② 밝은 색의 옷과 신발을 착용하여 운전자가 잘 확인할 수 있도록 한다. 또한 우산에 가려 주변이 보이지 않을 수 있으므로 투명우산을 사용하여 위험에 대비하고 시야를 넓힐 수 있도록 한다.

③ 특히 비가 오는 날은 차의 제동거리가 길어지므로 더욱 무단 보행하지 않도록 지도한다.

④ 보행신호가 켜졌더라도 차가 멈춘 것을 확인하고 건너도록 한다.

⑤ 비가 오는 날은 횡단보도 앞에 대기하면서 도로에 너무 가까이 서면 자동차가 우산을 충격할 수 있으므로 뒤로 1~2보 떨어져 대기하게 한다.

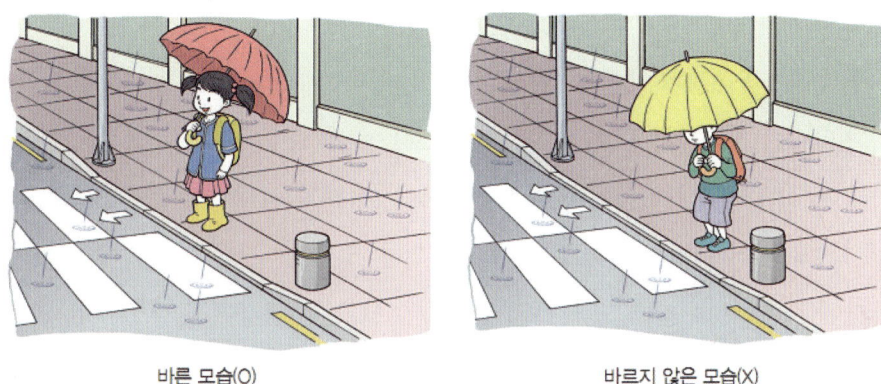

바른 모습(O)   바르지 않은 모습(X)

출처) 초등학교 교사용 교통안전 길라잡이(도로교통공단)

(2) 눈이 올 때 안전한 보행 방법

① 눈이 올 때는 길이 미끄러우므로 차에서 멀리 떨어져 걷도록 한다.

② 눈이 올 때는 날이 어두워지므로 노란색이나 하늘색 같은 밝은 색의 옷을 입어 운전자의 눈에 잘 띄도록 한다.

③ 손을 주머니에 넣고 넘어지면 크게 다치기 쉬우므로 장갑을 끼도록 하고, 옷을 충분히 따뜻하

게 입어 움츠린 채 걷지 않도록 한다.

다. 야간 보행

야간에 발생하는 어린이 교통사고는 주간에 발생하는 사고보다 치사율이 높다. 야간 주행은 운전자의 시야가 좁아지면서 주변에 대한 위험인지가 늦어 브레이크를 밟는 데 시간이 걸리기 때문이다. 보행자도 야간에는 진행해 오는 차의 속도나 거리판단이 주간보다 부정확하기 때문에 횡단하다 사고로 이어질 가능성이 높다.

어린이는 자동차가 전조등을 켜고 오기 때문에 자신을 잘 볼 것이라고 생각할 수 있다. 또 횡단보도 보행신호에 건너는 것은 안전하다고 생각할 수 있지만, 전조등 불빛이 비추는 곳 이외의 어두운 공간에 있는 보행자를 운전자가 보지 못할 수 있다.

야간에는 주간보다 운전자의 신체기능이 저하되어 주의력이 떨어지고, 볼 수 있는 시야가 한정적이기 때문에 횡단하는 보행자를 쉽게 확인하기 어렵다. 특히 운전자가 전조등으로 볼 수 있는 거리가 제한적이라 도로 주변에 가로등이 환하게 켜져 있는 상태가 아니라면 전조등으로 볼 수 있는 부분 외 공간의 사물이나 사람이 보이지 않게 된다.

따라서 야간에 횡단시설이 없는 곳에서는 횡단하지 말고, 운전자에게 잘 보이는 가로등 불빛 아래에서 건너도록 한다. 가로등이 없고 보·차도가 구분되지 않은 도로에 어린이는 가급적 야간 외출을 삼간다. 혹시 외출할 때는 자신이 잘 노출될 수 있도록 흰색·노란색 등 밝은 색 계열의 옷을 입으며 반사재가 부착된 옷이나 신발을 착용하는 것이 더욱 안전하다.

2. 안전하게 길 건너기

가. 안전한 도로횡단 5원칙

도로를 횡단할 때는 교통사고를 예방하고 안전하게 횡단하는 규칙이 있다. 어린이는 항상 다음과 같이 안전한 도로 횡단 5원칙에 따라 안전하게 횡단하도록 지도한다.

[그림 5.3.1] 안전한 도로횡단 5원칙

출처) 도로교통공단, 초등학교 교사용 교통안전 길라잡이, 2016

① 우선 멈춘다 : 어린이가 움직이는 상태에서는 교통상황을 확인하기 어렵다.
② 본다 : 도로 좌측과 우측을 보고 차가 멈춘 것을 확인한다.
③ 손을 든다 : 내가 건널 것임을 운전자에게 알리고 준비할 시간을 준다.
④ 확인한다 : 운전자와 눈을 마주치며 차가 멈춰 있는 것을 다시 확인한다.
⑤ 건넌다 : 손을 들고 운전자나 차를 보면서 안전하게 건넌다.

위의 도로횡단 5원칙에서 ③ '손을 든다'는 선진국의 어린이 횡단규칙에는 나오지 않고 우리나라에만 있는 내용인데, 어린이는 손을 들면 자동차가 멈추는 줄 알고 오해할 우려가 있으므로, 선진국에서는 손을 들지 않고 그대로 서서 살펴보면서, 자동차가 다가오면 지나가게 하고, 자동차가 없을 때를 기다리거나 자동차가 멈춘 것을 확인한 후에 건너가도록 교육하고 있으므로 이러한 차이점에 주의할 필요가 있다(제10장 참조).

나. 신호등 있는 횡단보도 건너기

도로를 안전하게 횡단하기 위해서는 횡단보도·육교·지하도 등의 횡단 시설물을 이용해야 한다. 이처럼 횡단 시설물을 이용하면 훨씬 안전하지만 횡단보도 보행신호가 녹색점멸등이 시작되었거나 적색이 켜져 있다면, 이미 횡단보도로서 본래의 기능이 사라진 상태라 할 수 있기 때문에 도로를 건너는 것은 매우 위험하다.

어린이는 보행신호가 녹색으로 바뀌면 바로 횡단보도로 뛰어드는 행동 특성이 있는 반면에 차의 운전자는 신호가 바뀌는 순간 무리하게 통과하는 위험한 행동을 한다.

특히 보행신호가 켜지려는 순간에 운전자는 서둘러서 통과하려 하고, 마음이 급할수록 속도를 높이기 때문에 갑자기 뛰어나오는 어린이를 발견해도 대응하지 못한다. 뿐만 아니라 녹색 보행신호가 켜졌더라도 보행자가 없다고 판단되면 신호를 위반하는 운전자가 있기 때문에 주의가 필요하다.

또한 어린이가 횡단보도 앞에서 신호 대기 중에 휴대전화를 사용하거나 게임기로 게임을 하는 경우, 온 신경이 한 곳에 집중되어 있는 상태이기 때문에 위험한 상황에 적절히 대응하지 못하게 된다.

(1) 신호등의 의미

우리나라 「도로교통법 시행규칙」 제6조(신호기)에는 보행자 신호등의 법적인 의미가 나타나 있다.

이에 따르면 녹색의 등화인 경우에 보행자는 횡단보도를 횡단할 수 있고, 적색의 등화인 경우에 보행자는 횡단보도를 횡단할 수 없어서 그 의미가 명확하다.

다만, 녹색 등화의 점멸인 경우에 보행자는 횡단을 새로 시작하여서는 아니 되고, 횡단하고 있는 보행자는 신속하게 횡단을 완료하거나 그 횡단을 중단하고 보도로 되돌아와야 한다고 규정하고 있다.

따라서 녹색신호가 깜빡일 때는 절대로 횡단보도에 들어서지 말고 다음 신호를 기다리도록 하고, 횡단보도를 건너고 있는 중에 녹색신호가 깜빡일 때는 건너는 위치에 따라 빨리 가까운 쪽의 보도로 이동해야 한다.

[표 5.3.1] 「도로교통법 시행규칙」에 의한 보행신호등의 의미

[별표 2] 신호기가 표시하는 신호의 종류 및 신호의 뜻 (제6조제2항 관련)

구분	신호의 종류	신호의 뜻
보행 신호등	녹색의 등화	보행자는 횡단보도를 횡단할 수 있다.
	녹색 등화의 점멸	보행자는 횡단을 시작하여서는 아니 되고, 횡단하고 있는 보행자는 신속하게 횡단을 완료하거나 그 횡단을 중지하고 보도로 되돌아와야 한다.
	적색의 등화	보행자는 횡단보도를 횡단하여서는 아니 된다.

(2) 신호등이 있는 횡단보도를 건널 때 어린이 주의사항

어린이는 신호등이 있는 횡단보도를 건널 때 다음과 같은 주의사항을 지키도록 지도한다.

① 반드시 녹색신호에 건너가도록 한다.

② 녹색신호가 켜지자마자 뛰어 들어가지 않도록 하고 차가 멈추었는지 확인한다.

③ 횡단보도를 건너는 자전거나 오토바이를 주의한다.

④ 녹색신호가 깜빡일 때 무리하게 뛰어 건너지 않는다.

⑤ 횡단보도를 건너다 돌아온 방향으로 갑자기 몸을 돌려 뛰지 않도록 한다.

⑥ 횡단보도를 건너다 되돌아 올 때는 차가 멈추어 있는지 확인한다.

⑦ 횡단보도를 벗어나 건너지 않도록 하고 반드시 횡단보도 우측에서 출발하여 대각선 방향으로 건너도록 한다.

⑧ 횡단보도에서는 친구들과 장난치거나, 이어폰을 낀 채 휴대전화·게임기를 가지고 놀며 건너지 않도록 지도한다.

⑨ 횡단보도에서 신호를 기다릴 때 보도 끝에서 한 걸음 정도 뒤쪽에서 기다리도록 한다.

다. 신호등 없는 횡단보도 건너기

신호등이 없는 횡단보도에서 운전자는 조급한 성향과 지나친 이기심으로 위험한 운전을 하는 경우가 많다. 어린이를 보호하려는 의식이 부족한 운전자가 있기 때문에 어린이의 안전을 결코 운전자에게 맡겨서는 안 된다. 어린이는 횡단보도를 건널 때 절대로 뛰거나 성급한 행동을 하지 않도록 지도하고, 가급적 어른과 함께 건너도록 교육한다.

(1) '신호등 없는 횡단보도 건너기 5원칙' 지키기

신호등이 없는 횡단보도에서 어린이는 운전자와 눈을 맞추어 서로 상대방의 존재를 확인한 후에 건너도록 지도해야 하며, 다음과 같이 '신호등 없는 횡단보도 건너기 5원칙' 지키기에 따라 횡단할 수 있도록 지도가 필요하다.

① 우선 멈춘다. 도로를 건너거나 차도로 나갈 때는 일단 멈춘다.
② 도로 왼쪽, 오른쪽을 주의 깊게 살핀다. 차량이 완전히 멈추었는지 확인한다.
③ 차량을 확인할 때는 꼭 운전자와 눈을 맞춘다.
④ 횡단보도의 오른쪽에서 운전자를 보며 손을 든다. 차는 왼쪽에서 다가오므로 횡단보도의 오른쪽에서 왼손을 들고 왼쪽 방향의 차량을 확인하며 출발한다.
⑤ 횡단보도를 건너는 동안 차를 계속 보며 건넌다. 도로를 건널 때는 손을 들고 차를 계속 보면서 대각선 방향으로 건넌다.

위에서 ④번의 '운전자를 보며 손을 든다'는 앞 절에서 설명한 바와 같이 선진국의 어린이 횡단규칙에는 나오지 않고 우리나라에만 있는 내용인데, 어린이는 손을 들면 자동차가 멈추는 줄 알고 오해할 우려가 있으므로, 자동차가 멈추지 않고 달려오면 지나가게 하고, 자동차가 없을 때를 기다리거나 자동차가 멈춘 것을 확인한 후에 건너가도록 교육하는 것이 중요하다(제10장 참조).

라. 횡단시설이 없는 도로의 횡단

횡단시설이 없는 도로의 횡단방법은 앞에서 제시한 '신호등 없는 횡단보도 건너기 5원칙'을 준수하는 것이 기본이다. 횡단시설이 없는 도로에서 도로를 횡단하는 것이 무단횡단이냐 아니냐의 구분은 법적으로 명확하게 규정되어 있지 않다.

일반적으로 무단횡단은 횡단보도나 육교·지하도가 부근에 있는데 차도로 건너는 것을 말하고, 부근에 횡단시설이 없는 도로에서는 부득이 합법적인 도로횡단을 할 수 밖에 없다.

무단횡단에 해당하든지 안하든지 불문하고, 어린이 교통사고의 상당 부분은 도로 횡단 중의 사고이므로, 어린이의 안전한 도로횡단 능력을 길러주는 것이 어린이 교통사고 방지를 위하여 필수적이다.

부득이 횡단시설이 없는 곳을 건널 때는 자동차의 움직임을 잘 살필 수 있는 장소를 선택하여, 일단 멈춰서, 주변을 살펴보고, 차가 오지 않음을 확인하고, 안전하게 최단 거리로 건너야 한다. 만일 다가오는 차가 보이면 그 차를 보낸 후에 건너야 하며 자동차의 바로 앞이나 뒤로 건너지 않도록 한다. 구체적인 방법은 영국의 '녹색횡단규정(Green Cross Code)'이 도움이 되며 자세한 내용은 제10장을 참조할 필요가 있다.

또한, 어린이는 자동차가 멀리서 보일 때 빨리 뛰면 건널 수 있다고 판단하여 차도로 급히 뛰어드는 행동특성을 보이므로 차가 멀리 보인다고 해서 바로 뛰어들지 않도록 지도해야 한다.

3. 안전하게 차 타기

가. 승·하차 중 안전

자동차 승·하차 중에 발생하는 교통사고는 보행 중에 발생하는 사고에 이어 어린이 교통사고 순위에서 두 번째를 차지하고 있다. 그러므로 차를 타고 내릴 때 지켜야 할 안전수칙과 차 안에서 안전한 행동 등을 중심으로 교통수단의 안전교육을 철저하게 실시하여 자동차를 안전하게 이용할 수 있도록 해야 한다.

　어린이는 신체적·정신적으로 미숙한 단계이기 때문에 자동차에 내리고 탈 때 안전 부주의로 사고피해를 당할 때가 많다. 어린이가 하차하는 순간 옆으로 지나치는 차량 때문에 일어나는 사고나, 옷·가방이 차량 문에 끼인 채 출발하여 사고로 이어지기도 한다.

　결국 운전자의 안전의식 결여와 어린이의 부주의를 사고원인으로 볼 수 있다. 그러므로 어린이를 태우는 운전자의 철저한 관심과 안전의식이 요구되고, 승·하차할 때 어린이에게 각별한 교통안전 학습이 필요하다.

- 어린이는 승차 중일 때 반드시 안전띠를 착용한다.
- 운전자 옆 조수석은 교통사고 발생 시 가장 위험하므로 어린이는 반드시 뒷좌석에 앉는다.
- 버스를 타고 내릴 때는 긴 치마나 끈 달린 옷이 차문에 끼여 끌려 갈 수 있으므로 주의한다.
- 버스를 기다릴 때는 차도에 내려서 있지 말고 버스가 도착한 다음 보도에서 차도로 내려간다.
- 버스의 앞뒤로 횡단하는 경우, 버스에 가려 움직이는 차에 치일 위험이 높으므로 버스가 지나간 다음 도로를 건너간다.
- 버스에서 내릴 때는 자전거·오토바이가 지나갈 수 있으므로 반드시 뒤쪽을 확인하고 내린다.
- 버스 안에서는 절대 장난치지 않고 창문 밖으로 손·머리를 내밀지 않도록 한다.

출처) 초등학교 교사용 교통안전 길라잡이(도로교통공단)

Children Traffic Safety

나. 차내 안전

안전띠는 자동차 충돌 또는 추돌 사고가 발생했을 때 어린이가 자동차 밖으로 튕겨나가는 것을 막아준다. 만약 안전띠를 착용하지 않았을 경우 착용한 사람보다 사망률이 9배나 높다. 교통사고 발생 시 뒷좌석에서 안전띠를 미착용한 어린이는 앞좌석에 앉은 다른 어린이를 충격할 수 있다.

① 차 안에서 친구와 장난을 치다가 자동차가 급제동하면 자동차 실내공간에 부딪치거나 튕겨나가 다칠 수 있으므로 좌석에 앉으면 우선 안전띠부터 반드시 매고, 운전자에게 방해가 되지 않도록 조용히 앉는다.

② 자동차 밖으로 물건이나 쓰레기를 던지면 다른 차나 사람들에게 위험하므로 절대 하지 않도록 지도한다.

다. 안전띠의 올바른 착용방법

안전띠는 사고가 일어났을 때 최대한 신체를 보호할 수 있도록 바르게 착용해야 한다. 안전띠의 올바른 착용 요령은 띠가 꼬이지 않게, 허리띠는 골반에 어깨띠는 어깨 중앙에 위치하며, 버클은 "찰칵" 소리가 나게 잠그고, 띠와 가슴 사이에 주먹 하나가 들어갈 수 있도록 맨다.

첫째, 허리띠는 골반 뼈에 걸친다.

사고가 발생할 때 안전띠가 신체에 가하는 압력은 자기 몸무게의 20~50배에 달하기 때문에 골반 뼈만이 이러한 하중을 견딜 수가 있다. 안전띠를 배위에 적당히 걸치면 사고 발생 시 내장이 파열될 수 있다.

둘째, 안전띠가 목 위로 지나가는 것은 더 위험하다.

앉은키가 작아 안전띠가 목 부위에 위치하면 사고가 발생했을 때 치명적일 수 있다. 따라서 어린이는 앞좌석에 앉지 않도록 하고 뒷좌석에서 허리에만 안전띠를 매도록 한다. 만약, 어린이가 안전띠를 착용하지 않을 경우 교통사고 발생 시 차 밖으로 이탈하여 사망하는 사례가 많다.

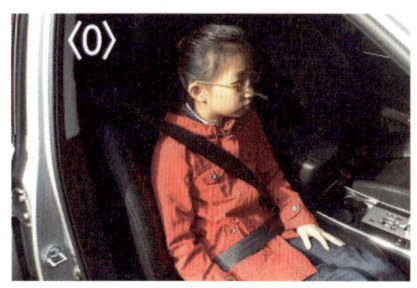 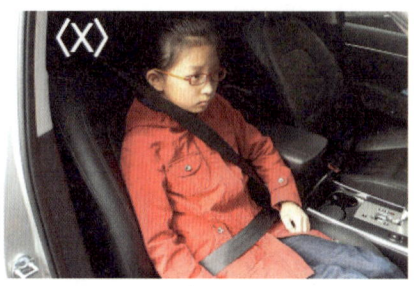

출처) 초등학교 교사용 교통안전 길라잡이(도로교통공단)

4. 안전하게 놀기

가. 안전하게 놀기

어린이들이 안전하게 놀 수 있는 장소는 정해진 놀이터나 차가 다니지 않는 골목길, 학교 운동장 등이다. 우리나라는 어린이가 마음 놓고 뛰어 놀 수 있는 놀이공간이 부족하기 때문에, 자동차가 다니는 길에서 뛰어 다니거나 공놀이를 하다가 교통사고를 많이 당하는 편이다. 이면도로나 주차한 차량 부근에서 놀다가 발생하는 사고도 어린이 교통사고의 10% 이상을 차지한다.

초등학교 저학년 어린이는 자기 통제력이 약하고, 주의를 적절히 배분하는 능력이 부족하기 때문에 놀이에 열중해 있을 때는 불안전한 행동을 하기 쉽다. 따라서 올바른 놀이 방법에 대한 안전교육이 무엇보다 중요하다.

나. 안전하게 놀이기구 타기

인라인스케이트나 킥보드는 자전거와 같이 속도를 빠르게 낼 수 있지만, 자전거와 달리 브레이크가 달려 있지 않아 빠른 속도에서 안전하게 제동하기가 쉽지 않다는 단점이 있다. 특히 제동할 때 두 다리의 힘을 이용해야 하는 특징이 있다.

다리 힘이 어른에 비해 약한 어린이는 속도가 빠를 경우 급제동을 하려다 오히려 큰 사고로 연결

될 수 있으므로 올바른 놀이방법을 숙지해야 한다.

　놀이기구로 일어나는 사고유형을 살펴보면 차도에서 자전거나 인라인스케이트를 타고 놀거나, 골목길에서 멈추지 않고 넓은 길로 달려 나오다가 자동차와 부딪치는 사고가 많다.

　또 횡단보도 신호가 바뀌기 전에 갑자기 횡단을 시작하거나, 횡단보도 주변을 가로질러 타고 가다가 충돌하는 사고도 많이 발생한다. 인라인스케이트나 킥보드를 탈 때는 먼저 안전한 복장을 갖추도록 지도하여야 한다.

[그림 5.3.2] 인라인스케이트 및 킥보드를 탈 때 안전한 복장 갖추기

출처) 도로교통공단, 초등학교 교사용 교통안전 길라잡이, 2016

　그리고 인라인스케이트나 킥보드 같은 놀이기구의 특성을 정확하게 알고 올바르게 탈 수 있는 이용 방법을 지도해야 한다. 사고사례와 삽화를 통해 어떤 사고가 일어날 수 있는지, 안전하게 탈 수 있는 장소가 어떤 곳인지 생각해 보도록 한다.

　① 안전한 장소에서 타야 한다.
　　・인라인스케이트나 킥보드, 스케이트보드 등 빠르게 움직이는 놀이기구는 전용공간이나 놀이터, 학교 운동장 등 안전한 공간에서 타야 한다.
　　・차가 다니는 도로나 주차장, 골목길, 공사장 부근이나 보행자 통행이 많은 곳은 자동차나

보행자와 충돌 위험이 있으므로 피해야 한다.

② 좌우의 상황이 보이지 않는 곳에서는 속도를 늦추고 잠시 멈춰서 안전을 확인한 후 진행한다.

③ 내리막길에서는 속도가 높아 제어가 어려우므로 타지 않는다.

④ 인라인스케이트나 킥보드를 탈 때 서로 마주 보고 타는 행동은 충돌 위험성이 크므로 같은 방향으로 움직이며 타는 것이 안전하다.

다. 안전하게 자전거 타기

보통 자전거를 '차'의 종류로 구분하지만, 자동차에 비해 속도가 느리고 작아 보행자처럼 생각하고 움직이기 쉽다. 그러나 보행자와 비교했을 때는 속도가 빠르기 때문에 자동차와 사람이 함께 어우러지는 도로에 나서면 보고 확인해야 할 것이 많다.

게다가 자전거는 불안정하기 때문에 약간의 충격만 가해져도 중심을 잃고 넘어지기 쉽다. 자동차처럼 사람을 보호해주는 보호막이 없어서 충돌 시 부상과 사망의 위험성이 높다. 자전거의 이런 특성 때문에 자동차가 다니는 차도에서는 자전거를 타지 않는 것이 좋다.

자전거를 교통수단으로 이용할 때는 자전거 전용도로를 이용하는 것이 가장 안전하며, 부득이 일반도로를 이용할 때는 도로 폭이 좁고 자동차의 통행이 많지 않은 도로에서 짧은 거리를 이동할 때만 이용한다.

자전거를 안전하게 타려면 자전거 운전자는 도로에서 지켜야 하는 규칙을 준수하고 자전거의 특성을 정확히 이해해야 한다.

어린이 자전거 사고의 특성을 살펴보면 골목길에서 달려 나오다 일어나는 사고, 주차장에서 차량과 접촉사고, 횡단보도에서 급하게 달려 나오다 일어나는 사고 등이 있다. 따라서 어린이가 자전거의 특성을 정확하게 이해하고 올바르게 타는 것이 무엇보다 중요하다.

자전거를 안전하게 타는 구체적인 방법에 대하여는 다음 절에 나오는 자세한 내용을 참조하도록 한다.

Children Traffic Safety

제4절 중·고등학교 교통안전교육

중·고등학교에서의 교통안전교육 내용은 청소년의 연령단계에 맞추어, 자동차의 물리적 특성에 대한 이해, 교통행동의 기초와 교통참가자의 자세, 자전거의 안전한 이용과 점검 방법 등의 내용이 중심이 된다.

여기서는 경찰청 산하 도로교통공단이 중학생 교통안전을 위하여 비매품으로 발행한「중학교 교사용 교통안전 길라잡이」에 나타나는 내용 중 중요한 부분을 정리하여 제시한다.

1. 자동차 특성의 이해

가. 속도가 빠르다

우리가 일상생활을 하면서 1초라는 시간은 거의 인식하지 못한다. 또 1초 동안 우리가 할 수 있는 일은 거의 없는 것처럼 보인다. 우리가 별로 인식하지 못하는 1초 동안 도로 위에서는 수많은 위험이 발생하고, 우리의 생명을 위협할 수 있는 많은 일이 벌어지고 있다.

자동차는 편도 1차로 도로(제한속도 60km/시인 경우)에서 1초 동안 17m 이상 진행할 수 있다. 우리가 서너 번 발걸음을 옮기는 동안 차는 50m 이상 달려올 수 있다는 뜻인데, 이는 전주 하나 사이의 거리가 된다.

또 100m 정도 떨어진 자동차가 길을 건너는 보행자 앞에 도달하는 데 6초 정도밖에 걸리지 않는다. 6초 동안 우리는 어느 정도 걸어서 이동할 수 있을까? 빠르면 10m 정도 걸어가는 데 그칠 것이다. 이는 차가 멀리서 오는 것처럼 느껴지더라도 그 차가 내 앞에 도달하는데 걸리는 시간은 불과 몇 걸음 옮기는 정도의 시간밖에 걸리지 않는다는 뜻이다.

따라서 진행하는 자동차의 속도를 정확히 지각하고 행동하는 것이 교통안전의 중요한 전제가 된다.

나. 자동차는 바로 정지할 수 없다

자동차가 정지하려면 제동거리가 필요한데, 제동거리란 브레이크가 듣기 시작해 차가 정지할 때까지 진행한 거리를 말한다.

주행 중인 차량을 정지시키려면 브레이크를 밟아 기계적 마찰력으로 자동차 바퀴를 멈추게 해야 한다. 이때 타이어와 노면 사이에 마찰 저항이 작용하면서 정지하게 되는데, 속도를 낸 상태에서 급제동을 하면 브레이크 작동으로 차바퀴가 멈춘 채 노면에 미끄러진다. 자동차를 정지시키려는 타이어와 노면의 마찰 저항보다 자동차가 달려나가는 운동에너지가 크기 때문이다.

이 때 운동에너지는 속도의 제곱에 비례해 커진다. 속도가 2배가 되면 운동에너지는 4배가 되고, 속도가 3배가 되면 운동 에너지는 9배가 된다. 이는 속도의 증가에 따라 자동차가 정지하기 위해서는 훨씬 더 많은 제동거리가 필요하다는 것을 뜻한다. 예를 들어 40km/h에서는 제동거리가 약 8m지만, 80km/h에서는 약 32m로 4배나 길어진다.

노면 상태도 제동거리에 영향을 미치는데, 빗길이나 빙판길에서는 타이어와 노면과의 마찰 저항이 작기 때문에 훨씬 더 긴 제동거리가 필요하다.

[표 5.4.1] 자동차의 제동거리와 정지거리

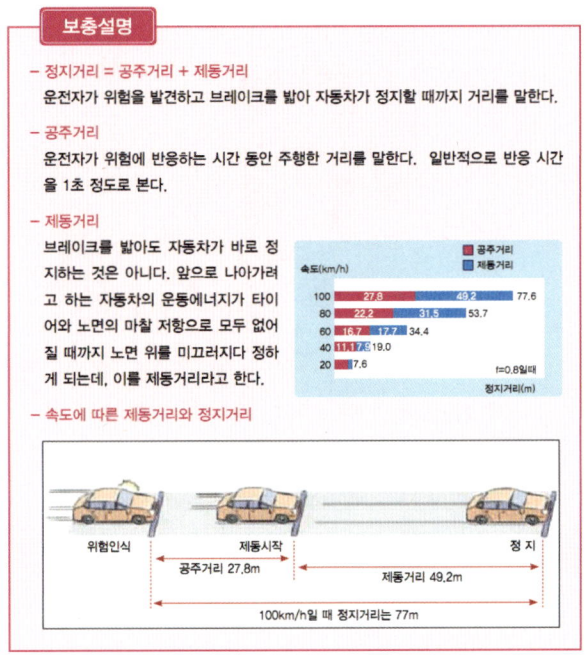

출처) 도로교통공단, 중학교 교사용 교통안전 길라잡이, 2016

다. 내륜차와 외륜차

자동차는 좌측이나 우측으로 회전하기 위해 핸들을 돌릴 때 뒷바퀴는 앞바퀴보다 안쪽으로 회전한다. 이때 안쪽의 앞바퀴와 뒷바퀴가 그리는 원호의 반지름 차이를 내륜차라고 하며, 핸들을 최대한 꺾었을 때 최댓값이 된다. 후진 선회할 때 바깥쪽 앞바퀴와 뒷바퀴가 그리는 원호의 반지름 차이를 외륜차라 말하며, 이것 역시 핸들을 최대한 꺾었을 때 최댓값이 된다.

내륜차와 외륜차는 차체가 긴 대형차일수록 커진다. 따라서 보행자는 교차로나 횡단보도에서 차도에 서있거나 길모퉁이에 서 있다가 자동차의 뒷바퀴에 사고를 당할 수 있음을 명심해야 한다. 또 후진하여 선회하는 차를 보았을 때도 차체 앞부분이 삐죽 튀어나오므로 주의해서 차체 주변에서 충분히 벗어나야 한다.

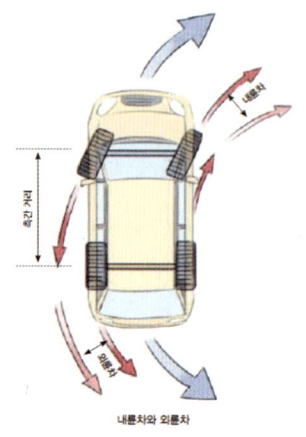

[그림 5.4.1] 자동차의 내륜차와 외륜차

출처) 도로교통공단, 중학교 교사용 교통안전 길라잡이, 2016

라. 충격력

자동차가 충돌 사고를 일으킬 때 차의 운동에너지는 상대방 차를 파괴하거나 튕겨내는 작용을 한다. 따라서 충돌 피해는 그 차의 운동에너지 크기에 따라 차이가 난다. 운동에너지는 자동차 속도의 제곱에 비례해 커지므로 속도가 빠를수록 충돌로 생기는 피해도 커진다.

자동차 사고는 충돌하는 순간의 충격이 클수록 인명 손상의 위험성이 높다. 따라서 교통사고 피해를 최소화하려면 자동차 승차자는 반드시 좌석 안전띠를 착용해야 한다.

마. 수막현상

도로 표면에 물이 고여 있을 때는 자동차 바퀴가 마치 수상스키를 타듯 노면에 뜬 상태에서 주행하게 되는데, 이를 수막현상이라고 한다.

수막현상이 발생해 타이어와 노면의 접촉이 완전히 없어지면 핸들이나 브레이크가 운전자 의도대로 작동하지 않으면서 운전자의 통제를 벗어나, 약간만 핸들을 조작하거나 브레이크를 밟아도 차체가 중심을 잃고 옆으로 미끄러지기 쉽다.

Children Traffic Safety

바. 전조등이 비추는 거리

야간에 도로를 주행할 때 반드시 전조등을 켜야 하는데, 전조등이 비추는 거리는 하향등 40m, 상향등은 100m 정도에 불과하다. 이는 야간에 운전자가 확인할 수 있는 거리로, 보행자는 멀리 보이는 자동차 불빛을 보고 자동차가 오고 있음을 확인할 수 있으나, 자동차 운전자는 전조등이 비추는 범위 밖에서 길을 건너고 있는 보행자를 확인하지 못하는 경우가 흔하다.

사. 사각지대

자동차 주위에는 운전자가 볼 수 없는 곳이 많다. 이를 사각지대라고 하는데, 사각지대는 자동차가 클수록 커진다. 만약 보행자나 자전거, 오토바이 등이 자동차의 사각지대 안에 위치한다면 자동차 운전자는 차량 주변에 아무도 없는 것으로 생각하고 행동할 가능성이 높아진다.

따라서 모든 교통 참가자는 자동차 사각지대의 위치를 정확히 이해하고, 가급적 사각지대 안에 위치하지 않도록 노력해야 한다.

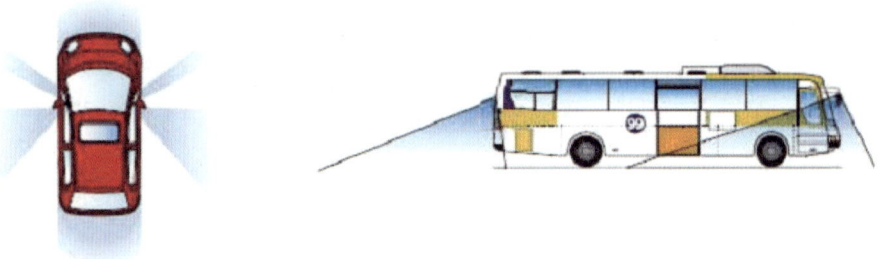

[그림 5.4.2] **자동차의 사각지대**

출처) 도로교통공단, 중학교 교사용 교통안전 길라잡이, 2016

2. 교통행동의 기초

가. 교통행동 과정

운전자나 보행자의 교통행동은 확인, 예측, 결정, 실행이라는 4단계 과정을 반복한다. 먼저 주변의 교통상황을 살펴보고, 위험에 대한 단서를 찾는 확인 과정, 확인한 정보가 다음 순간 어떻게 변할 것인지, 나의 안전에 어떤 영향을 줄 것인가 등을 생각해보는 예측 과정, 예측되는 상황에서 내가 어떻게 행동을 해야 나의 욕구를 충족시키면서도 안전할 것인가 등을 생각하는 결정과정, 마지막으로 결정한 것을 행동으로 옮기는 실행 과정이 있다.

이러한 4단계 교통행동 과정에서 위험에 대한 예측과 행동의 결정 과정은 판단 과정으로 묶어서 설명할 수도 있다.

이러한 교통행동 과정 중 어느 단계에서 실수가 있거나 과정을 생략할 때 불안전한 행동으로 이어지면서 사고의 위험성이 높아진다. 특히 행위자가 한 가지 생각에 몰두해 있거나 주의가 한곳에 집중되어 있을 때, 또는 급하게 서두를 때 교통행동 과정에서 실수나 생략 가능성이 높아진다.

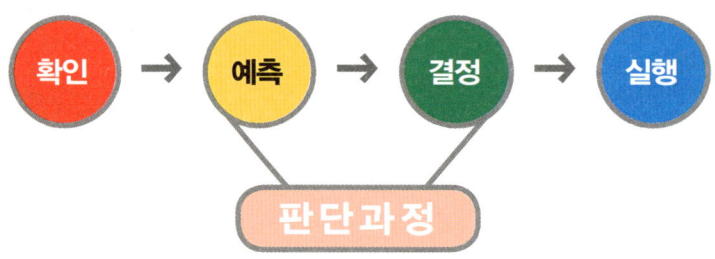

[그림 5.4.3] 4단계 교통행정 과정

출처) 도로교통공단, 중학교 교사용 교통안전 길라잡이, 2016

나. 교통행동의 기본원칙

보행자가 교통사고를 당하지 않도록 안전하게 행동하기 위한 교통행동의 기본원칙을 제시하면

Children Traffic Safety

다음과 같다.

① 예측 가능한 행동을 한다

교통행동의 기본 원칙은 예측 가능성이다. 예측 가능한 행동이란, 정해진 약속과 규칙에 따르는 행동은 물론 다른 교통 참가자의 기대와 예측 범위에서 행동하는 것을 뜻한다. 그러기 위해서는 교통규칙을 알고 운전자 및 보행자의 심리, 행동 특성을 정확히 이해하고 있어야 한다.

② 현재가 아닌 미래 어느 시점까지 상황 변화의 가능성을 판단한다

보행자는 눈앞의 현재가 아닌 미래 어느 시점까지 상황 변화의 가능성을 판단할 수 있어야 한다. 항상 모든 상황을 끝까지 관찰하고 확인한 후 행동으로 옮기는 것이 중요하다.

③ 노출된 행동을 한다

보행자는 자신의 눈에 보이지 않으면 위험이 없는 것으로 생각하고 행동하는 경향이 있다. 교통사고는 어느 한쪽이 다른 쪽을 보지 못해 발생하는 경우가 많은데, 이는 운전자의 부주의와 운전자가 쉽게 확인할 수 없는 행동을 하는 교통 참가자에게 문제가 있다. 항상 다른 교통 참가자의 눈에 쉽게 보일 수 있게 행동해야 한다.

교통 참가자는 항상 내가 어느 지점에 위치해야 할 것인가를 염두에 두고 행동해야 한다. 이때 위치 선택의 기준 중 하나는 사각지대를 피하는 것이다. 사각지대는 자동차 자체에서 비롯되는 경우와 도로의 가로수나 건물 또는 지형지물 등에 의한 경우로 나눌 수 있다.

또 도로를 주행하다 보면 가장자리에 주·정차 되어있는 차량이 많이 있다. 대개 도로의 일정부분을 차지하면서 운전자의 시야를 방해한다. 그런데 이런 주·정차 차량 사이에서 갑자기 보행자나 자전거가 튀어나온다면 진행하는 운전자는 전혀 예상하지 못한 상황에서 대처를 못하게 된다.

따라서 항상 내가 도로의 어느 지점에서 행동을 할 때, 다른 운전자나 보행자의 눈에 쉽게 확인될 수 있는지 장소를 선택해 행동을 하고 차량을 위치시키는 것이 중요하다.

야간에는 사각지대가 더 많이 존재한다. 대개 가로등이 없으면 자동차의 전조등에 의존해 교통상황을 확인한다. 그런데 전조등은 일정 공간만 비추기 때문에 전조등이 비추는 범위 밖의 보행자나 차량의 모습은 잘 보이지 않는다. 따라서 가급적 밝은 곳에서 행동하는 것이 안전하다.

3. 교통참가자의 자세

교통에 참가하는 모든 운전자와 보행자의 기본적인 자세는 다음과 같다.

① 인명 보호

사람의 생명은 그 무엇과도 바꿀 수 없는 소중한 것이다. 따라서 모든 교통 참가자는 자신의 행동을 결정하고 행하기 전에 '나와 다른 사람에게 안전한가?'라는 물음을 던져보아야 한다.

② 도로 교통법규 준수

교통사고는 단독 사고로도 발생하지만 대개 관계의 형태로 발생한다. 관계의 형태라는 것은 차와 차 관계의 사고, 차와 보행자 관계의 사고 등을 의미한다. 이러한 사고는 기본적으로 어느 한쪽 또는 양쪽 모두 교통법규를 위반해 발생하게 마련이다.

교통법규를 위반한다는 것은 상대방이 예측할 수 없는 행동을 한다는 것을 의미하며, 이것이 사고로 이어지게 되는 주요인이다.

결국 우리가 법을 준수해야 하는 이유는 다른 교통 참가자가 예측할 수 있는 범위 안에서 행동함으로써 나의 행동이 다른 교통 참가자에게 보호받을 수 있기 때문이다.

③ 자율적인 행동

자율적인 교통행동이란 스스로의 판단에 의해 행동하는 것을 뜻한다.

예를 들어, 늦은 시간 횡단하는 보행자가 없는 횡단보도 앞에서 다른 차량은 신호를 무시하고 진행하는 데도, 어느 승용차 운전자가 신호가 바뀔 때까지 정지선 앞에서 신호를 대기하고 있다면 이 운전자는 자율적인 사람이다.

주변 사람이 횡단보도 신호를 무시하고 횡단해도 끝까지 신호를 기다렸다가 횡단하는 보행자의 행동 역시 자율적인 행동이라고 할 수 있다.

4. 보행 행동

가. 사고의 원인이 되는 보행행동

도로를 통행하는 보행자가 저지르는 가장 큰 잘못은 횡단할 수 없는 곳에서나 또는 운전자가 예측할 수 없는 상황에서 도로를 횡단하는 것이다. 교통사고의 위험이 클 뿐 아니라 일단 사고가 발생하면 보행자가 법적인 보호를 받지 못하고 사고 발생에 대한 책임도 커지게 된다.

사고의 원인이 되는 보행행동에는 다음과 같은 종류가 있다.

① 무단횡단 : 횡단이 금지된 곳 또는 횡단보도가 아닌 곳에서 무리하게 횡단하거나 육교 또는 지하도를 이용하지 않고 횡단하는 것이다. 특히 가까운 곳에 횡단보도나 육교, 지하도가 있다면 무단횡단은 곧바로 사고로 이어질 수 있다.

② 도로횡단을 위해 갑자기 차도로 뛰어드는 경우

③ 주정차 차량 등 도로에 있는 장애물 앞으로 횡단

④ 보행신호가 깜박이고 있거나 이미 끝난 상태에서 횡단

⑤ 도로에서 놀거나 탈것을 타는 경우 : 자동차 사이에서 놀거나 인라인스케이트 또는 킥보드 타기

나. 바람직한 보행행동

보행자 교통사고를 예방하기 위한 바람직한 보행행동의 예를 들면 다음과 같다.

① 차도와 보도가 구분된 도로에서는 보도로 통행하고, 이때 가급적 차도에서 멀리 떨어져 보도

　　안쪽으로 통행해야 안전하다.
② 차도와 보도가 구분되지 않은 도로에서는 길 가장자리 구역으로 통행해야 하는데, 안쪽통행이 안전하다.
③ 특히 커브 길에서는 운전자가 확인할 수 있는 거리가 짧고, 보행자 또한 차량의 움직임을 발견하기 어렵기 때문에 사고 위험이 크다. 따라서 커브 진입 전 차량의 진행 여부를 확인해 차량이 진행해 오고 있다면 잠시 기다렸다가 통행하는 것이 안전하다.
④ 보행자는 길을 걷다 갑자기 차도로 내려온다든가, 도로 횡단 중 갑자기 멈추거나 되돌아 나오는 등 돌발 행동을 하지 않아야한다.
⑤ 겨울철에는 그늘진 곳을 지나갈 때 조심해야 한다. 길가의 건물 때문에 그늘진 곳은 노면의 결빙 가능성이 높다. 결빙 노면을 확인하지 못하고 보행 중 미끄러지면서 차도로 넘어지는 경우에도 차량에 부딪혀 사고가 날 확률이 높다.
⑥ 야간 보행 시에는 가급적 밝은 색 계통의 옷을 입는 것이 안전하다.

5. 안전하게 자전거 타기

가. 교통수단으로서의 자전거

　자전거는 작기 때문에 운전자 눈에 잘 보이지 않을 뿐 아니라 속도가 느리기 때문에 많은 자동차가 자전거만 보면 앞지르려고 한다. 자전거는 불안정하기 때문에 조금만 충격을 받아도 중심을 잃고 넘어지기 쉽다. 대형차가 지나가는 순간 바람에도 넘어질 수 있고, 운전자가 노출되어 있기 때문에 일단 사고가 나면 인명 피해가 클 수밖에 없다. 자전거 자체의 이러한 특성 때문에 자전거는 자동차와 함께 움직인다는 것 자체가 상당히 위험하다.
　따라서 자전거를 교통수단으로 이용할 때는 자전거전용도로를 이용하는 것이 가장 안전하며, 부득이 일반도로를 이용할 경우 도로 폭이 좁고 자동차의 통행이 많지 않은 도로에서 짧은 거리를 이

Children Traffic Safety

동할 때에만 사용한다.

자전거를 교통수단으로 안전하게 이용하기 위해 자전거 운전자는 도로상에서 지켜야 하는 제반 규칙을 준수해야 하는 것은 물론 자전거의 특성을 정확히 이해하고 안전하게 타는 습관을 지녀야 한다. 특히, 자동차나 보행자의 관계 속에서 위험 요인을 사전에 인식해 대처하는 행동이 필요하다.

나. 자전거 타기 전 준비 사항

(1) 올바른 자전거 선택

자전거는 운전자의 몸에 적합한 것을 선택해야 한다. 자전거가 크면 다루기가 힘들어 페달을 밟기 어렵고, 발이 땅에 닿지 않아 사고의 원인이 될 수 있다. 반대로 작으면 제대로 앉기가 거북하고 핸들과 무릎이 맞닿아 방향 조작이 불편하기 때문에 사고를 낼 수도 있다.

따라서 자전거는 안장에 앉았을 때 발끝이 땅에 닿아야 몸에 맞는 자전거이므로 반드시 자기 체형에 맞는 것을 선택해야 한다.

(2) 자전거 타기에 적당한 복장

자전거 타기에 적당한 복장은 다음과 같다.

- 의복은 몸에 맞는 것이 좋다. 너무 큰 바지나 긴 바지·치마·긴 목도리 등은 체인에 끼일 수 있어 위험하므로 피한다. 넓은 바짓부리는 여미어 양말 속에 집어넣어야 체인에 끼지 않는다.
- 안전모를 착용하는 것은 물론 무릎 보호대도 갖춘다. 또 벗겨지기 쉬운 슬리퍼나 끈이 늘어진 신발을 신고 타면 위험하다.
- 야간의 복장은 운전자 눈에 잘 보일 수 있도록 밝은색 옷을 입는 것이 좋다.

(3) 자전거의 안전 점검

자전거를 타기 전에 모든 장치의 고장 여부를 확인해야 한다. 자전거 점검은 자전거의 성능 유지와 고장을 사전에 방지하기 위한 것으로 안전하게 이용할 수 있는 기초가 된다. 따라서 반드시 기기

부품을 잘 관리하고 수시로 점검해야한다.

① 핸들(손잡이)

핸들이 움직이지 않고 고정되어 있는지 확인하고, 좌우로 전환이 잘 되는지 앉아서 조작해본다. 핸들의 높이는 안장보다 약간 높은 편이 좋다. 손잡이가 닳아 헐거우면 빠질 우려가 있으므로 새것으로 교체한다. 또 앞 포크가 휘어졌는지 잘 살핀다.

② 경음기

보통 벨이나 버저를 경음기로 사용한다. 경음기를 울릴 때는 요란하거나 타인에게 불쾌감을 주지 않아야 하며, 소리가 30m 밖에서도 들려야 한다.

③ 브레이크

브레이크는 앞뒤 바퀴에 정상적으로 작동하는지 확인한다. 브레이크 고무가 닳았는지 살펴보고, 브레이크선도 단단하게 고정되었는지 확인한다. 너무 급하게 제동이 걸리거나 느리게 걸려도 좋지 않다. 부드러우면서 정확하게 작동해야 하는데, 10km/h로 달리다 브레이크를 잡았을 때 3m 이내로 정지할 수 있어야 한다.

④ 바퀴(타이어, 바퀴살)

공기의 압력이 적당한지 눌러본다. 타이어의 공기압은 엄지손가락이 안 들어갈 정도가 적당하다. 공기압이 크면 자전거를 탈 때 차체가 튀거나 펑크가 잘 나고, 적으면 바퀴가 잘 구르지 않아 페달에 힘이 많이 들어간다. 자전거를 탔을 때 타이어 접지면의 길이가 10cm 정도면 무난하다. 또 바퀴의 안정성을 위해 허브 너트가 제대로 조여 있어야 한다. 바퀴살이 부러졌으면 갈아 끼워야 하며 흔들릴 때는 니플을 조인다.

⑤ 체인

체인이 너무 느슨하지 않은지 확인한다. 체인은 앞뒤 기어에 제대로 걸려 있어야 하고, 늘어져서는 안 되며 기름칠도 해야 한다.

⑥ 안장

안장이 제 위치에 있어야 핸들 조종이 무난하고 페달 밟기와 승차감이 좋다. 하나라도 불편한 것이 있으면 다시 조정한다. 특히 안장에 앉으면 발이 땅에 닿아야 한다. 그리고 초보자일수록 안장을 다소 낮추는 것이 몸의 균형을 잡는 데 편리하다.

⑦ 전조등과 반사재

전조등의 상태가 양호한지 확인한다. 전조등의 밝기는 10m 전방까지 잘 보여야 한다. 자전거 뒷면의 반사재는 50m 뒤에서도 잘 보이도록 깨끗이 닦아놓아야 하며, 앞뒤 바퀴살과 페달에도 반사재를 붙이면 좌우에서도 잘 볼 수 있어 안전하다.

[그림 5.4.4] 자전거 각 부분의 명칭

출처) 도로교통공단, 중학교 교사용 교통안전 길라잡이, 2016

(4) 자전거 운전자의 마음 자세

자전거를 도로에서 교통수단으로 이용할 때는 특히 안전에 무엇보다 신경 써야 한다. 자전거는 자동차에 비해 불안정하고 차체가 작아 자동차 운전자의 눈에 잘 보이지 않을 뿐 아니라 운전자가 노출되어 있어 사고발생 시 피해가 크다.

따라서 자전거를 타는 사람은 자동차를 만나면 항상 '먼저 양보한다'는 자세를 지녀야 하며, 특히 교통법규를 철저히 준수하려는 마음가짐이 중요하다.

- 무엇보다 자신과 타인의 안전을 위해 노력한다.
- 교통법규를 준수해야 한다.
- 항상 여유 있는 마음가짐을 지녀야 한다.
- 교통 약자인 보행자를 먼저 생각하고 보호한다.
- 수시로 자전거를 점검해 최상의 상태로 유지한다.

다. 자전거 운전 시 지켜야 할 규칙

(1) 어디에서 타야 안전한가

최근에 자전거는 레저수단으로뿐만 아니라 생활 교통수단으로서 많이 이용되고 있다.

그러나 우리나라는 자전거전용도로가 부족한 실정이라 자동차와 함께 도로를 이용할 수밖에 없다. 이와 같은 현실에서 안전하게 자전거를 타기 위해서는 어떠한 도로를 선택해야 하는지, 도로에서 지켜야 할 규칙에는 어떤 것이 있는지 정확히 알아야 한다.

(2) 도로 관련 규칙

자전거도로가 설치된 도로에서는 반드시 자전거도로로 통행해야 한다.

- 차도와 보도의 구분이 없고, 자전거전용도로가 없는 도로에서는 오른쪽 가장자리를 이용한다.
- 진입금지 표지(자전거 진입 금지)가 있는 도로에서는 자전거가 진입해서는 안 되며, 자전거의 통행이 제한된 고가도로, 자동차전용도로에서는 자전거를 이용해서는 안된다.

- 보도는 보행자 공간이므로 보도를 통행할 때는 반드시 자전거에서 내려 끌고 가야 한다.
- 횡단보도로 횡단할 때는 반드시 자전거에서 내려서 끌고 가야 한다.

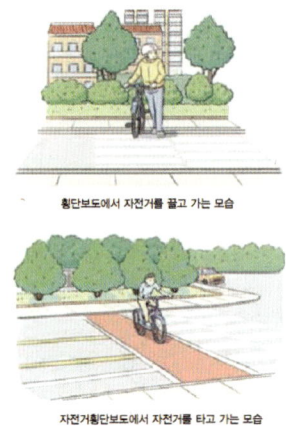

[그림 5.4.5] 횡단보도에서 올바른 자전거 이용 방법

출처) 도로교통공단, 중학교 교사용 교통안전 길라잡이, 2016

(3) 신호 관련 규칙

- 자전거를 타고 갈 때 차량 신호등을 따른다.
- 경찰관의 수신호와 차량 신호등이 일치하지 않으면 경찰관의 수신호를 따른다.
- 자전거를 끌고 갈 때는 보행자 신호를 따른다.
- 횡단보도 측면에 설치된 자전거횡단도를 이용하면서 별도의 자전거 신호가 없으면 횡단보도 보행자 신호를 따른다.

(4) 기타 안전 규칙

- 두 손을 놓고 또는 한 손만으로 핸들을 잡고 주행을 해서는 안 된다.
- 밤길 도로를 주행할 때는 반드시 자전거의 등을 켜야 한다. 자전거에 등이 없다면 야간에 도로를 주행해서는 안 된다.

- 철길건널목 앞에서는 일단 정지하고 안전을 확인한 후에 진행해야 한다.
- 집단으로 주행할 때는 옆으로 나란히 진행하지 말고 반드시 한 줄로 진행해야 한다.
- 지그재그로 운전하는 등 진로를 함부로 변경하지 말고 도로를 곧게 진행해야 한다(자전거는 속도가 느리기 때문에 앞지르려는 차가 있을 수 있다).
- 보행자의 통행을 방해하지 않는 속도와 방법으로 진행해야 한다.

라. 안전하게 자전거 타기

(1) 출발할 때 유의할 점

자동차 운전자는 일반적으로 자전거에 무신경하다. 따라서 자전거 운전자는 자동차가 오고 있는데도 '자동차 운전자가 양보해줄 것이다'라는 생각에 섣불리 행동해서는 안 된다. 자전거를 출발할 때 반드시 차량흐름이 끊어진 상황에서 충분한 공간과 시간적 여유를 두고 출발해야 한다.

- 출발하기 전 모든 자동차나 오토바이 등이 지나가기를 기다린다.
- 차가 오고 있는데도 차량이 양보할 것이라고 생각해 자동차 앞으로 나오면 안 된다(자동차 운전자는 자전거가 양보할 것이라고 생각한다).
- 주변의 보행자나 차량 운전자가 알 수 있도록 서서히 출발한다.
- 주변에 세워둔 차량 때문에 진행해 오는 차량이 보이지 않을 때는 자전거를 끌고 시야가 트인 지점까지 나와서 자전거를 타고 출발한다.
- 커브길이나 길모퉁이에서 자전거를 타고 곧장 도로로 나오면 차량 운전자가 자전거를 늦게 발견해 대처하기 어렵다. 따라서 커브길이나 모퉁이에서 멀어질 때까지 충분히 끌고 가다가 도로로 나오는 것이 안전하다.

(2) 정지할 때 유의할 점

자전거를 타고 가다가 갑자기 정지하면 뒤따르던 차량에 부딪힐 위험성이 높다. 따라서 자전거를 정지할 때는 다음 사항을 지켜야 한다.

Children Traffic Safety

① **정지하기 좋은 장소를 선택한다.**

자전거 정지가 허용된 장소인지, 자동차나 보행자 등 다른 교통 참가자에게 방해가 되지 않는지 등을 생각해야 한다. 특히 세워둔 차량 주변에 정지할 경우 차가 출발하거나 후진하면서 자전거를 보지 못하고 사고로 이어질 수 있기 때문에 피하는 것이 좋다.

또 출발을 염두에 두고 정지할 지점을 선택해야 하는데, 차량이 많이 주차된 곳은 나중에 출발할 때 교통상황을 확인하기 어렵고 진행해 오는 차량 운전자도 자전거를 발견하기 어렵기 때문에 가급적 피하는 것이 좋다.

② **뒤를 본다**

정지하고자 할 때는 뒤에서 바짝 따라오는 차량이 있는지 반드시 확인한다. 이때 고개를 돌려 눈으로 직접 확인하는 것이 좋다. 만약 자동차가 바로 뒤에 있으면 좀 더 자전거를 타고 가면서 정지할 장소를 찾는 것이 안전하다.

③ **정지한다**

앞차의 운전자가 백미러를 통해 자전거를 볼 수 있는 위치에 정지해야 하기 때문에 앞차에 너무 바짝 붙어 정지하지 않아야 한다. 정지할 때는 양쪽 브레이크를 모두 사용한다. 그러나 앞브레이크보다 뒷브레이크를 먼저 사용해야 하며, 결빙 도로나 서리가 내린 도로에서는 브레이크를 부드럽게 사용해야 미끄러지는 것을 예방할 수 있다. 이 때 두 발은 정지할 때까지 페달에서 떼지 않는 것이 좋다.

(3) 자전거 탈 때 유의할 점

자전거를 타고 주행할 때 유의해야 할 점을 정리하면 다음과 같다.

- 도로에서 넘어지면 자칫 큰 사고가 날 수 있으므로 넘어지지 않도록 운전하는 데 신경을 써야 한다.

- 운전은 항상 앞을 보는 자세로 5~10m 전방을 주시하는 것이 좋다. 그래야 장애물이 나타나도 시간적 여유가 생겨 충돌을 피할 수 있다.
- 자동차를 바로 뒤따르다 보면 앞차의 급제동을 피하지 못하고 추돌 사고가 일어날 위험이 있다. 따라서 앞차와 안전거리를 평지에서는 4m, 내리막길에서는 10~18m 정도 유지한다.
- 우 합류 도로가 있는 곳을 지날 때는 우측 도로로 진입하려는 차가 있는지, 우측 도로에서 나오려는 차가 있는지 살펴야 한다.
- 버스가 정류장에 멈춰 있을 때는 앞지르지 말고 일단 멈춰 서서 버스가 출발할 때까지 기다린다.
- 트럭이나 버스 같은 대형차가 옆으로 지나갈 때 생기는 바람 때문에 넘어질 수 있으므로 자전거에서 내려 차가 지나가기를 기다린다. 방향을 바꾸고자 할 때는 뒤쪽 공간을 확인해야 한다.
- 폭이 좁은 도로에서 차가 다가오면 자전거를 탄 채 피하지 말고 일단 자전거에서 내려 차가 지나갈 때까지 기다리는 것이 안전하다. 특히 차가 뒤쪽에서 올 때 더욱 위험하다. 차량의 움직임을 확인할 수 없고, 차를 피하려다 자칫 균형을 잃고 넘어지면 사고로 이어질 수 있기 때문이다.
- 건널목에서는 반드시 일단정지 후 좌우를 살펴보고 안전이 확인되면 자전거를 끌고 건넌다. 또 열차가 지나갔다고 바로 건너지 않는다. 반대 방향에서도 열차가 올 수 있으므로 좌우를 한 번 더 확인한 후 건너는 것이 안전하다.
- 언덕길을 내려갈 때는 페달에 의존하기보다 바퀴 스스로 내려가게 하는 것이 좋으며, 브레이크를 자주 사용하는 것이 좋다. 앞브레이크보다는 뒷브레이크를 약간 먼저 사용한다.
- 심한 커브 길을 돌아 나갈 때는 자전거에서 내려 길가장자리로 끌고 가다가 커브에서 상당히 (50m 이상) 벗어났을 때 자전거를 타고 가는 것이 안전하다.

마. 야간에 자전거 타기

자전거는 차체가 작기 때문에 운전자의 눈에 쉽게 띄지 않는다. 특히 야간에는 음주나 졸음 운전자가 많고, 자동차 운전자의 가시거리가 짧을 뿐 아니라 주변의 차량 불빛 때문에 증발현상(불빛에

Children Traffic Safety

눈이 부셔 물체가 증발한 듯이 보이지 않는 현상)이 나타나 자전거를 발견하기가 어렵다. 또 자전거 운전자가 수신호를 해도 주변의 운전자나 보행자 눈에 확인되지 않는다.

그러므로 야간에는 가급적 자전거 운행을 하지 않는 것이 바람직하며, 전조등과 반사재가 없는 자전거는 절대로 타서는 안 된다. 야간에는 반드시 다음과 같은 안전 수칙을 준수해야 한다.

- 앞에서 오는 자동차의 전조등 불빛으로 눈이 부실 때는 도로 오른쪽 가장자리에 정지하고, 그 차가 지나갈 때까지 기다린다.
- 야간에는 자전거를 발견하기 어렵기 때문에 자전거 후면에 반드시 반사재를 부착한 상태로 주행한다. 해가 진 후부터 뜨기 전까지 반드시 전조등을 켜야 한다.

제6장
어린이 교통안전 규제 강화

제1절 어린이 보호의 근거 및 권리

제2절 어린이 교통안전을 위한 법·제도

제3절 어린이 교통안전 규제의 성과

제6장
어린이 교통안전 규제 강화

제1절 어린이 보호의 근거 및 권리

1. 어린이 보호의 이념

어린이는 언제 어디서든지 자유스럽게 걷거나 뛰어 놀 수 있고, 어른들은 어떤 형태의 교통수단을 이용하든 어린이를 보호할 의무가 있다.

우리나라의 「헌법」 제10조는 "모든 국민은 인간으로서의 존엄과 가치를 가지며, 행복을 추구할 권리를 가진다."라고 규정하고 있다. 일반적으로 행복추구권은 행동자유권과 인격의 자유발현권 및 생존권 등을 뜻한다. 따라서 먹고 싶을 때 먹고, 놀고 싶을 때 놀며, 자기 멋에 살고, 멋대로 옷을 입어 몸을 단장하는 등의 자유가 포함되며, 자기설계에 따라 인생을 살아가고, 자기가 추구하는 행복의 개념에 따라 생활함을 말한다.

또한 환경권과 인간다운 주거공간에서 살 권리도 포함된다. 행복추구권의 향유자(享有者)는 어린이를 포함한 자연인이다. 헌법상 행복추구권은 단순한 프로그램적 규정이 아니라 국가가 이를 보장

할 의무를 지고 있다. 따라서 모든 국가기관은 물론, 어떠한 개인도 타인의 행복추구권을 침해하지 못한다.

또한 헌법 제34조제1항에 규정된 인간다운 생활을 할 권리는 입법을 통하여 구체적으로 보장하고 있다. 헌법이 제34조에서 여자(제3항), 노인·청소년(제4항), 신체장애자(제5항) 등 특정 사회적 약자의 보호를 명시적으로 규정한 것은, 교통약자의 경우에는 개인 스스로가 자유행사의 실질적 조건을 갖추는 데 어려움이 많으므로, 국가가 특히 이들에 대하여 자유를 실질적으로 행사할 수 있는 조건을 형성하고 유지해야 한다는 점을 강조하고 있다.

교통이용자로서 어린이에게 행복추구권과 인간다운 생활을 할 권리를 부여하고 있기 때문에 법률에서 이를 구체적으로 보장하고 어른들은 교통이용자인 어린이를 보호할 의무를 가진다.

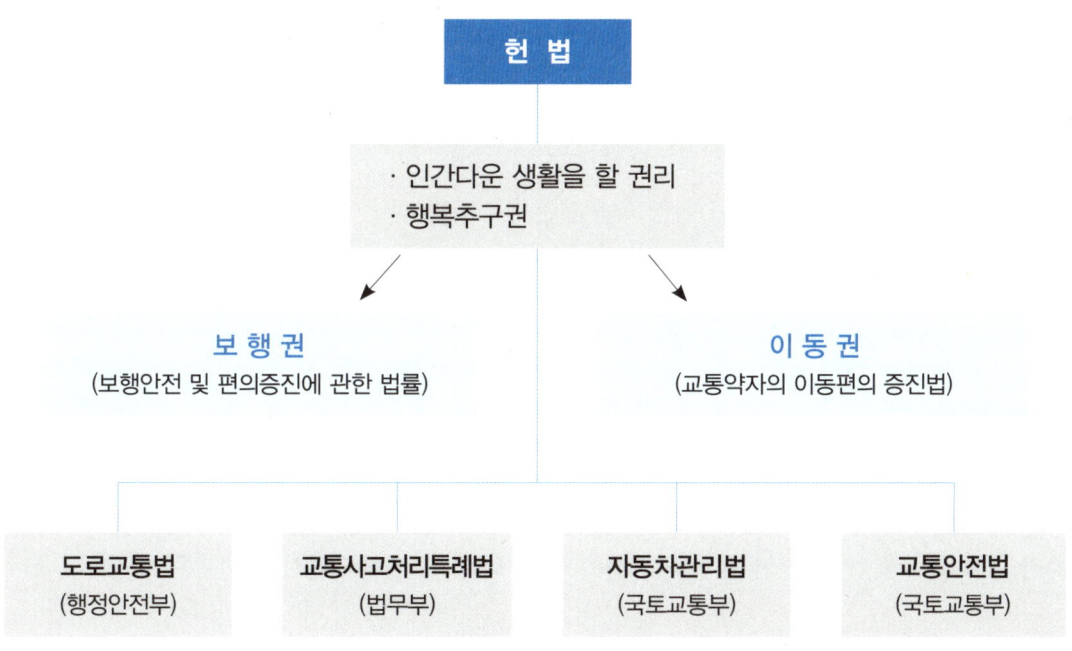

[그림 6.1.1] 어린이 보호의 이념과 관련 법규

자료: 「Korea's 95% Reduction in Child Traffic Fatalities」, 어린이 교통안전 규제 편(강동수)

이와 같이 어린이를 보호하기 위한 각종 법률과 규제는 지금까지 계속하여 강화되어 왔다. 「교통약자의 이동편의 증진법」과 「보행안전 및 편의증진에 관한 법률」의 제정을 통해 어린이의 보행권과 이동권 개념이 확립되었고, 「도로교통법」과 「교통사고처리특례법」의 개정을 통해 형사처벌과 행정처분이 강화되어 어린이 안전은 훨씬 더 보장되었다.

보행자의 보행권과 이동권은 주로 보행이라는 교통수단을 이용하는 어린이를 중심으로 발전하고 있다. 보행자란 자동차 운전자 및 자동차에 승차한 사람을 제외한 모든 사람을 말한다. 즉 보행 여부, 도로 횡단 여부에 관계없는 포괄적인 개념이다. 「교통사고처리특례법」상 횡단보도 보행자 보호의무 및 보도침범·보도통행방법위반을 적용할 때 보호대상자인 보행자보다 넓은 개념이다. 따라서 어린이가 교통수단을 이용하지 아니하고 걷거나 서있거나, 보도·횡단보도 외의 보행공간에 위치하고 있더라도 보호대상이 된다.

우리나라의 법·제도는 다른 어떤 교통이용자보다 어린이를 보호하고 교통안전을 확보하는데 우선적으로 대처해 왔다. 그 결과 1988년 1,766명이었던 어린이 교통사고 사망자수는 2017년에 54명으로 97% 줄어드는 놀라운 성과를 거두었다.

이 장에서는 어린이 교통안전 규제 강화에 관한 우리나라 법·제도의 전반적인 내용과 그 성과는 무엇인지 살펴본다.

2. 보행권

일반적으로 보행자의 보행은 권리라는 인식보다는 이동의 욕구 정도로 인식하고 있는 경우가 많았지만, 2012년 2월 「보행안전 및 편의증진에 관한 법률」이 제정되면서 보행권은 법적으로 확립되었다.

이 법에는 보행권에 대한 별도의 정의는 되어 있지 않지만, 동 법 제3조(보행권의 보장)에서 보행권을 '국민이 쾌적한 보행환경에서 안전하고 편리하게 보행할 권리'라고 규정하고 있다.

[표 6.1.1] 보행권의 개념

보행안전 및 편의증진에 관한 법률 제3조(보행권의 보장)
① 국가와 지방자치단체는 이 법 또는 다른 법률에서 정하는 바에 따라 공공의 안전 보장, 질서 유지 및 복리 증진을 저해하지 아니하는 범위에서 국민이 쾌적한 보행환경에서 안전하고 편리하게 보행할 권리를 최대한 보장하고 진흥하여야 한다.

이 법에 따라 국가와 지방자치단체는 공공의 안전 보장, 질서 유지 및 복리 증진을 저해하지 아니하는 범위에서 국민이 쾌적한 보행환경에서 안전하고 편리하게 보행할 권리를 최대한 보장하고 진흥하여야 할 의무를 지게 되었다.

이 법에서 보행권을 보장하고 증진하기 위해 네 가지 기본원칙에 따라 정책을 추진하도록 하고 있다.

첫째, 시설물의 설치, 차량의 소통 등 보행여건에 영향을 미치는 각종 제도 및 사업 등으로 인하여 보행자의 생명과 신체에 위험과 피해를 초래할 우려가 있는 때에는 해당 제도 및 사업 등에 따른 편익보다 보행자의 안전을 우선하여야 한다.

둘째, 특별한 사정이 없는 한 도로의 폭, 차량 및 보행자의 통행량 등이 유사한 지역 간에는 보행 여건의 격차가 심각하게 발생하지 아니하도록 하여야 한다.

셋째, 보행정책의 수립·추진은 보행자의 안전과 목표지점에의 접근의 편리성과 함께 삶의 공간으로서의 쾌적성 및 미관성을 동시에 고려하여야 한다.

넷째, 보행권의 증진 및 보행환경 개선사업을 추진하는 기관 간에 유기적 협조체제를 구축하여 안전한 보행환경이 체계적·합리적으로 조성·정비·관리될 수 있도록 하여 인간다운 생활을 할 권리를 보장하고 있다.

이러한 보행권은 이 법이 제정되기 이전부터 일부 지방자치단체에서 조례로 규정하고 있었다. 조례가 보행권 침해에 대한 권리구제의 근거는 될 수 없지만 지자체 스스로 보행환경개선계획을 수립하고 보행권을 확보하기 위한 보행환경을 조성하고 있다는 측면에서 의의가 있다.

3. 이동권

「교통약자의 이동편의 증진법」 제3조에서 교통약자는 인간으로서의 존엄과 가치 및 행복을 추구할 권리를 보장받기 위하여 모든 교통수단, 여객시설 및 도로를 차별없이 안전하고 편리하게 이용하여 이동할 수 있는 권리를 가진다고 규정하여 이동권을 선언하고 있다.

따라서 이 법의 규정에 따라 이동권이란 '모든 교통수단, 여객시설 및 도로를 차별 없이 안전하고 편리하게 이용하여 이동할 수 있는 권리'라고 정의할 수 있다.

[표 6.1.2] 이동권의 개념

교통약자의 이동편의 증진법 제3조(이동권)
교통약자는 인간으로서의 존엄과 가치 및 행복을 추구할 권리를 보장받기 위하여 교통약자가 아닌 사람들이 이용하는 모든 교통수단, 여객시설 및 도로를 차별 없이 안전하고 편리하게 이용하여 이동할 수 있는 권리를 가진다.

이 법에서 교통약자란 장애인, 고령자, 임산부, 영유아를 동반한 사람, 어린이 등 일상생활에서 이동에 불편을 느끼는 사람을 말한다.

이 법에 따라 정부(국토교통부)와 지자체는 교통약자를 위한 이동편의시설을 설치하고, 교통약자의 노선버스와 도시철도에 대한 자유로운 이용을 보장해야 한다. 또한 저상버스 등 특별교통수단을 확보하고 운행해야 하며, 교통약자가 편리하게 교통이용정보를 활용할 수 있도록 제공하여야 한다. 이러한 측면에서 이 법은 교통약자의 이동편의에 무게를 두었다는 점에서 헌법상 기본권인 행복추구권(제10조)을 두텁게 보호하겠다는 정책적 의지가 담겨져 있다.

제2절 어린이 교통안전을 위한 법·제도

1. 도로교통법

우리나라 「도로교통법」 제11조에는 교통약자로서 어린이가 자동차 등 교통수단과 시설로부터 보호받을 권리를 보장하기 위해 그 보호자와 경찰공무원의 의무를 따로 규정하고 있다. 즉, 어린이의 보호자는 교통이 빈번한 도로에서 어린이를 놀게 하여서는 아니 되며, 보호자는 교통이 빈번한 도로에서 유아가 혼자 보행하게 하여서는 아니 된다(본서 제3장 참조).

또한 어린이의 보호자는 도로에서 어린이가 자전거를 타거나 위험성이 큰 움직이는 놀이기구를 타는 경우에는 어린이의 안전을 위하여 인명보호 장구(裝具)를 착용하도록 규정하고 있다.

경찰공무원도 교통이 빈번한 도로에서 놀고 있는 어린이나 보호자 없이 도로를 보행하는 유아를 발견한 경우에는 그들의 안전을 위하여 적절한 조치를 할 의무가 있다.

또한, 어린이보호구역에서는 최고 운행속도를 30km/시로 제한하고 있으며 이를 위반 시에는 모두 4단계로 나누어 처분하고 있다. 즉, 60km/시 초과, 40~60km/시, 20~40km/시, 20km/시 이하로 각각 구분하여 제한속도를 위반한 경우 승용자동차 기준 최저 6만원부터 최고 15만원의 범칙금을 부과하고 있다.

일반적으로 어린이보호구역에서의 위반에 대해서는 일반도로에서 동일한 속도로 제한속도를 초과했을 때보다 3만원의 범칙금이 가중된다. 또한 벌점 부과의 경우 일반도로에서 20km/h 이하 초과의 경우 벌점이 없지만 어린이 보호구역에서는 15점의 벌점이 부과되고, 그 이상의 속도 초과 시에는 2배의 벌점이 부과된다. 따라서 어린이보호구역 내에서 제한속도보다 40~60km/시 초과하면 벌점 60점으로 60일간의 면허정지 처분이 내려지고, 제한속도보다 60km/시 초과하면 벌점 120점으로 면허가 취소되게 된다(우리나라 「도로교통법」은 벌점 누계가 40점에 도달하면 면허정지 처분, 1년간 120점에 도달하면 면허취소 처분을 내리도록 규정하고 있음).

[표 6.2.1] 어린이 보호구역 내의 과속 처벌기준

장소	제한속도	범칙금			벌점
		승합·화물자동차	승용자동차	이륜자동차	
어린이 보호구역	60km/시 초과	16만원 (17만원)	15만원 (16만원)	10만원 (11만원)	120점 (면허취소)
	40~60km/시	13만원 (14만원)	12만원 (13만원)	8만원 (9만원)	60점 (면허정지)
	20~40km/시	10만원 (11만원)	9만원 (10만원)	6만원 (7만원)	30점
	20km/시 이하	6만원 (7만원)	6만원 (7만원)	4만원 (5만원)	15점
일반도로	60km/시 초과	13만원 (14만원)	12만원 (13만원)	8만원 (9만원)	60점 (면허정지)
	40~60km/시	10만원 (11만원)	9만원 (10만원)	6만원 (7만원)	30점
	20~40km/시	7만원 (8만원)	6만원 (7만원)	4만원 (5만원)	15점
	20km/시 이하	3만원 (4만원)	3만원 (4만원)	2만원 (3만원)	–

주) ( ) 안은 과태료로 전환되었을 때 금액임.

 그 뿐만 아니라 어린이 보호구역에서는 신호위반이나 다른 위반행위에 대해서는 일반도로에서의 위반 시보다 가중처벌하고 있다. 즉, 일반도로에서의 승합자동차 신호·지시위반은 7만원의 범칙금이 부과되는데 반해 어린이 보호구역에서는 13만원을 부과하고 있다. 또한 주·정차 금지 위반의 경우에도 승합자동차는 5만원인데 반해 어린이보호구역에서는 그 두 배 수준인 9만원을 부과하고 있다.

Children Traffic Safety

[표 6.2.2] 어린이 보호구역 내 위반행위 범칙금

범칙행위	차량 종류별 범칙금액
· 신호 · 지시 위반 · 횡단보도 보행자 횡단 방해	· 승합자동차 : 13만원 · 승용자동차 : 12만원 · 이륜자동차 : 8만원 · 자전거 : 6만원
· 통행 금지 · 제한 위반 · 보행자 통행 방해 또는 보호 불이행 · 정차 · 주차 금지 위반, 주차금지 위반, 정차 · 주차방법 위반, 정차 · 주차 위반에 대한 조치 불응	· 승합자동차: 9만원 · 승용자동차: 8만원 · 이륜자동차: 6만원 · 자전거: 4만원

「도로교통법」에서는 어린이 통학버스를 특별보호대상으로 규정하고 있다. 즉, 「도로교통법」 제51조(어린이 통학버스의 특별보호)는 어린이 통학버스가 도로에 정차하여 어린이나 유아가 타고 내리는 중임을 표시하는 점멸등을 작동 중일 때에는 어린이 통학버스가 정차한 차로와 바로 옆 차로로 통행하는 차의 운전자는 어린이 통학버스에 이르기 전에 일시정지하여 안전을 확인한 후 서행하도록 하고 있다. 이 경우 중앙선이 설치되지 아니한 도로와 편도 1차로인 도로에서는 반대방향에서 진행하는 차의 운전자도 어린이 통학버스에 이르기 전에 일시 정지하여 안전을 확인한 후 서행할 의무가 있다. 또한 모든 차의 운전자는 어린이나 유아를 태우고 있다는 표시를 한 상태로 도로를 통행하는 어린이 통학버스를 앞지르지 못한다(본서 제8장 참조).

한편, 도로교통법 제53조(어린이 통학버스 운전자 및 운영자 등의 의무)는 어린이 통학버스 운전자는 아무 때나 점멸등을 작동해서는 안 된다. 어린이 통학버스를 운전하는 사람은 어린이나 유아가 타고 내리는 경우에만 점멸등을 작동하여야 하며, 어린이나 유아를 태우고 운행 중인 경우에만 표시를 하여야 한다.

2. 교통사고처리특례법

「교통사고처리특례법」은 업무상과실 또는 중대한 과실로 교통사고를 일으킨 운전자에 관한 형사처벌 등의 특례를 정함으로써 교통사고로 인한 피해의 신속한 회복을 촉진하기 위해 제정되었다.

이 법에 의하면 교통사고로 다른 사람을 다치게 하여 업무상과실치상죄 또는 중과실치상죄를 범한 운전자에 대하여는 피해자의 명시적인 의사에 반하여 공소를 제기할 수 없다. 다만, 운전자가 중대법규 위반 11개 항목에 해당하는 행위로 인하여 업무상과실치상죄 또는 중과실치상죄를 범한 경우에는 그러하지 아니하다.

중대법규 위반 11개 항목은 ① 신호 또는 지시위반 ② 중앙선침범 또는 고속도로(자동차전용도로 포함)에서의 횡단·회전·후진위반 ③ 제한속도위반(20km/h 초과) ④ 횡단보도 보행자보호의무위반 ⑤ 무면허운전 ⑥ 음주운전 ⑦ 앞지르기위반 ⑧ 철길건널목통과방법위반 ⑨ 보도침범·보도통행방법위반 ⑩ 승객추락방지의무위반 ⑪ 어린이 보호구역에서 조치준수 및 어린이의 안전에 유의하면서 운전하여야 할 의무위반이다.

이러한 중대법규 11개 항목을 위반하지 않으면 교통사고를 일으키더라도 「보험업법」에 따른 보험이나, 「여객자동차 운수사업법」 또는 「화물자동차 운수사업법」에 따른 공제에 가입된 경우에는 가해 운전자에 대하여 공소를 제기할 수 없다. 그러나 피해자가 사망 또는 신체의 상해로 인하여 생명에 위험이 발생하거나 불구·불치 또는 난치의 질병이 생긴 경우, 보험계약 또는 공제계약이 무효 또는 해지되거나 계약상의 면책 규정 등으로 인하여 보험회사, 공제조합 또는 공제사업자의 보험금 또는 공제금 지급의무가 없어진 경우에는 형사처벌을 받는다. 즉, 어린이가 교통사고로 사망하거나 중상해를 입었다면 보험계약이나 공제계약 가입에도 불구하고 가해운전자를 형사처벌하게 된다.

또한 사망이나 중상해 사고가 아니더라도 어린이 보호구역에서 「도로교통법」 제12조 제1항에 따른 조치를 준수하고 어린이의 안전에 유의하면서 운전하여야 할 의무를 위반하여 어린이의 신체를 상해한 경우에도 역시 형사처벌 대상이 된다. 이 경우 법정형은 「형법」 제268조에 따라 5년 이하의 금고 또는 2천만원 이하의 벌금형에 처해진다.

[표 6.2.3] 어린이보호구역 내 교통사고 관련 「교통사고처리특례법」 규정

교통사고처리특례법 제3조(처벌의 특례)

① 차의 운전자가 교통사고로 인하여 「형법」 제268조의 죄를 범한 경우에는 5년 이하의 금고 또는 2천만원 이하의 벌금에 처한다.
② 차의 교통으로 제1항의 죄 중 업무상과실치상죄(業務上過失致傷罪) 또는 중과실치상죄(重過失致傷罪)와 「도로교통법」 제151조의 죄를 범한 운전자에 대하여는 피해자의 명시적인 의사에 반하여 공소(公訴)를 제기할 수 없다. 다만, 차의 운전자가 제1항의 죄 중 업무상과실치상죄 또는 중과실치상죄를 범하고도 피해자를 구호(救護)하는 등 「도로교통법」 제54조제1항에 따른 조치를 하지 아니하고 도주하거나 피해자를 사고 장소로부터 옮겨 유기(遺棄)하고 도주한 경우, 같은 죄를 범하고 「도로교통법」 제44조제2항을 위반하여 음주측정 요구에 따르지 아니한 경우(운전자가 채혈 측정을 요청하거나 동의한 경우는 제외한다)와 다음 각 호의 어느 하나에 해당하는 행위로 인하여 같은 죄를 범한 경우에는 그러하지 아니하다.
　1. ~ 10. (생략)
　11. 「도로교통법」 제12조제3항에 따른 어린이 보호구역에서 같은 조 제1항에 따른 조치를 준수하고 어린이의 안전에 유의하면서 운전하여야 할 의무를 위반하여 어린이의 신체를 상해(傷害)에 이르게 한 경우

제4조(보험 등에 가입된 경우의 특례)

① 교통사고를 일으킨 차가 「보험업법」 제4조, 제126조, 제127조 및 제128조, 「여객자동차 운수사업법」 제60조, 제61조 또는 「화물자동차 운수사업법」 제51조에 따른 보험 또는 공제에 가입된 경우에는 제3조제2항 본문에 규정된 죄를 범한 차의 운전자에 대하여 공소를 제기할 수 없다. 다만, 다음 각 호의 어느 하나에 해당하는 경우에는 그러하지 아니하다.
　1. 제3조제2항 단서에 해당하는 경우
　2. 피해자가 신체의 상해로 인하여 생명에 대한 위험이 발생하거나 불구(不具)가 되거나 불치(不治) 또는 난치(難治)의 질병이 생긴 경우
　3. 보험계약 또는 공제계약이 무효로 되거나 해지되거나 계약상의 면책 규정 등으로 인하여 보험회사, 공제조합 또는 공제사업자의 보험금 또는 공제금 지급의무가 없어진 경우

3. 자동차관리법

「자동차관리법」은 자동차의 등록, 안전기준, 자기인증, 제작결함 시정, 점검, 정비, 검사 및 자동차관리사업 등에 관한 사항을 정하여 자동차를 효율적으로 관리하고 자동차의 성능 및 안전을 확보하기 위해 제정되었다.

이 법 제29조(자동차의 구조 및 장치 등)에 따라 자동차는 대통령령으로 정하는 구조 및 장치가 안전운행에 필요한 성능과 기준(자동차안전기준)에 적합하지 아니하면 운행하지 못하고, 자동차에 장착되거나 사용되는 부품·장치 또는 보호장구는 안전운행에 필요한 성능과 기준(부품안전기준)에 적합하여야 한다고 규정하고 있다. 세부적인 기준은 「자동차안전기준에 관한 규칙」(국토교통부령)에 담고 있다. 즉, 어린이통학버스에 대한 어린이용 좌석의 규격은 가로·세로 각각 27cm 이상, 앞좌석등받이의 뒷면과 뒷좌석등받이의 앞면간의 거리는 46cm 이상으로 하는 등 규격을 정하고 있다. 또한 어린이통학버스에 접이식좌석을 설치할 경우에는 외부에서 조작할 수 있도록 하여야 하고, 좌석안전띠의 구조는 어린이의 신체구조에 적합하게 조절될 수 있어야 한다(본서 제8장 참조).

일반 승용자동차에는 어린이보호용 좌석부착장치(카시트)를 의무적으로 설치하여야 한다. 특히 어린이보호용 좌석부착장치는 2곳 이상의 좌석에 설치하되, 최소한 1곳은 제2열 좌석에 설치하여야 하고 다른 도구가 없이도 사용이 가능한 구조이어야 한다. 또한 어린이보호용 좌석부착장치의 설치 여부 및 설치위치를 쉽게 알아볼 수 있는 곳에 이를 표시하도록 하고 있다.

한국교통안전공단 자동차안전연구원에서 실시한 시험에 따르면, 카시트를 사용하지 않을 경우 머리 상해 정도가 10배 증가하는 것으로 나타났다. 「도로교통법」에서도 카시트 착용의 중요성을 감안하여 6세 미만의 유아를 자동차에 태울 때는 반드시 유아보호용 좌석부착장치를 장착하도록 규정하고 있다.

한편, 2014년 2월 우리나라는 어린이 교통사고 예방을 위해 어린이통학버스에 정지표시장치, 후방카메라를 설치하도록 의무화하고, 사고원인 분석에 필요한 사고기록장치(EDR)의 성능과 기준을 마련하였다. 이에 따라 어린이가 승·하차 하고 있는 동안에는 통학차량을 추월하는 차량 운전자의 주의를 환기시키기 위해 차량 운전석 쪽에 어린이가 승·하차 하고 있음을 알리는 정지표지판을 자동으로 펼쳐지도록 해야 한다. 또한 차량후진 때 발생하는 어린이 교통사고를 방지하기 위해 어린이 통학버스에 후방 영상장치나 후진경고음 발생장치를 설치해야 하고, 면적이 넓은 광각 실외후사경을 그간 운전석 우측에만 설치했으나 좌측까지 확대 설치하도록 하여 운전자의 사각지대를 최대한 해소함으로써 안전을 확보토록 했다.

[그림 6.2.1] 어린이 통학버스 안전장치

4. 교통안전법

「교통안전법」에는 어린이 체험교육시설에 관한 규정을 두고 있다. 국가와 지자체는 교통안전에 관한 지식을 보급하고 교통안전에 관한 의식을 제고하기 위하여 학교 그 밖의 교육기관을 통하여 교통안전교육의 진흥과 교통안전에 관한 홍보활동의 충실을 기하는 등 필요한 시책을 강구하여야 한다고 선언하고 있다. 특히 국가와 지자체는 어린이 교통안전 체험을 위한 교육시설을 설치할 수 있는데, 이 경우 해당 교육시설을 설치하고자 하는 교통행정기관의 장은 관계 행정기관의 장과 사전에 협의하도록 하고 있다. 정부는 지자체 등에서 어린이 교통안전체험 교육시설을 설치하는 경우에는 예산의 범위에서 재정적 지원도 할 수 있다.

어린이 교통안전 체험시설을 설치할 때에는 먼저 어린이가 교통사고 예방법을 습득할 수 있도록 교통의 위험상황을 재현할 수 있는 영상장치 등 시설·장비를 갖춰야 하고, 어린이가 자전거를 운전할 때 안전한 운전방법을 익힐 수 있는 체험시설을 갖춰야 한다. 또한 어린이가 교통시설 운영체계를 이해할 수 있도록 보도·횡단보도 등의 시설을 관계 법령에 맞게 배치하고 어린이 교통안전 체험시설에 설치하는 교통안전표지 등이 관계 법령에 따른 기준과 일치하도록 정하고 있다. 이러한 어린이 교통안전 체험시설의 설치와 운영 등에 필요한 사항은 해당 지방자치단체의 조례에 따르도

록 했다.

어린이 교통안전에 관한 지자체의 관심이 증가하면서 근린공원 등을 개발하여 어린이 교통안전 체험시설을 함께 건립하는 지자체가 증가하고 있다. 어린이 교통안전 체험시설은 단순히 교통안전 교육만을 하는 곳이 아니라 주변 체육시설, 테마파크 등과 연계된 복합교육공간으로 조성되고 있는 추세이며, 각종 문화행사 유치, 시설 대관 등 지역 문화공간으로 활용이 늘고 있다.

[표 6.2.4] 어린이 교통안전 체험시설 관련 「교통안전법」 규정

교통안전법 제23조 (교통안전지식의 보급 등)

① ~ ② (생략)
③ 국가등은 어린이 교통안전의 체험을 위한 교육시설을 설치할 수 있다. 이 경우 해당 교육시설을 설치하고자 하는 교통행정기관의 장은 관계 행정기관의 장과 협의하여야 한다.
④ 국가등은 어린이 교통안전의 체험을 위한 교육시설 설치를 지원하기 위하여 예산의 범위에서 재정적 지원을 할 수 있다.
⑤ (생략)

교통안전법 시행령 제19조의2 (어린이 교통안전 체험시설의 설치 기준 등)

① 국가 및 시·도지사등은 법 제23조제3항에 따라 어린이 교통안전의 체험을 위한 교육시설을 설치할 때에는 다음 각 호의 설치 기준 및 방법에 따른다.
   1. 어린이가 교통사고 예방법을 습득할 수 있도록 교통의 위험상황을 재현할 수 있는 영상장치 등 시설·장비를 갖출 것
   2. 어린이가 자전거를 운전할 때 안전한 운전방법을 익힐 수 있는 체험시설을 갖출 것
   3. 어린이가 교통시설의 운영체계를 이해할 수 있도록 보도·횡단보도 등의 시설을 관계 법령에 맞게 배치할 것
   4. 어린이 교통안전 체험시설에 설치하는 교통안전표지 등이 관계 법령에 따른 기준과 일치할 것
② 어린이 교통안전 체험시설의 설치와 운영 등에 필요한 사항은 해당 지방자치단체의 조례로 정한다.

[그림 6.2.1] 어린이 교통안전 체험시설 운영 모습

제3절 어린이 교통안전 규제의 성과

1. 교통안전 정책의 발전 과정

지난 1990년 이전까지 우리나라는 자동차의 보급률이 급증하면서 도로교통사고 사망자수도 대

폭 증가했다. 한국산 자동차는 1978년에 시판을 시작하여 1985년 자동차 대수 100만대, 1997년 자동차 대수 1천만대를 돌파하였다. 그 동안 1991년도에는 13,429명의 국민이 도로교통사고로 사망하는 불명예스러운 일을 겪었으며, 이후 사망자수는 IMF경제위기와 유가폭등, 세계적인 경제불황 등을 거치며 줄어들기 시작했다.

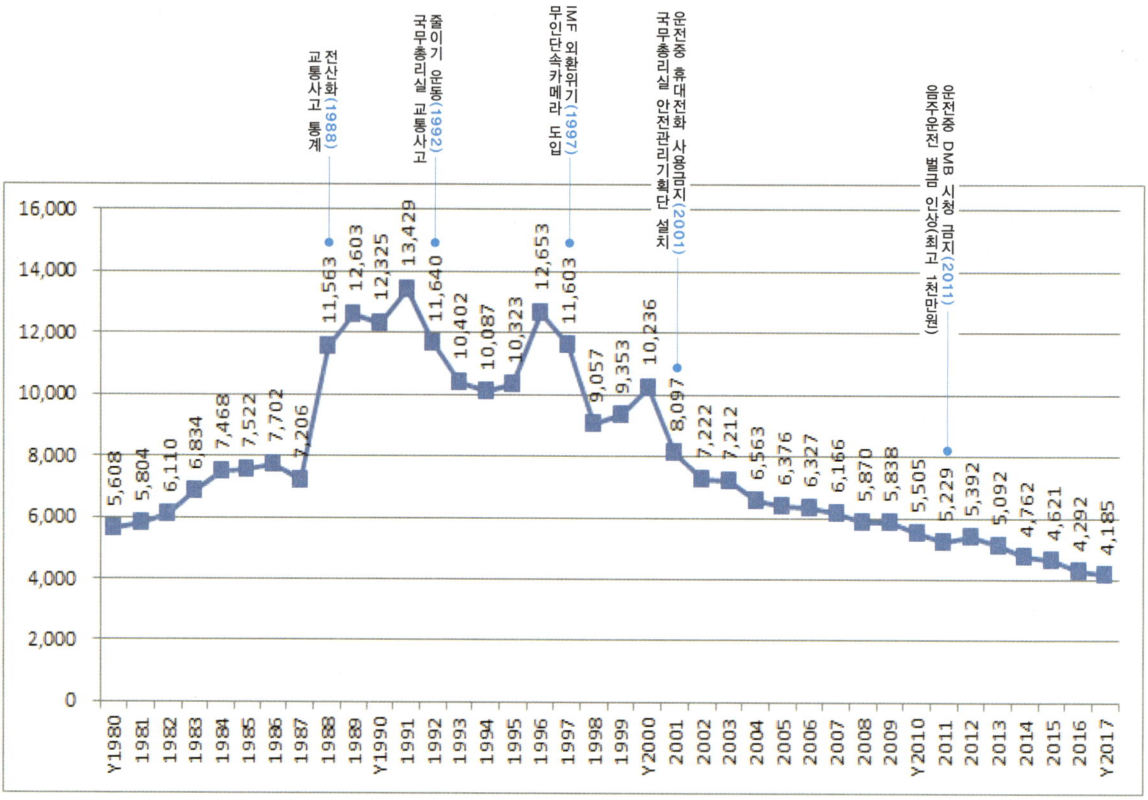

[그림 6.3.1] 연도별 전체 교통사고 사망자수 발생추이 및 주요정책추진 현황

정부는 교통사고 사망자를 줄이기 위해 1995년 어린이보호구역 제도를 도입하고, 1997년에는 자동차 보유대수가 1천만대를 넘어서면서 과속 및 교차로 신호위반으로 인한 충돌·추돌사고를 예방하기 위해 무인단속카메라를 활용한 단속을 시작했다. 1998년에 한국은 IMF경제위기를 맞이하며

통행량이 급감하는 바람에 도로교통사고 사망자도 약 21%가 줄어들었다.

2000년에는 신차량 안전도 평가시험을 시행·발표하고 국무총리실 산하에 안전을 담당하는 '안전관리개선기획단'을 별도로 설치·운영하기도 했다. 최근 여러 나라에서 이슈가 되고 있는 운전 중 휴대전화 금지정책이 2001년에 도입되고, 안전띠 미착용에 대해서는 강력하게 단속하기 시작했다. 또한 교통위반차량을 시민들이 카메라로 직접 촬영하여 신고하는 교통위반 신고보상금 제도가 도입되었지만, 보상금을 노리는 '카파라치' 출현에 따른 부작용으로 1년 6개월만에 폐지되었다. 그리고 운전 중 휴대전화를 사용 금지토록 했고, 음주운전 면허취소 기간을 2년으로 연장하였으며 2002년에는 사업용 차량의 운행기록장치 설치가 의무화 되었다.

2005년을 전후로 '어린이 교통사고 사망자 절반 줄이기'라는 캐치프라이즈 아래 교육, 홍보 및 강력한 단속이 이루어지며 유아보호용 카시트를 교통안전공단에서 무상으로 보급하기 시작했다. 2009년에는 지점속도 단속(spot speed enforcement)에서 벗어나 구간속도 단속시스템을 도입하고, 주로 심야시간에만 이루어지던 음주운전 단속을 24시간 단속체계로 강화하였을 뿐만 아니라, 도로의 위험요인을 찾기 위한 도로안전진단제도가 도입되었다. 교차로의 신호등 위치를 교차로 후방에서 교차로 전방의 차량정지선 쪽으로 이설하여 교차로 꼬리물기 및 교차로내 신호위반 사고도 줄여가고 있다.

2010년 전후로 다양한 교통안전장치를 차량에 부착하기 시작하였으며, 차량중심의 도로망체계에서 보행자 중심의 도로망 체계로 정책의 방향이 전환되었다. 신호위반 무인단속시스템이 전국적으로 확대 설치되고, 보행자가 중심이 되는 주택가 이면도로에는 점차적으로 차량속도를 30km/시로 제한하고(존 30), 2011년에는 자동차전용도로 전좌석 안전벨트 착용 의무화, 운전중 DMB시청 금지, 사업용차량의 디지털운행기록장치 의무 장착을 추진하고 있으며, 2018년 9월부터 모든 도로에서 전좌석 안전띠 착용을 의무화하여 교통사고 사망자 감소를 유도하고 있다.

2. 어린이 교통안전 규제의 도입과 성과

어린이 교통안전 규제는 전체적인 교통안전 규제 강화 추세와 함께 계속하여 강화되었다. 1995년에 어린이 보호구역제도가「도로교통법」개정으로 도입되었고, 실제 보호구역시설이 설치된 1997년부터 어린이 사고가 대폭적으로 감소되기 시작했다. 1997년에는 어린이 통학버스 제도가 신설되어 어린이 통학버스에 대한 시설·장비기준과 특별보호 규정이 마련되었다.

2000년에 들어서면서 어린이 교통안전규제는 더욱 강화되는 경향을 보였다. 2001년에 어린이 보호자는 도로에서 어린이가 자전거를 타거나 움직이는 놀이기구를 타는 경우에는 인명보호 장구착용을 의무화 했고, 경찰공무원도 안전을 위하여 적절한 조치를 취해야 하는 의무를 부과했다.

2006년에「교통약자의 이동편의 증진법」이 제정되면서 국가적 차원에서 어린이 등 교통약자의 보행권을 보장하기 위해 보행우선구역을 설치하고 저상버스를 도입하는 경우에는 정부가 예산을 지원토록 했다.

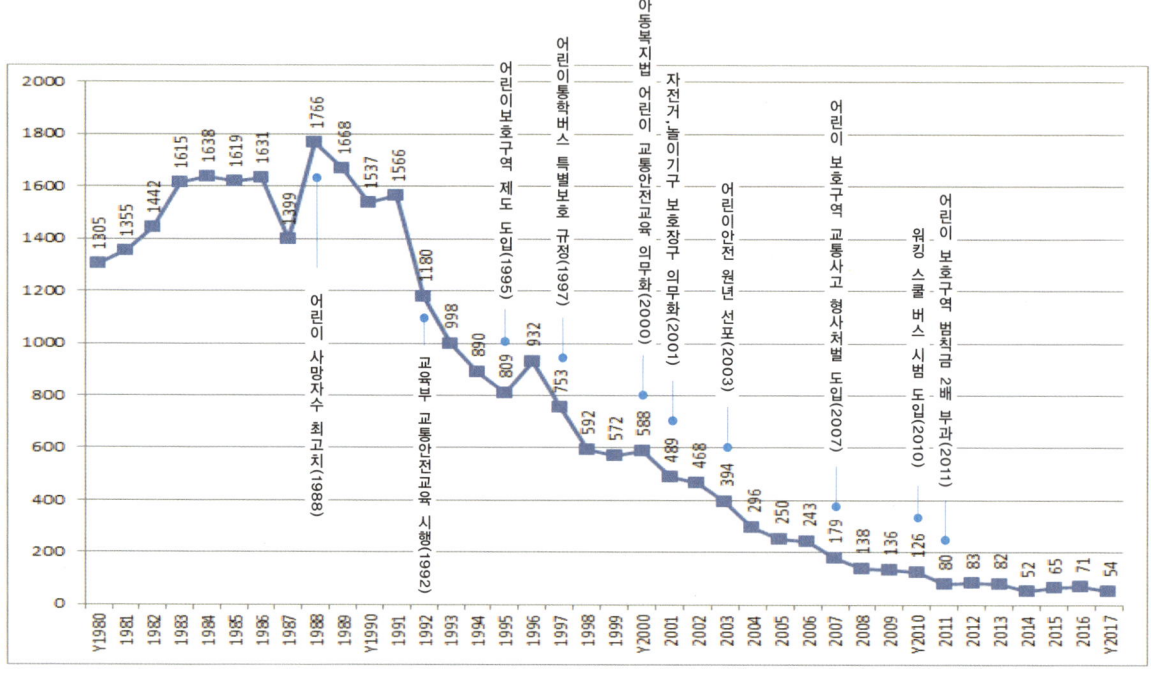

[그림 6.3.2] 연도별 어린이 교통사고 사망자수 발생추이 및 정책의 변화

2007년에는 「교통사고처리특례법」을 개정하여 형사처벌 대상인 중대법규 항목에 어린이 보호구역에서 조치준수 및 어린이의 안전에 유의하면서 운전하여야 할 의무위반을 포함했다. 이로써 운전자가 종합보험이나 공제 가입여부와 무관하게 어린이 보호구역에서 조치를 제대로 하지 못하거나 각종 의무사항을 위반하여 어린이를 다치게 한 경우에는 형사처벌할 수 있게 되었다.

2011년에는 「도로교통법」을 개정하여 어린이 보호구역 내에서 제한속도 30km/h를 초과하여 20km/h 단위로 과속하는 경우에는 일반도로에서 위반한 것보다 범칙금과 벌점을 가중할 수 있게 했다.

2012년에는 「보행안전 및 편의증진에 관한 법률」을 제정하여 어린이를 포함한 보행자의 안전을 보호할 수 있는 제도적 장치가 더욱 강화되었다.

1988년 1,766명으로 최고 정점에 이른 어린이 교통사고 사망자수는 1993년 1,000명 아래로 떨어졌고, 어린이 보호구역 제도가 시행되면서 932명이었던 사망자수는 1997년 753명에서 그 다음 해 바로 500명대로 떨어졌다. 2001년 인명보호 장구착용을 의무화를 통해서도 사망자가 대폭 감소하였다. 500명대이던 사망자수는 2002년 468명에서 2003년에 394명, 2004년에 296명으로 떨어졌다. 2007년에는 「교통사고처리특례법」의 개정효과로 100명대로 떨어졌으며, 2011년 어린이 보호구역 내 과속시 범칙금과 벌점의 가중으로 80명대로 떨어지는 성과를 거두었다.

그 후 2014년에는 대형재난인 세월호 침몰사고가 발생하면서 각급 학교에서 어린이 보호를 위해 수학여행 및 교외활동을 대폭 축소하면서 어린이 교통사고 사망자수는 52명으로 사상 최저치로 감소하였고, 그 후 다시 어린이 활동량이 늘어나면서 어린이 사망자수는 소폭 증가하여 2017년에는 54명을 기록하게 되었다.

1988년 이후 우리나라의 어린이 교통사고 사망자수가 크게 줄어든 원인은 여러 가지가 있으나, 어린이 교통안전 규제의 강화가 가장 큰 영향을 미친 요인의 하나라고 말할 수 있다.

제7장
어린이 보호구역 개선사업

제1절 어린이 보호구역 사업 개요

제2절 어린이 보호구역 관련 규정

제3절 어린이 보호구역 내 교통사고 발생특성

제4절 어린이 보호구역 개선사업 시행

제7장
어린이 보호구역 개선사업

제1절 어린이 보호구역 사업 개요

1. 어린이 보호구역 사업 추진과정

어린이 보호구역이란 어린이를 교통사고의 위험으로부터 안전하게 보호하기 위하여 어린이의 통행이 빈번한 유치원 및 학교 주변의 일정 구역을 지정하여 교통안전시설물을 설치하고 체계적으로 관리하는 구역으로서, 영어로는 스쿨 존(School zone)이라고 한다.

이 제도에 따라 유치원, 초등학교, 특수학교, 100인 이상의 학원·보육시설 등의 주출입문을 중심으로 반경 300m(필요한 경우 최대 500m) 이내의 도로 중 일정구간을 어린이 보호구역으로 지정하고, 교통안전시설물 및 도로부속물을 설치하여 어린이들을 교통사고의 위험으로부터 보호하고 있다.

정부는 현재 어린이 보호구역 개선사업의 시행과 관련 제도의 개정을 통하여 어린이 보호구역 지정을 지속적으로 확대하고 기존 보호구역의 개선·관리를 도모하고 있다. 그 동안 어린이 보호구역 개선사업의 제도적 추진과정은 다음과 같이 정리할 수 있다.

Children Traffic Safety

○ 1993년, 행정쇄신위원회에서 어린이 보호구역과 관련된 제도 설립의 추진 결정
○ 1995년 1월, 「도로교통법」 개정(법률 제4872호), 어린이 보호구역 도입(1995년 7월 시행)
○ 1995년 9월, 행정자치부·건설교통부·교육부 등 관계부처 공동부령으로 『어린이 보호구역의 지정 및 관리에 관한 규칙』 제정
○ 2003년 1월, 어린이 보호구역 개선사업 시작
○ 2005년 5월, 「도로교통법」 개정을 통하여 어린이 보호구역의 지정 범위를 기존 유치원, 초등학교에서 특수학교와 100인 이상의 학원·보육시설까지 확대
○ 2011년, 「도로교통법」 개정으로 어린이 보호구역내 주요 법규위반 가중 처벌
○ 2011년 1월, 보호구역 관련 규칙을 「어린이·노인 및 장애인 보호구역의 지정 및 관리에 관한 규칙」으로 통합, 행정안전부, 교육부, 보건복지부, 국토교통부 공동부령으로 발표, 보호구역의 지정권자를 경찰에서 지자체로 이관
○ 2011년 11월, 행정안전부가 「어린이·노인·장애인 보호구역 통합지침」 제정 발간

2. 어린이 보호구역 관련 용어

어린이 보호구역 내에 설치하는 주요 시설물 관련 용어는 행정안전부가 2011년 제정한 「어린이·노인·장애인 보호구역 통합지침」에 나와 있으며, 그 중 중요한 용어를 소개하면 다음과 같다.

■ **고원식 교차로**(raised intersection, 플래토)

도로위계가 낮은 가로상의 교차로 전체를 인위적으로 높여 교차부의 포장 색상이나 재질을 이용하여 차량감속을 유도하기 위해 설치하는 방법

■ **과속방지턱**

주로 주거단지, 학교부근 등 보행자의 통행이 잦은 지역에서 차량의 속도를 낮추어 보행자의 안

전을 확보하기 위해 횡방향으로 설치하는 턱(국토교통부 제정 '도로의 구조 · 시설 기준에 관한 규칙' 참조)

■ 과속방지시설

일정 도로구간 또는 지역에서 교통의 안전과 도로 이용자의 편의를 도모하고 생활환경을 보호하기 위해 설치하는 시설로 과속방지턱, 쿠션, 플래토 등으로 구분

■ 길가장자리 구역

보도와 차도가 구분되지 아니한 도로에서 보행자의 안전을 확보하기 위하여 안전표지 등으로 경계를 표시한 도로의 가장자리 부분

■ 방호시설

차량의 도로이탈을 방지하고 보행자, 구조물 등을 보호할 목적으로 도로의 측방에 설치하는 도로 부속시설의 총칭

■ 보도용 방호울타리(sidewalk crash barrier)

자동차가 도로를 벗어나 보도로 침범하여 발생하는 교통사고로부터 보행자를 보호하기 위하여 설치하는 방호울타리

■ 보행자용 방호울타리(pedestrian crash barrier)

보행자, 자전거 등이 길 밖으로 추락하는 것을 방지하기 위해서 설치하거나, 보행자의 무단횡단을 방지하기 위하여 설치하는 방호울타리

■ 보행장애물(pedestrian obstacle)

보도 등에 설치된 가로등, 전주, 가로수 등을 지칭하는 것으로 장애인 등의 보도 상 통행에 지장

을 주는 시설물

■ 연석(curb)

보도와 차도를 구분하기 위해 보도와 차도의 경계부에 설치하는 것으로써 운전자의 시선유도나 차도를 벗어난 자동차가 보도로 진입하는 것으로 억제하기 위해 사용

■ 연석경사로(mountable curb)

턱낮추기를 시행할 때 보도와 차도간의 높이차를 줄이기 위해 설치하는 경사로

■ 유효보도폭

보도 폭에서 노상시설 등이 차지하는 폭을 제외한 폭으로써, 보행자의 통행에만 이용되는 폭

■ 자동차진입억제용 말뚝(bollard)

횡단보도 부근의 턱 낮추기 구간에 자동차의 진입을 억제하거나 우회전 자동차가 보도로 진입하는 것을 막기 위해 설치하는 도로안전 시설물

■ 턱낮추기

장애인, 특히 휠체어사용자, 유모차 등을 이용하는 교통약자들의 통행을 확보하기 위해 횡단보도 진입부의 보도와 차도의 단차를 줄이는 방법

제2절 어린이 보호구역 관련 규정

1. 어린이 보호구역의 지정 및 관리

우리나라 「도로교통법」 제12조(어린이 보호구역의 지정 및 관리)에 따라 시장, 군수 등은 교통사고의 위험으로부터 어린이를 보호하기 위하여 필요하다고 인정하는 경우에는 다음 각 호의 어느 하나에 해당하는 시설의 주변도로 가운데 일정 구간을 어린이 보호구역으로 지정하여 자동차 등의 통행속도를 시속 30km 이내로 제한할 수 있다.

1. 「유아교육법」 제2조에 따른 유치원, 「초·중등교육법」 제38조 및 제55조에 따른 초등학교 또는 특수학교
2. 「영유아보육법」 제10조에 따른 어린이집 가운데 행정안전부령으로 정하는 어린이집
3. 「학원의 설립·운영 및 과외교습에 관한 법률」 제2조에 따른 학원 가운데 행정안전부령으로 정하는 학원
4. 「초·중등교육법」 제60조의2 또는 제60조의3에 따른 외국인학교 또는 대안학교, 「제주특별자치도 설치 및 국제자유도시 조성을 위한 특별법」 제223조에 따른 국제학교 및 「경제자유구역 및 제주국제자유도시의 외국교육기관 설립·운영에 관한 특별법」 제2조제2호에 따른 외국교육기관 중 유치원·초등학교 교과과정이 있는 학교

위에 따른 어린이 보호구역의 지정절차 및 기준 등에 관하여 필요한 사항은 교육부, 행정안전부 및 국토교통부의 공동부령으로 정한다.

[표 7.2.1] 어린이 보호구역의 지정 및 관리 규정

「도로교통법」제12조 (어린이 보호구역의 지정 및 관리)

① 시장등은 교통사고의 위험으로부터 어린이를 보호하기 위하여 필요하다고 인정하는 경우에는 다음 각 호의 어느 하나에 해당하는 시설의 주변도로 가운데 일정 구간을 어린이 보호구역으로 지정하여 자동차등과 노면전차의 통행속도를 시속 30킬로미터 이내로 제한할 수 있다.
　1.「유아교육법」제2조에 따른 유치원,「초·중등교육법」제38조 및 제55조에 따른 초등학교 또는 특수학교
　2.「영유아보육법」제10조에 따른 어린이집 가운데 행정안전부령으로 정하는 어린이집
　3.「학원의 설립·운영 및 과외교습에 관한 법률」제2조에 따른 학원 가운데 행정안전부령으로 정하는 학원
　4.「초·중등교육법」제60조의2 또는 제60조의3에 따른 외국인학교 또는 대안학교,「제주특별자치도 설치 및 국제자유도시 조성을 위한 특별법」제223조에 따른 국제학교 및「경제자유구역 및 제주국제자유도시의 외국교육기관 설립·운영에 관한 특별법」제2조제2호에 따른 외국교육기관 중 유치원·초등학교 교과과정이 있는 학교
② 제1항에 따른 어린이 보호구역의 지정절차 및 기준 등에 관하여 필요한 사항은 교육부, 행정안전부 및 국토교통부의 공동부령으로 정한다.
③ 차마 또는 노면전차의 운전자는 어린이 보호구역에서 제1항에 따른 조치를 준수하고 어린이의 안전에 유의하면서 운행하여야 한다.

한편,「도로교통법 시행규칙」제14조(보육시설 및 학원의 범위)는 위의「도로교통법」제12조 제1항 제2호에서 "행정안전부령으로 정하는 어린이집"이라 함은 정원 100명 이상의 보육시설을 말하고, 제3호에서 "행정안전부령으로 정하는 학원"이라 함은 학원 수강생이 100명 이상인 학원을 말한다고 규정하고 있다.

다만, 시장등이 관할 경찰서장과 협의하여 어린이집 및 학원이 소재한 지역의 교통여건 등을 고려하여 교통사고의 위험으로부터 어린이를 보호할 필요가 있다고 인정하는 경우에는 정원이 100명 미만인 경우에도 어린이 보호구역을 지정할 수 있다.

[표 7.2.2] 어린이 보호구역을 설치하는 보육시설 및 학원의 범위

「도로교통법 시행규칙」 제14조 (보육시설 및 학원의 범위)
① 법 제12조제1항제2호에서 "행정안전부령이 정하는 보육시설"이란 정원 100명 이상의 보육시설을 말한다. 다만, 시장등이 관할 경찰서장과 협의하여 보육시설이 소재한 지역의 교통여건 등을 고려하여 교통사고의 위험으로부터 어린이를 보호할 필요가 있다고 인정하는 경우에는 정원이 100명 미만의 보육시설 주변도로 등에 대하여도 어린이 보호구역을 지정할 수 있다.
② 법 제12조제1항제3호에서 "행정안전부령으로 정하는 학원"이란 「학원의 설립·운영 및 과외교습에 관한 법률 시행령」 별표 1의 학교교과교습학원 중 학원 수강생이 100명 이상인 학원을 말한다. 다만, 시장등이 관할 경찰서장과 협의하여 학원이 소재한 지역의 교통여건 등을 고려하여 교통사고의 위험으로부터 어린이를 보호할 필요가 있다고 인정하는 경우에는 정원이 100명 미만의 학원 주변도로 등에 대해서도 어린이 보호구역을 지정할 수 있다.

2. 어린이 보호구역의 지정 및 관리에 관한 규칙

어린이 보호구역의 지정 절차 및 기준에 관하여 필요한 사항은 어린이뿐만 아니라 노인 및 장애인을 포함하여 행정안전부령으로 교육부, 보건복지부, 국토교통부, 경찰청이 공동 참여하여 제정한 「어린이·노인 및 장애인 보호구역의 지정 및 관리에 관한 규칙」에서 규정하고 있다.

「어린이·노인 및 장애인 보호구역의 지정 및 관리에 관한 규칙」의 목적은 다음과 같다.

[표 7.2.3] 「어린이·노인 및 장애인 보호구역의 지정 및 관리에 관한 규칙」의 목적

제1조(목적) 이 규칙은 「도로교통법」 제12조 및 제12조의2에 따라 어린이 보호구역, 노인 보호구역 및 장애인 보호구역을 지정·관리하는 절차 및 기준 등에 관하여 필요한 사항을 규정함을 목적으로 한다.

한편, 「어린이·노인 및 장애인 보호구역의 지정 및 관리에 관한 규칙」에 나타나 있는 용어의 정의는 다음과 같다.

[표 7.2.4] 「어린이·노인 및 장애인 보호구역의 지정 및 관리에 관한 규칙」의 용어 정의

제2조(정의) 이 규칙에서 사용하는 용어의 뜻은 다음과 같다.

1. "초등학교등"이란 다음 각 목의 어느 하나에 해당하는 시설을 말한다.
   가. 「유아교육법」 제2조제2호에 따른 유치원
   나. 「초·중등교육법」 제38조 및 제55조에 따른 초등학교 및 특수학교
   다. 「영유아보육법」 제10조에 따른 어린이집(「도로교통법 시행규칙」 제14조제1항에 따라 어린이 보호구역으로 지정할 수 있는 어린이집에만 해당한다)
   라. 「학원의 설립·운영 및 과외교습에 관한 법률」 제2조에 따른 학원(「도로교통법 시행규칙」 제14조제2항에 따라 어린이 보호구역 지정이 필요하다고 인정한 학원에만 해당한다)
   마. 「초·중등교육법」 제60조의2 또는 제60조의3에 따른 외국인학교 또는 대안학교, 「제주특별자치도 설치 및 국제자유도시 조성을 위한 특별법」 제189조의4에 따른 국제학교 및 「경제자유구역 및 제주국제자유도시의 외국교육기관 설치·운영에 관한 특별법」 제2조제2호에 따른 외국교육기관 중 유치원·초등학교 교과과정이 있는 학교
2. (노인복지시설 관련 내용 생략)
3. (장애인복지시설 관련 내용 생략)
4. "도로관리청"이란 「도로법」, 「국토의 계획 및 이용에 관한 법률」, 그 밖의 관계 법령에 따라 도로를 관리하는 행정기관을 말한다.
5. "도로부속물"이란 「도로법」 제2조제2호에 따른 도로의 부속물을 말한다.
6. "노상주차장"이란 「주차장법」 제2조제1호가목에 따른 노상주차장(路上駐車場)을 말한다.

3. 어린이 보호구역의 지정 신청

초등학교 등(유치원, 초등학교, 특수학교, 100인 이상의 어린이집, 학원)의 장은 어린이 보호구역 지정 신청서에 따라 특별시장·광역시장·특별자치도지사 또는 시장·군수(광역시의 군은 제외)에게 초등학교 등의 주변도로를 어린이 보호구역으로 지정하여 줄 것을 신청할 수 있으며, 어린이 보호구역의 지정 신청과 지정을 위한 조사내용, 지정범위(대상시설을 중심으로 반경 300m 이내를 기준으로 하고, 필요한 경우 500m까지) 등에 대하여 「어린이·노인 및 장애인 보호구역의 지정 및 관리에 관한 규칙」에 규정된 내용은 다음과 같다.

[표 7.2.5] 어린이 보호구역의 지정 신청 및 지정을 위한 조사

「어린이ㆍ노인 및 장애인 보호구역의 지정 및 관리에 관한 규칙」 제3조 (보호구역의 지정)

① 초등학교등의 장은 별지 제1호서식의 어린이 보호구역 지정 신청서에 따라 특별시장ㆍ광역시장ㆍ특별자치도지사는 시장ㆍ군수(광역시의 군수는 제외한다. 이하 "시장등"이라 한다)에게 초등학교등의 주변도로를 어린이 보호구역으로 지정하여 줄 것을 신청할 수 있다. 다만, 개교 또는 개원을 하기 전의 초등학교등의 경우에는 교육감이나 구청장(구청장은 자치구의 구청장을 말하며, 어린이집에만 해당한다)이 어린이 보호구역의 지정을 신청할 수 있다.
② (노인복지시설 관련 내용 생략)
③ (장애인복지시설 관련 내용 생략)
④ 시장등은 제1항부터 제3항까지의 규정에 따라 「도로교통법」 제12조 및 제12조의2에 따른 어린이 보호구역, 노인 보호구역 및 장애인 보호구역(이하 "보호구역"이라 한다)의 지정 신청을 받았을 때에는 다음 각 호의 사항을 조사하여야 한다.
  1. 보호구역 지정대상시설 주변 도로의 자동차 통행량 및 주차 수요
  2. 보호구역 지정대상시설 주변 도로의 신호기ㆍ안전표지(이하 "교통안전시설"이라 한다) 및 도로부속물 설치현황
  3. 보호구역 지정대상시설 주변 도로에서의 연간 교통사고 발생현황
  4. 보호구역 지정대상시설 주변 도로를 통행하는 어린이, 노인 또는 장애인의 수와 통행로의 체계 등
⑤ 시장등은 제4항 각 호의 사항을 조사하기 위해 지방경찰청장 또는 경찰서장 등 관련 행정기관 또는 공공기관에 필요한 자료를 요청할 수 있다.
⑥ 시장등은 제4항에 따른 조사 결과 보호구역으로 지정ㆍ관리할 필요가 인정되는 경우에는 관할 지방경찰청장 또는 경찰서장과 협의하여 해당 보호구역 지정대상시설의 주(主) 출입문을 중심으로 반경 300미터 이내의 도로 중 일정구간을 보호구역으로 지정한다. 다만, 시장등은 해당 지역의 교통여건 및 효과성 등을 면밀히 검토하여 필요한 경우 보호구역 지정대상시설의 주 출입문을 중심으로 반경 500미터 이내의 도로에 대해서도 보호구역으로 지정할 수 있다.
⑦ 시장등은 제1항부터 제3항까지의 규정에도 불구하고 교통사고의 위험으로부터 어린이, 노인 또는 장애인을 보호하여야 할 필요성이 특별히 인정되는 경우에는 제4항 각 호의 사항에 대한 조사를 거쳐 직접 보호구역 지정대상시설의 주변도로를 보호구역으로 지정할 수 있다. 이 경우 자료의 요청 및 지정 범위 등에 관하여는 제5항 및 제6항을 준용한다.

초등학교 등의 장이 특별시장ㆍ광역시장ㆍ특별자치도지사 또는 시장ㆍ군수에게 제출하는 어린이 보호구역 지정 신청서의 양식은 국토교통부, 경찰청 등의 홈페이지에서 PDF 파일을 볼 수 있고, 법제처 홈페이지(www.law.go.kr)에서 「어린이ㆍ노인 및 장애인 보호구역의 지정 및 관리에 관한 규칙」을 검색한 후, 동 규칙의 별표 양식에서 한글 파일을 다운로드 받아서 기록 제출할 수 있으며 이 양식의 내용은 다음과 같다.

[표 7.2.6] 어린이 보호구역 지정 신청서

■ 어린이 · 노인 및 장애인 보호구역의 지정 및 관리에 관한 규칙 [별지 제1호서식]

어린이 보호구역 지정 신청서

(앞쪽)

접수번호		접수일자		처리기간	
대 상 시 설 명					
소 재 지			전화번호		
시설(학교)장 성명					
학 생 수 (명)			교사수(명)		
지정신청(건의) 구간					

「어린이 · 노인 및 장애인 보호구역의 지정 및 관리에 관한 규칙」 제3조제1항에 따라 위와 같이 어린이 보호구역의 지정을 신청합니다.

년   월   일

신 청 인   (서명 또는 인)

특별시장 · 광역시장 · 특별자치도지사
시장 · 군수   귀 하

첨부서류	없 음		수수료 없음

210mm×297mm[일반용지 60g/㎡(재활용품)]

4. 어린이 보호구역 지정·관리계획

어린이 보호구역의 지정·관리계획에는 「어린이·노인 및 장애인 보호구역의 지정 및 관리에 관한 규칙」 제4조에 따라 보호구역 지정대상시설의 수, 보호구역에 설치해야 할 교통안전시설의 종류 및 수량, 도로부속물의 종류 및 수량 등을 포함되어야 한다.

이와 관련한 규정은 다음과 같다.

[표 7.2.7] 어린이 보호구역의 지정·관리 계획

「어린이·노인 및 장애인 보호구역의 지정 및 관리에 관한 규칙」 제4조 (보호구역 지정·관리계획)

① 시장등은 다음 각 호의 서식에 따라 매년 3월 31일까지 다음 연도의 보호구역 지정·관리계획(이하 "연도별계획"이라 한다)을 수립하고, 이를 매년 4월 30일까지 특별시·광역시·특별자치도의 경우에는 관할 지방경찰청장을 거쳐, 시·군의 경우에는 관할 경찰서장을 거쳐 경찰청장에게 통보하여야 한다.
   1. 어린이 보호구역: 별지 제4호서식의 어린이 보호구역 지정·관리계획
   2. 노인 보호구역: 별지 제5호서식의 노인 보호구역 지정·관리계획
   3. 장애인 보호구역: 별지 제6호서식의 장애인 보호구역 지정·관리계획
② 제1항에 따른 연도별계획에는 다음 각 호의 사항이 포함되어야 한다.
   1. 보호구역 지정대상시설의 수
   2. 보호구역에 설치해야 할 교통안전시설의 종류 및 수량
   3. 보호구역에 설치해야 할 도로부속물의 종류 및 수량
   4. 보호구역에 설치한 노상주차장의 폐지 또는 이전계획
   5. 보호구역에 설치해야 할 교통안전시설과 도로부속물의 종류별·도로관리청별 소요예산 총액(유지·보수비용을 포함한다)
③ 시장등은 제1항에 따른 연도별계획을 효과적으로 수립하기 위하여 필요하다고 인정하는 경우에는 다음 각 호에 해당하는 사람을 소집하여 협의회를 개최할 수 있다.
   1. 지방경찰청 또는 경찰서 관계자
   2. 도로관리청 관계자
   3. 교육위원회 또는 교육청 관계자
   4. 노인복지시설등 또는 장애인복지시설의 담당 공무원 등 시장등이 지정하는 사람
제5조(보호구역의 지정·관리에 따른 재정 조치) 시장등은 연도별계획의 시행에 필요한 소요예산을 우선적으로 편성하는 등 재정상의 조치를 하여야 한다.

5. 교통안전시설 및 도로부속물의 설치

어린이 보호구역 내에는 교통안전시설과 도로부속물을 설치하여야 하며, 여기서 교통안전시설이라 함은 경찰이 설치하는 신호기, 안전표지 등을 말하고, 도로부속물이라 함은 도로관리청(지자체)이 설치하는 도로표지, 과속방지시설, 방호울타리 등을 말한다. 어린이 보호구역 내에 신호기, 안전표지 등 교통안전시설을 설치하는 것과 관련한 내용은 다음과 같다.

[표 7.2.8] 어린이 보호구역 내 교통안전시설의 설치

「어린이·노인 및 장애인 보호구역의 지정 및 관리에 관한 규칙」 제6조 (교통안전시설의 설치)
① 지방경찰청장이나 경찰서장은 제3조제6항에 따라 보호구역으로 지정한 시설의 주 출입문과 가장 가까운 거리에 위치한 간선도로의 횡단보도에는 신호기를 우선적으로 설치·관리하여야 한다.
② 제1항에 따라 설치되는 보행 신호등의 녹색신호시간은 어린이, 노인 또는 장애인의 평균 보행속도를 기준으로 하여 설정하여야 한다.
③ 지방경찰청장이나 경찰서장은 제3조제6항에 따라 지정된 보호구역에 다음 각 호의 구분에 따라 안전표지를 설치하여야 한다.
  1. 어린이 보호구역 : 「도로교통법 시행규칙」(이하 이 조에서 "시행규칙"이라 한다) 별표 6 Ⅱ. 개별기준의 제133호·제324호 및 제536호의 안전표지
  2. (노인 보호구역 관련 내용 생략)
  3. (장애인 보호구역 관련 내용 생략)

위에서 보행 신호등의 녹색신호시간은 경찰청이 발행한 「교통신호기 설치·관리 매뉴얼(2011년)」에 따르면, 일반적인 보행자의 보행속도는 1.0m/초를 적용하지만, 어린이 보호구역 내에서는 0.8m/초를 적용하여 보행신호시간을 산출하도록 하고 있다. 따라서 어린이 보호구역 내에서는 어린이의 보행속도가 일반 성인보다 느린 점을 감안하여 신호시간을 산출하고 있다.

[표 7.2.9] 보행자의 보행속도 기준

제3절 신호등의 운영
2. 보행자신호 시간 계획 보행속도는 보행자의 안전을 고려하여 1.0 m/s를 적용하되, 어린이보호구역, 노인보호구역 등 교통약자를 위한 보행신호 운영 시 0.8 m/s의 보행속도를 적용한다.

자료) 경찰청, 교통신호기 설치·관리 매뉴얼, 2011

한편, 어린이 보호구역에서는 특별한 사유가 없으면, 보도와 차도를 구분하여 설치하여야 하고, 도로표지, 과속방지시설, 방호울타리 등을 설치하여야 하며, 이와 관련한 규정은 다음과 같다.

[표 7.2.10] 어린이 보호구역 내 보도 및 도로부속물의 설치

「어린이·노인 및 장애인 보호구역의 지정 및 관리에 관한 규칙」 제7조 (보도 및 도로부속물의 설치)

① 시장등은 보호구역의 도로가 보도와 차도로 구분되지 않은 경우 특별한 사유가 없으면 보도와 차도를 구분하여 설치하거나 관할 도로관리청에 설치를 요청할 수 있다.
② 시장등은 보호구역에 다음 각 호의 어느 하나에 해당하는 도로부속물을 설치하거나 관할 도로관리청에 설치를 요청할 수 있다.
  1. 별표에 따른 보호구역 도로표지
  2. 도로반사경
  3. 과속방지시설
  4. 미끄럼방지시설
  5. 방호울타리
  6. 그 밖에 시장등이 교통사고의 위험으로부터 어린이·노인 또는 장애인을 보호하기 위하여 필요하다고 인정하는 도로부속물로서 「도로의 구조·시설 기준에 관한 규칙」에 적합한 시설
③ 제2항제1호에 따른 보호구역 도로표지는 보호구역이 시작되는 구간의 오른쪽 보도 또는 길가장자리에 설치한다.

또한, 어린이 보호구역에서는 지정된 시설의 주 출입문과 직접 연결되는 도로에 노상주차장의 설치를 금지하고 있다.

이와 관련한 내용은 다음과 같다.

[표 7.2.11] 어린이 보호구역 내 노상주차장 설치 금지

「어린이 · 노인 및 장애인 보호구역의 지정 및 관리에 관한 규칙」 제8조 (노상주차장의 설치 금지)

① 특별시장 · 광역시장 · 특별자치도지사 또는 시장 · 군수 · 구청장(구청장은 자치구의 구청장을 말한다. 이하 같다)은 보호구역으로 지정된 시설의 주 출입문과 직접 연결되어 있는 도로에는 노상주차장을 설치해서는 아니 된다.
② 특별시장 · 광역시장 · 특별자치도지사 또는 시장 · 군수 · 구청장은 보호구역에 이미 노상주차장이 설치되어 있는 경우에는 특별한 사유가 없으면 이를 폐지하거나 어린이 · 노인 또는 장애인의 통행 및 안전에 지장이 없는 곳으로 이전하여야 한다.

6. 어린이 보호구역 내의 조치사항

어린이 보호구역 내에서 지방경찰청장이나 경찰서장은 「도로교통법」에 따라 차마(車馬)의 통행을 금지하거나 제한, 정차나 주차를 금지, 차량의 운행속도를 시속 30km 이내로 제한하는 등 여러 가지 조치를 취할 수 있다. 이와 관련한 내용은 다음과 같다.

[표 7.2.12] 어린이 보호구역에서 필요한 조치사항

「어린이 · 노인 및 장애인 보호구역의 지정 및 관리에 관한 규칙」 제9조 (보호구역에서의 필요한 조치)

① 지방경찰청장이나 경찰서장은 「도로교통법」 제12조제1항 또는 제12조의2제1항에 따라 보호구역에서 구간별 · 시간대별로 다음 각 호의 조치를 할 수 있다.
  1. 차마(車馬)의 통행을 금지하거나 제한하는 것
  2. 차마의 정차나 주차를 금지하는 것
  3. 운행속도를 시속 30킬로미터 이내로 제한하는 것
  4. 이면도로(도시지역에 있어서 간선도로가 아닌 도로로서 일반의 교통에 사용되는 도로를 말한다)를 일방통행로로 지정 · 운영하는 것
② 지방경찰청장이나 경찰서장이 제1항에 따른 조치를 하려는 경우에는 그 뜻을 표시하는 안전표지를 설치하여야 한다.

7. 교통안전교육

시장등이나 경찰서장은 관할 구역 내 보호구역으로 지정된 시설의 장이 요청하여 필요하다고 인정하는 경우에는 해당 시설을 방문하여 어린이·노인 또는 장애인을 대상으로 보행안전 등에 관한 교통안전교육을 실시하여야 한다. 이와 관련한 내용은 다음과 같다.

[표 7.2.13] 어린이에 대한 교통안전교육

「어린이·노인 및 장애인 보호구역의 지정 및 관리에 관한 규칙」 제10조 (어린이·노인 및 장애인에 대한 교통안전교육 등)
① 시장등이나 경찰서장은 관할 구역 내 보호구역으로 지정된 시설의 장이 요청하여 필요하다고 인정하는 경우에는 해당 시설을 방문하여 어린이·노인 또는 장애인을 대상으로 보행안전 등에 관한 교통안전교육을 실시한다.
② 시장등이나 경찰서장은 어린이·노인 및 장애인의 안전한 통행을 위하여 필요하다고 인정하는 경우에는 어린이·노인 또는 장애인이 많이 지나다니는 시간대에 관할 보호구역의 주요 횡단보도 등에 경찰공무원이나 모범운전자 등을 배치하여 어린이·노인 및 장애인이 안전하게 도로를 횡단할 수 있도록 지도하여야 한다.

8. 사후관리

시장등은 어린이 보호구역을 지정하였을 때에는 보호구역 관리카드를 작성하고 기록하는 등 사후관리를 하여야 한다. 이와 관련한 내용은 다음과 같다.

[표 7.2.14] 어린이 보호구역의 사후관리

「어린이·노인 및 장애인 보호구역의 지정 및 관리에 관한 규칙」 제11조 (보호구역에 대한 사후관리)

① 시장등은 보호구역을 지정하였을 때에는 별지 제7호서식의 보호구역 관리카드를 작성하여 갖추어 두어야 한다.
② 제1항에 따른 보호구역 관리카드에는 해당 보호구역에 설치된 신호기·안전표지 및 도로부속물의 종류 및 수량을 기록하고, 교체·수리 등 변동사항이 있는 경우에는 수시로 이를 기록·정리하여야 한다.
③ 시장등은 매년 6월 30일과 12월 31일까지 별지 제8호서식에 따라 보호구역 지정·관리 현황을 작성하여 특별시·광역시·특별자치도의 경우에는 관할 지방경찰청장을 거쳐, 시·군의 경우에는 관할 경찰서장을 거쳐 경찰청장에게 통보하여야 한다.
④ 교육부장관·국토교통부장관 및 행정안전부장관은 보호구역의 지정·관리에 필요한 예산 편성 등을 위해 제3항에 따른 보호구역 지정·관리 현황과 제4조제1항에 따른 연도별계획에 대한 자료를 경찰청장에게 요청할 수 있다.
⑤ 시장등은 보호구역에 설치된 신호기·안전표지 및 도로부속물이 훼손되거나 손괴(損壞)된 것을 발견한 경우에는 지체 없이 그 사실을 관할 경찰서장 또는 도로관리청에 통보하여야 한다.
⑥ 시장등은 보호구역으로 지정된 시설의 폐원·폐교 또는 주변 교통환경의 변화로 인하여 보호구역의 지정·관리가 필요하지 아니하다고 인정되는 경우에는 관할 지방경찰청장 또는 경찰서장과 협의하여 보호구역의 지정을 해제할 수 있다.
제12조(준용규정) 보호구역에 설치되는 신호기·안전표지 및 도로부속물의 종류, 만드는 방식, 설치하는 곳에 관하여 이 규칙에서 정하지 아니한 사항은 도로교통 또는 도로에 관한 법령에서 정하는 바에 따른다.

제3절 어린이 보호구역내 교통사고 발생특성

최근 2014년부터 2017년까지 4년 동안 어린이 보호구역 내에서 발생한 어린이 교통사고(13세 미만)의 특성을 월별, 요일별, 시간대별, 사고유형별, 법규위반별, 학년별로 분석하면 다음과 같다. 여기서 어린이 보호구역 내 교통사고는 사고건수 및 사망자수가 많지 않기 때문에 최근 4년간의 합계치를 분석하였다.

1. 월별 어린이 보호구역 내 교통사고

최근 4년(2014년~2017년) 동안 발생한 어린이보호구역 내 월별 어린이 교통사고 발생특성을 살펴보면 다음과 같다.

○ '어린이 날'이 들어 있는 5월 중에 가장 많은 어린이 교통사고가 발생

'어린이 날'이 들어 있는 5월 중에 총 252건의 교통사고가 발생하여 가장 많은 어린이 교통사고가 발생하였는데, 이것은 날씨가 좋고 어린이들의 야외활동이 많아서 어린이들이 교통사고의 위험에 노출되기 때문으로 분석되므로, 특히 5월에 어린이 교통사고에 주의할 필요가 있다.

○ 가을 학기보다 봄 학기에 어린이 교통사고가 많이 발생

가을 학기보다 봄 학기인 4~6월에 많은 어린이 교통사고 발생하므로, 봄 학기에 어린이 교통사고에 대해 더욱 주의가 필요하다.

○ 사망자는 연중 큰 차이 없이 불확정하게 발생

어린이 교통사고 사망자는 연중 큰 차이 없이 확률에 따라 불확정하게 발생하므로, 연중 방심하지 말고 주의할 필요가 있다.

[표 7.3.1] 어린이보호구역 내 월별 어린이 교통사고(2014~2017년 합계치)

구분	1월	2월	3월	4월	5월	6월	7월	8월	9월	10월	11월	12월	합계
사고건수	73	105	185	205	252	230	191	164	158	178	160	122	2,023
사망자수	0	2	1	4	1	5	1	4	2	3	3	2	28
부상자수	74	109	192	208	207	236	205	178	163	199	163	121	2,108

자료) 도로교통공단, 교통사고통계분석, 2018

2. 요일별 어린이 보호구역 내 교통사고

최근 4년(2014년~2017년) 동안 발생한 어린이보호구역 내 요일별 어린이 교통사고 발생특성을 살펴보면 다음과 같다.

○ **주 중의 후반부인 목요일과 금요일에 많은 어린이 교통사고가 발생**

요일별로 보면 주 중의 후반부인 목요일과 금요일에 각각 381건, 369건으로 많은 어린이 교통사고가 발생하고 있는데, 이것은 주초에는 학교와 학부모가 어린이 교통안전에 조심하는 반면, 주 후반이 되면 주의력이 이완되기 때문으로 분석되므로, 주 후반에 더욱 어린이 교통안전에 주의할 필요가 있다.

○ **사망자는 주 중 고르게 발생**

어린이 교통사고 사망자는 요일별로 큰 차이 없이 불확정하게 발생하고 있고, 특히 어린이 사고 건수가 비교적 적은 일요일에도 많은 사망자가 발생하고 있는데, 이것은 일요일에는 어린이 보호구역 내에 어린이가 많지 않아서 운전자들이 과속하거나 어린이 안전에 소홀하기 때문으로 분석되므로, 수업이 없는 날에도 어린이 보호구역 내에서 과속을 방지하고 어린이 사망자를 방지하는 것이 필요하다.

[표 7.3.2] 어린이보호구역 내 요일별 어린이 교통사고(2014~2017년 합계치)

구분	일	월	화	수	목	금	토	합계
사고건수	112	245	343	327	381	369	266	2,023
사망자수	6	2	5	2	6	4	3	28
부상자수	113	360	363	356	386	358	172	2,108

자료) 도로교통공단, 교통사고통계분석, 2018

3. 시간대별 어린이 보호구역 내 교통사고

최근 4년(2014년~2017년) 동안 발생한 어린이보호구역 내 시간대별 어린이 교통사고 발생 특성을 살펴보면 다음과 같다.

○ 하교시간인 14~18시(오후 2~6시) 사이에 전체의 절반 이상의 많은 어린이 교통사고가 발생

하교시간인 16~18시(오후 4~6시)에 총 552건의 교통사고가 발생하여 가장 많은 어린이 교통사고가 발생하였고, 다음으로 역시 하교시간인 14~16시(오후 2~4시)에 총 512건의 교통사고가 발생하여 전체의 절반 이상의 사고가 14~18시(오후 2~6시)에 집중되고 있는데, 이것은 하교시간에는 녹색어머니회의 교통안전 지도활동이 없고, 어린이들이 하교 후에 긴장이 풀리고 방심하기 때문으로 분석되므로, 어린이 보호구역 내에서는 특히 하교시간에 교통사고 예방에 집중하여야 한다.

○ 사망자는 등교시간인 8~10시와 하교시간인 16~18시에 많이 발생

어린이 사망자는 등교시간인 8~10시와 하교시간인 16~18시에 많이 발생하고 있고, 특히 오전 등교시간인 8~10에는 사고건수는 비교적 적은 반면 사망자수는 많이 발생하고 있는데, 이것은 오전 등교시간에 운전자들이 과속하고 어린이들이 늦지 않으려고 무단횡단 등 방심하기 때문으로 분석되므로, 이 시간대에 어린이들에 대한 보호를 강화할 필요가 있다.

[표 7.3.3] 어린이보호구역 내 시간대별 어린이 교통사고(2014~2017년 합계치)

구분	0~2	2~4	4~6	6~8	8~10	10~12	12~14	14~16	16~18	18~20	20~22	22~24	합계
사고건수	2	0	1	16	259	102	253	512	552	254	63	9	2,023
사망자수	1	0	0	0	6	2	3	3	8	5	0	0	28
부상자수	1	0	1	16	285	103	257	543	570	258	64	10	2,108

자료) 도로교통공단, 교통사고통계분석, 2018

4. 사고유형별 어린이 보호구역 내 교통사고

최근 4년(2014년~2017년) 동안 발생한 어린이보호구역 내 사고유형별 어린이 교통사고 발생특성을 살펴보면 다음과 같다.

○ 차 대 사람(어린이) 사고는 '도로횡단중'에 가장 많이 발생

어린이 교통사고 중 차 대 사람(어린이) 사고는 어린이의 '도로횡단중'에 총 1,196건으로 가장 많이 발생하였는데, 이것은 어린이에게 '횡단중'이 가장 교통사고에 가장 위험한 때이기 때문이며, 어린이에 대한 교통안전 교육은 안전한 횡단방법에 대한 교육에 집중할 필요가 있다는 것을 보여준다.

○ 차 대 차 사고 중에서는 측면충돌사고가 많이 발생

어린이 보호구역 내에서 발생하는 차 대 차 사고는 측면충돌 사고가 가장 많이 발생하였는데, 이것은 어린이 보호구역 내의 좁은 골목길에서 운전자들이 직각 방향의 차량에 주의를 소홀하기 때문으로 분석되며, 어린이 보호구역 내의 사각지대에서 교통사고를 방지할 필요를 나타낸다. 다만, 어린이 보호구역 내에서 발생한 차 대 차 사고에 의한 어린이 사망자는 한 명도 없다는 것은 낮은 차량 속도 때문으로 분석되어 제한속도 30km/시 속도규제가 바람직하다는 것을 보여준다.

○ 사망자는 횡단중에 전체의 절반 이상이 발생

어린이 보호구역 내 어린이 사망자는 '횡단중'에 총 20명이 발생하여 전체의 71%가 발생하였는데, 이것은 어린이에게 안전한 횡단방법을 제대로 교육시킨다면 어린이 사망자의 71%를 감소시킬 수 있다는 사실을 보여주는 것으로서, 어린이 교통안전 교육은 '안전한 도로횡단방법 교육'에 가장 중점을 두어야 한다.

[표 7.3.4] 어린이보호구역 내 사고유형별 어린이 교통사고(2014~2017년 합계치)

구분	차 대 사람 사고						차 대 차 사고					합계
	횡단중	차도 통행중	길가장자리 구역 통행중	보도 통행중	기타	소계	정면 충돌	측면 충돌	추돌	기타	소계	
사고건수	1,196	68	54	73	327	1,718	38	174	16	77	305	2,023
사망자수	20	0	1	3	4	28	0	0	0	0	0	28
부상자수	1,207	69	55	73	336	1,740	55	210	22	81	368	2,108

자료) 도로교통공단, 교통사고통계분석, 2018

5. 법규위반별 어린이 보호구역 내 교통사고

최근 4년(2014년~2017년) 동안 발생한 어린이보호구역 내 법규위반별 어린이 교통사고 발생특성을 살펴보면 다음과 같다.

○ '보행자보호의무위반'에 의한 교통사고가 가장 많이 발생

운전자의 법규위반별로는 '보행자보호의무위반'에 의한 교통사고가 총 814건으로 가장 많이 발생하였고, 사망자도 총 12명으로 가장 많이 발생하였으며, 이것은 운전자들이 횡단보도에서 어린이 보행자에 대한 보호를 소홀히 하여 발생한 사고로서, 어린이 보호구역 내에서는 횡단보도 교통사고에 특히 주의해야 함을 보여준다.

○ '안전운전의무위반'에 의한 교통사고가 두 번째로 많이 발생

운전자의 '안전운전의무위반'에 의한 교통사고가 두 번째로 많이 발생하였으며, 이것은 운전자들이 운전 중에 전방주시를 소홀히 하고 방심하기 때문이며, 어린이들은 어린이보호구역 내에서도 항상 자동차에 주의해야 할 필요가 있음을 나타낸다.

○ '신호위반'에 의한 교통사고가 세 번째로 많이 발생

어린이 보호구역 내에서는 운전자의 '신호위반'에 의한 교통사고도 세 번째로 많이 발생하고 있으며, 어린이들이 신호등이 있는 교차로에서 신호에만 의존하지 말고 신호를 위반하고 달려오는 자동차에 더욱 주의하도록 교육시켜야 할 필요성을 나타낸다.

[표 7.3.5] 어린이보호구역 내 법규위반별 어린이 교통사고(2014~2017년 합계치)

구분	안전운전 의무 불이행	교차로 통행방법 위반	보행자 보호의무 위반	과속	중앙선 침범	신호 위반	기타	합계
사고건수	460	10	814	17	16	340	366	2,023
사망자수	7	0	12	2	0	3	4	28
부상자수	474	10	827	15	29	377	376	2,108

자료) 도로교통공단, 교통사고통계분석, 2018

6. 학년별 어린이 보호구역 내 교통사고

최근 4년(2014년~2017년) 동안 발생한 어린이보호구역 내 학년별 어린이 교통사고 발생특성을 살펴보면 다음과 같다.

○ 사망자 및 부상자는 초1과 초2가 가장 많이 발생

어린이 보호구역 내의 어린이 교통사고 사망자는 초1과 초2가 총 15명으로 전체의 절반 이상이 발생하였고, 부상자도 초1과 초2가 가장 많이 발생하였는데, 이것은 어린이가 독립적으로 보행하여 등·하교하는 초1과 초2 때가 교통안전에 가장 취약한 시기이며 교통안전 교육에 가장 집중해야 하는 때라는 것을 나타낸다.

○ **유치원아도 사망자 및 부상자가 많이 발생**

어린이 보호구역 내에서 유치원아도 사망자가 총 6명이 발생하였고, 부상자도 다수 발생하였는데, 이것은 유치원아 시기에도 교통안전 교육에 더욱 주의를 기울여야 함을 보여준다.

○ **초6 이상은 사망자 및 부상자 피해가 감소**

초등학교 학생 중에서 초6은 사망자가 전혀 발생하지 않았고, 부상자도 상대적으로 적게 발생하였으며, 중학생도 사망자가 없고 부상자도 적게 발생하였는데, 이것은 초6 이상 고학년이 되면 스스로 독립 보행할 수 있는 능력이 배양되어 교통사고 희생자가 줄어든다는 것을 나타낸다.

[표 7.3.6] 어린이보호구역 내 학년별 어린이 교통사고 사상자(2014~2017년 합계치)

구분	미취원아	유치원아	초1	초2	초3	초4	초5	초6	중학생	기타/불명	합계
사망자수	3	6	6	9	1	2	1	0	0	0	28
부상자수	141	170	422	391	335	220	201	169	50	9	2,108

자료) 도로교통공단, 교통사고통계분석, 2018

7. 어린이 보호구역 내 어린이 교통사고의 특징과 시사점

최근 4년(2014년~2017년) 동안 발생한 어린이보호구역 내의 어린이 교통사고의 발생특성을 요약하여 정리하면 다음과 같다.

○ 월별로는 '어린이 날'이 들어 있는 5월 중에 가장 많은 어린이 교통사고가 발생하였는데, 이것은 날씨가 좋고 어린이들의 야외활동이 많아서 어린이들이 교통사고의 위험에 노출되기 때문이므로, 특히 5월에 어린이 교통사고에 주의할 필요가 있다.

○ 요일별로는 주 중의 후반부인 목요일과 금요일에 가장 많은 어린이 교통사고가 발생하였는데, 이것은 주 후반이 되면 교통안전에 대한 학부모 및 어린이의 주의력이 이완되기 때문이므로, 주 후

Children Traffic Safety

반에 더욱 어린이 교통안전에 주의할 필요가 있다.

○ 시간대별로는 하교시간인 14~18시(오후 2~6시) 사이에 전체의 절반 이상의 많은 어린이 교통사고가 발생하였는데, 이것은 하교시간에는 녹색어머니회의 교통안전 지도활동이 없고, 어린이들이 하교 후에 긴장이 풀리고 방심하기 때문이므로, 어린이 보호구역 내에서는 특히 하교시간에 교통사고 예방에 집중하여야 한다.

○ 사고유형별로는 차 대 사람(어린이) 사고는 '도로횡단중'에 가장 많이 발생하였는데, 이것은 어린이에게 '횡단중'이 가장 교통사고에 가장 위험한 때이기 때문이며, 어린이에 대한 교통안전 교육은 안전한 횡단방법에 대한 교육에 집중할 필요가 있다는 것을 보여준다.

○ 운전자의 법규위반별로는 '보행자보호의무위반'에 의한 교통사고가 가장 많이 발생하였고, 사망자도 가장 많이 발생하였으며, 이것은 운전자들이 횡단보도에서 어린이 보행자에 대한 보호를 소홀히 하여 발생한 사고로서, 어린이 보호구역 내에서는 횡단보도 교통사고에 특히 주의해야 함을 보여준다.

○ 학년별로는 어린이 교통사고 사망자 및 부상자는 초1과 초2가 가장 많이 발생하였는데, 이것은 어린이가 독립적으로 보행하여 등하교하는 초1과 초2 때가 교통안전에 가장 취약한 시기이며 교통안전 교육에 가장 집중해야 하는 때라는 것을 나타낸다.

이상과 같은 어린이 교통사고의 특성을 참고하여 어린이 교통사고를 방지하기 위한 교육을 적절하게 실시할 필요가 있다.

제4절 어린이 보호구역 개선사업 시행

1. 어린이 보호구역 개선사업 시행실적

정부는 2016년말 기준으로 전국에서 총 20,579개소의 어린이 보호구역 지정대상 중 16,355개소를 지정 완료하였고(지정율 79%), 그 중 11,037개소의 개선사업을 완료하였다(개선완료율 67%).

어린이 보호구역으로 지정되면 사고위험이 높은 구역을 대상으로 과속방지턱, 보·차도 분리시설, 방호울타리, 신호등, 도로표지판 등 도로 및 교통안전시설물을 설치하는 어린이 보호구역 개선사업이 추진된다. 이를 위하여 정부는 어린이 보호구역 정비 표준모델을 마련하였으며, 이 표준모델은 2개 유형, 6개 Type으로 구분하고, 유형별 필수시설과 선택시설을 제시하여 지역별 도로환경에 맞는 최적의 개선안을 선택하여 시행하도록 하고 있다.

[표 7.4.1] 어린이 보호구역 지정 및 정비 실적

구분	2012	2013	2014	2015	2016
지정개소	15,136	15,444	15,799	16,085	16,355
정비개소	9,021	9,990	10,350	10,789	11,037 (정비율 67%)

자료) 국토교통부, 교통안전연차보고서, 2017.

2. 어린이 보호구역 개선사업 시행효과

경찰청 산하 도로교통공단의 「교통약자 보호구역의 지정 및 운영 타당성 연구(2013)」 보고서에 의하면, 어린이 보호구역의 사고감소 효과를 분석한 결과, 어린이 보호구역 설치개소 수 100개가 증가하면 차 대 보행자 어린이사고가 연간 17.8건 감소한다고 제시하여, 어린이 보호구역 개선사업이 어린이 교통사고 감소에 긍정적인 영향을 주는 것으로 분석하고 있다.

Children Traffic Safety

또한, 한국교통연구원의 「도로교통 안전사업의 효과분석 및 제도적 개선방안(2016)」 보고서에 의하면, 서울시에서 2012년도에 시행한 어린이보호구역 개선사업에 대한 사업 전·후 효과분석 결과, 어린이 보호구역 내의 어린이 교통사고건수는 13.2% 감소하고, 보호구역 내 전체 교통사고건수는 4.5% 감소한 것으로 분석되었다.

이와 같이 어린이 보호구역의 지정과 개선사업의 시행은 여러 면으로 어린이 교통사고 감소에 효과가 있는 것으로 보고되고 있어 어린이 보호구역의 지정·확대와 개선사업 시행의 당위성을 뒷받침하고 있다.

3. 어린이 보호구역 개선사업 시행사례

어린이 보호구역 개선사업에 대한 시행사례를 살펴보면, 서울시 서초구의 경우에 지정된 어린이 보호구역을 대상으로 「2006년 서초구 어린이 보호구역 기본 및 실시설계」 용역을 통하여 실제 현장 여건에 맞는 개선사업을 추진하였으며 용역의 내용적 구성을 보면 아래와 같다.

- ○ 현황조사 및 실태분석(통학로 정밀분석)
- ○ 어린이 보호구역 정비사업 시행기준 설정 및 계획 수립
- ○ 학생 및 관계자 설문조사 및 분석
- ○ 문제점 분석 및 개선방안 수립 → 기본설계 실시
    - 안전한 통학로 재구성계획, 통과차량 주행속도 억제대책, 기존시설물 정비계획, 교통정온화기법(Traffic Calming) 도입 등
- ○ 주민설명회 및 관계기관 협의
- ○ 실시설계 및 공사비 산출

어린이 보호구역내 시설물 설치 등에 관해서는 「어린이·노인 및 장애인 보호구역의 지정 및 관

리에 관한 규칙」을 준용하고 있으며 관련 규정의 주요 내용을 정리하면 다음과 같다.

[제6조(교통안전시설의 설치)]

① **신호기 우선설치** : 주 출입문과 가장 가까운 간선도로의 횡단보도

② **보행자 신호시간** : 보행신호등의 녹색신호시간은 어린이의 평균보행속도를 기준으로 하여 설정

③ **안전표지 설치** : 「도로교통법 시행규칙」 별표6 제133호·제324호 및 제536호의 안전표지

④ **보조표지 설치** : 어린이 보호구역, 여기부터 ○○○ m, 등하교 시간

133	어린이 보호 표지	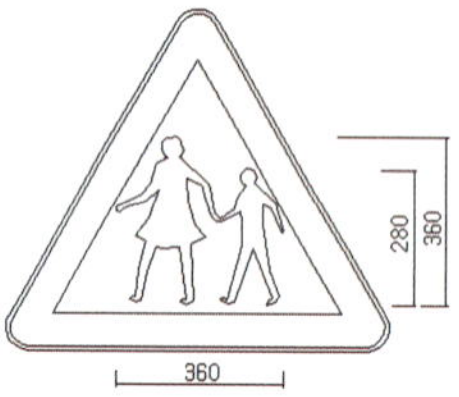 (삼각형 표지 그림)	· 어린이 또는 유아의 통행로나 횡단보도가 있음을 알리는 것 · 학교, 유치원 등의 통학, 통원로 및 어린이놀이터가 부근에 있음을 알리는 것	· 어린이 또는 유아의 보호가 특별히 요청되는 통행로나 횡단보도가 있는 경우에 설치 · 학교 및 통행로에 있어서는 학교의 출입구로부터 1킬로미터 이내의 구역에 설치 · 어린이 보호지점 또는 구역 전 50미터 내지 200미터의 도로우측에 설치
324	어린이 보호 표지 (어린이 보호 구역안)	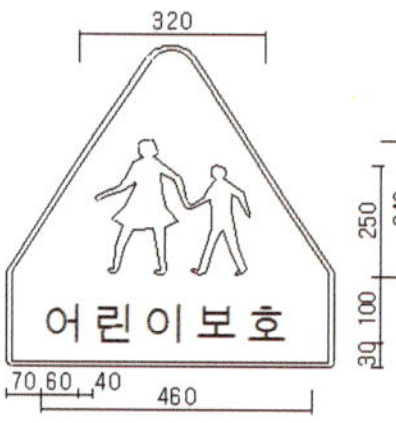 (오각형 표지 그림)	· 어린이 보호구역 안에서 어린이 또는 유아의 보호를 지시하는 것	· 어린이보호구역이 시작되는 지점에 설치 · 어린이보호구역의 도로양측에 설치
536	어린이 보호 구역 표시	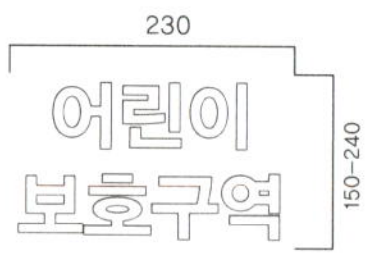 (사각형 표지 그림)	· 어린이 또는 유아의 보호구역임을 표시하는 것	· 어린이 또는 유아의 보호가 필요한 통행로로서, 어린이보호구역으로 지정된 구역에 설치

[제7조(보도 및 도로부속물의 설치)]

① **도로부속물 설치** : 보호구역 도로표지, 도로반사경, 과속방지시설, 미끄럼방지시설, 방호울타리 등

② **설치위치** : 보호구역 도로표지는 보호구역이 시작되는 구간의 오른쪽 보도 또는 길 가장자리

　　- 어린이 보호구역(School Zone, 여기부터 ○○○m)

[제9조(보호구역에서의 필요한 조치)]

① **구간별, 시간대별 교통규제**

　　- 자동차의 통행을 금지 또는 제한

　　- 자동차의 정차나 주차를 금지

　　- 운행속도를 30km/h 이내로 제한

　　- 이면도로를 일방통행로로 지정·운영

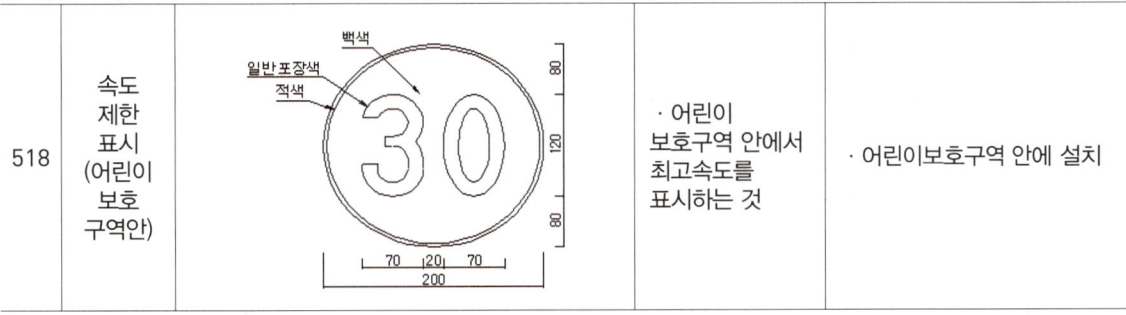

② **자동차의 통행금지 또는 제한시간은**

　　- 등교시간 08:00 ~ 09:00

　　- 하교시간 12:00 ~ 15:00로 하되, 지역 특성에 따라 시간을 적절히 조정 가능

[제12조(준용 규정)]

보호구역에 설치되는 신호기·안전표지 및 도로부속물의 종류, 만드는 방식, 설치하는 곳에 관하여 이 규칙이 정하지 아니한 사항은 도로교통 또는 도로에 관한 법령이 정하는 바에 따름.

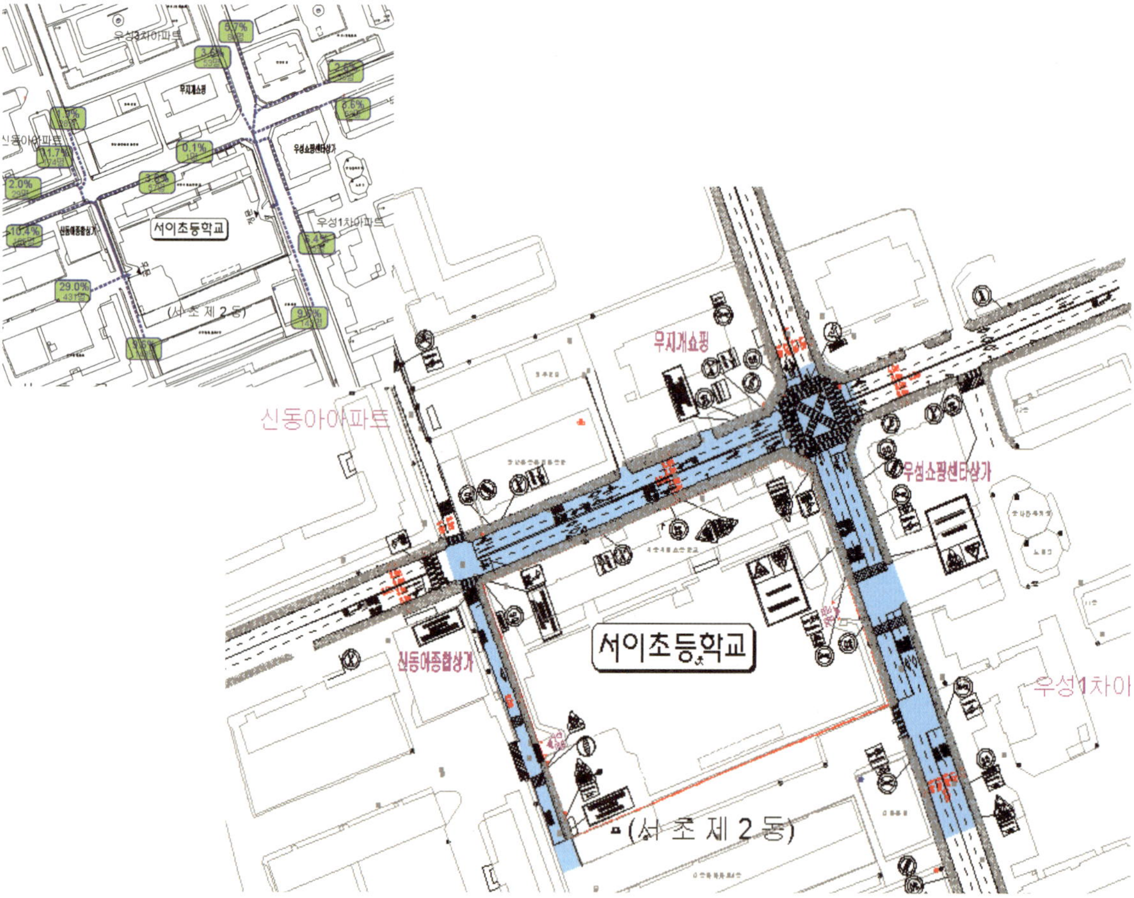

[그림 7.4.1] 어린이 보호구역 보행교통량조사 및 교통현황·시설물조사 사례(서울 서이초등학교 주변)

자료) 서울시 서초구, 『2006년 서초구 어린이 보호구역 기본 및 실시설계』, 2006

Children Traffic Safety

[개선 전]

정비 내역
보도에 보행자 방호울타리(개방형)를 설치하여 보행자 보호 및 불법주차를 원천적으로 금지, 유색 포장, 교통안전표지판 설치

[개선 후]

[그림 7.4.2] 어린이 보호구역 개선 전후 비교(서울 이수초등학교)

[개선 전]

정비 내역

노상주차 제거 및 보도 설치, 보행자 방호울타리(개방형), 유색 포장, 교통안전표지판 및 과속방지턱 설치

[개선 후]

[그림 7.4.3] 어린이 보호구역 개선 전후 비교(서울 우암초등학교)

자료) 서울시 서초구, 『2006년 서초구 어린이 보호구역 기본 및 실시설계』, 2006

제8장
어린이 통학버스 운행

제1절 어린이 통학버스 개요

제2절 어린이 통학버스 관련 규정

제3절 어린이 통학버스 교통사고

제4절 어린이 통학버스 운행 현황 및 성과

제8장
어린이 통학버스 운행

제1절 어린이 통학버스 개요

1. 어린이 통학버스의 정의

일반적으로 선진국에서 어린이 통학버스라 함은 도보로 통학하기 어려운 초·중등학생의 통학을 위한 이동을 지원하고, 보다 안전하고 친환경적으로 학생들의 이동을 돕는 수단을 말한다.

그러나 우리나라에서의 어린이 통학버스는 초·중등학생의 통학을 돕기 위한 수단보다 유치원·어린이집과 같은 영·유아 보육시설, 교과학습 또는 예·체능학원의 통원을 위한 셔틀버스로 더 많이 이용되고 있다.

이는 우리나라의 높은 교육열로 인하여 다수의 어린이들이 정규교육 외에 보습학원 등에서 사교육을 받고 있으며, 맞벌이가 증가함에 따라 취학전 아동이 어린이집 등 보육시설을 많이 이용하고 있다는 사회적 현상에 기인한 것이다. 이러한 시설을 이용하는 유아 또는 어린이의 다수는 해당 시설에서 운영하는 통학차량을 이용하고 있다.

이러한 운행 특성으로 인하여 우리나라에서의 통학버스는 유아나 초등학생을 대상으로 하는 경우가 많으며, 통학버스 운영시간대도 등·하교 시간뿐만 아니라 새벽 또는 늦은 밤에 이르기까지 넓은 시간대에 분포하고 있다. 이러한 어린이 통학버스 안전에 대한 부모들의 관심은 매우 높으며 최근 들어 관심도는 더욱 높아지고 있다.

우리나라에서 어린이 통학버스의 정의는 「도로교통법」에 의하여 어린이(13세 미만인 사람을 말함)를 교육 대상으로 하는 시설에서 어린이의 통학 등에 이용되는 자동차와, 「여객자동차 운수사업법」 제4조제3항에 따른 여객자동차운송사업의 한정면허를 받아 어린이를 여객대상으로 하여 운행되는 운송사업용 자동차를 말한다.

[표 8.1.1] 어린이 통학버스의 정의

도로교통법 제2조 (정의)

23. "어린이통학버스"란 다음 각 목의 시설 가운데 어린이(13세 미만인 사람을 말한다. 이하 같다)를 교육 대상으로 하는 시설에서 어린이의 통학 등에 이용되는 자동차와 「여객자동차 운수사업법」 제4조제3항에 따른 여객자동차운송사업의 한정면허를 받아 어린이를 여객대상으로 하여 운행되는 운송사업용 자동차를 말한다.
  가. 「유아교육법」에 따른 유치원, 「초·중등교육법」에 따른 초등학교 및 특수학교
  나. 「영유아보육법」에 따른 어린이집
  다. 「학원의 설립·운영 및 과외교습에 관한 법률」에 따라 설립된 학원
  라. 「체육시설의 설치·이용에 관한 법률」에 따라 설립된 체육시설

실제로 통학버스라고 불리는 차량은 중·대형 버스인 경우도 있고, 소형 밴(Van) 차량인 경우도 있으나, 여기서는 차량의 크기에 관계 없이 모두 '통학버스'라고 부르기로 한다. 대부분의 지역에 거주하는 어린이 중 다수는 하루에도 수차례 통학버스를 이용하여 학교와 학원, 학원과 학원, 학원과 집을 오고가는 것이 일상화되어 있다.

우리나라 정부는 전문가, 학부모, 시설 관계자 등의 의견을 수렴하여 어린이 통학버스의 안전을 높이기 위한 여러 가지 정책들을 도입하여 시행하고 있으며, 그 결과 어린이 통학버스와 관련된 교통사고 발생과 그로 인한 피해를 상당한 수준 감소시켰다.

2. 어린이 통학버스 정책 추진

우리나라에서 통학버스가 운행되기 시작한 지는 오래되었지만, 통학버스가 공식적으로 법적인 규제를 받기 시작한 것은 지난 1997년 이후부터이며, 그 동안 통학버스 관련 정책의 추진 현황을 연도별로 제시하면 다음과 같다.

1997년 : 정부는 「도로교통법」을 개정하여 어린이 통학버스의 신고를 의무화하고, 도로상에서 통학버스 특별보호규정을 도입함. 이에 따라 어린이 통학버스를 운행하고자 하는 자는 미리 관할경찰서장에게 신고하고 신고필증을 교부받아 어린이 통학버스 안에 상시 비치하도록 의무화 되었고, 어린이 통학버스가 도로에 정차하여 점멸등 등 어린이 또는 유아가 타고 내리는 중임을 표시하는 장치를 가동 중인 때에는 어린이 통학버스가 정차한 차로와 그 차로의 바로 옆 차로를 통행하는 차의 운전자는 일시정지하여 서행하도록 의무화됨.

2002년 : 「도로교통법」을 개정하여 어린이 통학버스 동승 보호자 탑승규정을 도입함. 이에 따라 어린이통학버스를 운영하는 자는 어린이통학버스에 어린이나 유아를 태울 때에는 교직원, 강사 등 보호자를 함께 태우고 운행하여야 하도록 의무화됨.

2011년 : 「도로교통법」을 개정하여 어린이 통학버스 운전자에 대한 교통안전 교육을 의무화하고, 보호자 미동승 시 운전자의 어린이에 대한 안전한 승하차 확인을 의무화함. 이에 따라 어린이 통학버스를 운영하는 사람과 운전하는 사람은 어린이 통학버스 등에 관한 안전교육을 받아야 하고, 보호자 미동승 시는 운전자가 어린이의 안전한 승하차를 확인하도록 의무화됨.

2014년 : 「도로교통법」을 개정하여 통학버스 특별보호를 받고자 하는 차량 외에 모든 어린이 통학버스에 대한 경찰서 신고를 의무화하고, 어린이통학버스의 위반 정보 제공 규정을 도입함. 이에 따라 경찰서장은 어린이통학버스를 운영하는 사람이나 운전하는 사람이 어린이를 사상(死傷)하는 사고를 유발한 때에는 어린이 교육시설을 감독하는 주무기관의 장에게 그 정보를 제공하도록 규정함.

우리나라는 위와 같은 추진과정을 거쳐서 어린이 통학버스에 대한 안전규정을 도입하였으며, 여기에서는 우리나라의 어린이 통학버스 관련 각종 규정 현황을 살펴보고, 어린이 통학버스가 갖는 독특한 운행성격과 교통사고 특성, 어린이 통학버스 안전 관련 정책의 성과 및 향후 개선방안을 제시하도록 한다.

제2절 어린이 통학버스 관련 규정

1. 어린이 통학버스 신고

가. 어린이 통학버스의 신고

우리나라에서 어린이 통학버스를 운행하고자 하는 자는 「도로교통법」에 의하여 관할 경찰서장에게 신고를 하고, 항상 차내에 신고증명서를 비치하여야 한다. 「도로교통법」 제52조(어린이통학버스의 신고 등)는 다음과 같이 어린이 통학버스에 대한 신고 의무 규정을 두고 있다.

1. 어린이통학버스를 운영하려는 자는 행정안전부령으로 정하는 바에 따라 미리 관할 경찰서장에게 신고하고 신고증명서를 발급받아야 한다.
2. 어린이통학버스를 운영하는 자는 어린이통학버스 안에 발급받은 신고증명서를 항상 갖추어 두어야 한다.
3. 어린이통학버스로 사용할 수 있는 자동차는 행정안전부령으로 정하는 자동차로 한정하고, 도색·표지, 보험가입, 소유 관계 등 대통령령으로 정하는 요건을 갖추어야 한다.

[표 8.2.1] 어린이 통학버스의 신고

도로교통법 제52조 (어린이통학버스의 신고 등)

① 어린이통학버스(「여객자동차 운수사업법」 제4조제3항에 따른 한정면허를 받아 어린이를 여객대상으로 하여 운행되는 운송사업용 자동차는 제외한다)를 운영하려는 자는 행정안전부령으로 정하는 바에 따라 미리 관할 경찰서장에게 신고하고 신고증명서를 발급받아야 한다.
② 어린이통학버스를 운영하는 자는 어린이통학버스 안에 제1항에 따라 발급받은 신고증명서를 항상 갖추어 두어야 한다.
③ 어린이통학버스로 사용할 수 있는 자동차는 행정안전부령으로 정하는 자동차로 한정한다. 이 경우 그 자동차는 도색·표지, 보험가입, 소유 관계 등 대통령령으로 정하는 요건을 갖추어야 한다.
④ 누구든지 제1항에 따른 신고를 하지 아니하거나 「여객자동차 운수사업법」 제4조제3항에 따라 어린이를 여객대상으로 하는 한정면허를 받지 아니하고 어린이통학버스와 비슷한 도색 및 표지를 하거나 이러한 도색 및 표지를 한 자동차를 운전하여서는 아니 된다.

위와 같이 「도로교통법」 및 동법 시행령에 나타난 어린이 통학버스의 신고 요건을 알기 쉽게 도표로 정리하면 다음과 같다.

[표 8.2.2] 어린이 통학버스 신고요건

구분	신고요건

통학차량 안전 및 표지	■ 어린이 통학차량 안전기준
	   - 차체 : 황색 도색
	   - 좌석안전띠 : 어린이 신체구조에 적합하게 조절되는 좌석안전띠
	   - 승강구 : 어린이 신체에 적합한 발판 및 보조발판
	   - 등화 : 적색 및 황색 점멸등
	   - 거울 : 후사경
	■ 앞면 창유리 우측상단과 뒷면 창유리 중앙하단에 보호표지 부착

소유관계	■ 시설장 명의의 업무용 자동차 ■ 시설장과 계약 체결한 전세버스(유치원, 어린이집, 학교에 한함)
보험가입	■ 공제조합 또는 유상운송위험담보특별약관 가입 ※ 자가용승합차의 업무 중 사고에 대한 무상배상보험

나. 어린이 통학버스의 신고절차

어린이 통학버스의 신고절차는 「도로교통법 시행규칙」 제35조(어린이통학버스의 신고절차 등)에 따라 다음과 같이 규정되어 있다.

1. 어린이통학버스의 신고를 하고자 하는 자는 어린이통학버스 신고서에 다음 각 호의 서류를 첨부하여 당해 버스를 어린이 통학 등에 이용하는 시설의 소재지를 관할하는 경찰서장에게 제출하여야 한다.
   a. 보험가입증명서 사본   b. 학교 등기·인가 신고서 또는 학원 등록 신고서 사본
2. 관할경찰서장은 신고서를 접수한 경우 구비요건을 확인한 후 기준에 적합한 때에는 어린이통학버스 신고필증을 교부하여야 한다.
3. 교부받은 어린이통학버스 신고필증은 그 자동차의 앞면 창유리 우측상단의 보기 쉬운 곳에 부착하여야 한다.
4. 어린이통학버스 신고필증을 잃어버리거나 헐어 못쓰게 된 때에는 어린이통학버스 신고필증 재교부신청서를 관할경찰서장에게 제출하여 다시 교부받아야 한다.

[표 8.2.3] 어린이 통학버스의 신고 절차

도로교통법 시행규칙 제35조 (어린이통학버스의 신고절차 등)

① 법 제52조제1항에 따라 어린이통학버스의 신고를 하고자 하는 자는 별지 제18호서식의 어린이통학버스신고서에 다음 각 호의 서류를 첨부하여 당해 버스를 어린이 통학 등에 이용하는 시설의 소재지를 관할하는 경찰서장에게 제출하여야 한다. 이 경우 관할경찰서장은 「전자정부법」 제36조제1항에 따른 행정정보의 공동이용으로 신청인의 자동차등록증을 확인하여야 하며, 신청인이 확인에 동의하지 아니하는 경우에는 그 사본을 첨부하도록 하여야 한다.
  1. 보험가입증명서 사본
  2. 학교 등기·인가 신고서 또는 학원 등록 신고서 사본
② 관할경찰서장은 제1항에 따른 신고서를 접수한 경우 구비요건을 확인한 후 기준에 적합한 때에는 별지 제19호서식의 어린이통학버스 신고필증을 교부하여야 한다.
③ 제2항에 따라 교부받은 어린이통학버스 신고필증은 그 자동차의 앞면 창유리 우측상단의 보기 쉬운 곳에 부착하여야 한다.

④ 어린이통학버스 신고필증을 잃어버리거나 헐어 못쓰게 된 때에는 별지 제20호서식의 어린이통학버스신고필증 재교부신청서를 관할경찰서장에게 제출하여 다시 교부받아야 한다. 다만, 어린이통학버스 신고필증이 헐어 못쓰게 되어 다시 신청하는 때에는 어린이통학버스신고필증 재교부신청서에 헐어 못쓰게 된 신고필증을 첨부하여 제출하여야 한다.

어린이 통학버스에 대한 신고는 관할 경찰서장에게 하여야 하는데, 신고요건은 크게 자동차 안전기준 및 표지 부착, 차량 소유관계, 보험 가입의 3가지이며 이를 도표로 나타내면 다음과 같다.

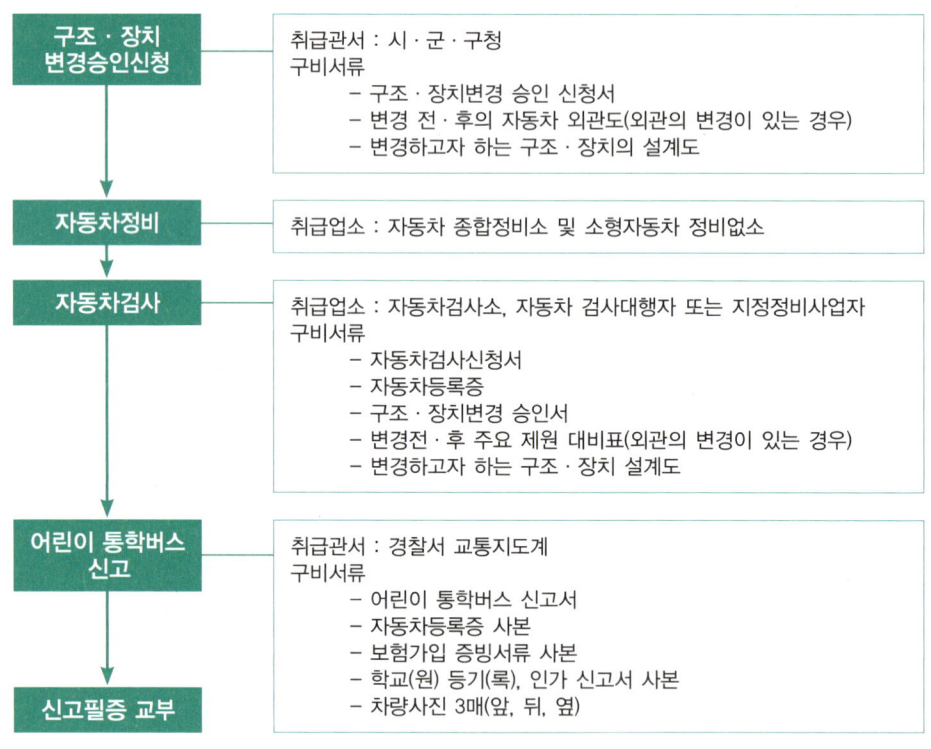

[그림 8.2.1] 어린이 통학버스 신고절차

자료) 「Korea's 95% Reduction in Child Traffic Fatalities」, 어린이 통학버스 편(명묘희)

2. 어린이 통학버스 차량 규정

가. 어린이 통학버스로 사용할 수 있는 자동차

어린이 통학버스로 사용할 수 있는 자동차는 「도로교통법 시행규칙」 제34조(어린이통학버스로 사용할 수 있는 자동차)에 따라 승차정원 9인승(어린이 1명을 승차정원 1명으로 본다) 이상의 자동차로 한다. 이 경우 장애아동의 승·하차 편의를 위하여 9인승 이상의 승용자동차 또는 승합자동차를 9인승 미만으로 튜닝(개조)한 경우는 그 승용자동차 또는 승합자동차를 어린이 통학버스로 사용할 수 있다.

[표 8.2.3] 어린이 통학버스로 사용할 수 있는 자동차

> **도로교통법 시행규칙 제34조 (어린이통학버스로 사용할 수 있는 자동차)**
>
> 법 제52조제3항에 따라 어린이통학버스로 사용할 수 있는 자동차는 승차정원 9인승(어린이 1명을 승차정원 1명으로 본다) 이상의 자동차로 한다. 이 경우, 「자동차관리법」 제34조에 따라 튜닝 승인을 받은 자가 9인승 이상의 승용자동차 또는 승합자동차를 장애아동의 승·하차 편의를 위하여 9인승 미만으로 튜닝한 경우 그 승용자동차 또는 승합자동차를 포함한다.

나. 어린이 통학버스의 요건

어린이 통학버스가 갖추어야 할 요건은 「도로교통법 시행령」 제31조(어린이통학버스의 요건 등)에 규정되어 있으며, 시행령에 규정된 주요 요건은 다음과 같은 네 가지이다.

1. 자동차안전기준에서 정한 어린이운송용 승합자동차의 구조를 갖출 것
2. 어린이통학버스 앞면 창유리 우측상단과 뒷면 창유리 중앙하단의 보기 쉬운 곳에 행정안전부령이 정하는 어린이 보호표지를 부착할 것
3. 교통사고로 인한 피해를 전액 배상할 수 있도록 「보험업법」에 따른 보험 또는 「여객자동차 운수사업법」에 따른 공제조합에 가입되어 있을 것
4. 「자동차등록령」에 따른 등록원부에 유치원, 학교, 어린이집, 학원, 체육시설의 인가를 받거나 등록 또는 신고를 한 자의 명의로 등록되어 있는 자동차, 또는 유치원, 학교, 어린이집, 학원

또는 체육시설의 장이 「여객자동차 운수사업법 시행령」에 따라 전세버스운송사업자와 운송계약을 맺은 자동차일 것

[표 8.2.4] 어린이 통학버스의 요건

도로교통법 시행령 제31조 (어린이통학버스의 요건 등)

법 제52조제3항에서 "대통령령으로 정하는 요건"이란 다음 각 호의 요건을 말한다.
1. 자동차안전기준에서 정한 어린이운송용 승합자동차의 구조를 갖출 것
2. 어린이통학버스 앞면 창유리 우측상단과 뒷면 창유리 중앙하단의 보기 쉬운 곳에 행정안전부령이 정하는 어린이 보호표지를 부착할 것
3. 교통사고로 인한 피해를 전액 배상할 수 있도록 「보험업법」 제4조에 따른 보험 또는 「여객자동차 운수사업법」 제61조에 따른 공제조합에 가입되어 있을 것
4. 「자동차등록령」 제8조에 따른 등록원부에 법 제2조제23호에 따른 유치원, 학교, 어린이집, 학원, 체육시설의 인가를 받거나 등록 또는 신고를 한 자의 명의로 등록되어 있는 자동차 또는 유치원, 학교, 어린이집, 학원 또는 체육시설의 장이 「여객자동차 운수사업법 시행령」 제3조제2호가목 단서에 따라 전세버스운송사업자와 운송계약을 맺은 자동차일 것

다. 자동차 안전기준에 정한 어린이 통학버스의 구조 요건

어린이 통학버스가 갖추어야 할 구조 요건에 대하여 「자동차 및 자동차 부품의 성능 및 기준에 관한 규칙」 제19조에는 차대 및 차체에 대하여 다음과 같은 규정을 두고 있다.

1. 색상은 황색이어야 한다.
2. 앞과 뒤에는 어린이 보호표지를 붙이거나 뗄 수 있도록 하여야 한다.
3. 좌측 옆면 앞부분에는 정지표시장치를 설치하여야 하고, 좌측 옆면 뒷부분에 1개를 추가로 설치할 수 있다.

Children Traffic Safety

[표 8.2.5] 어린이 통학버스의 구조 요건(차대 및 차체)

자동차 및 자동차부품의 성능 및 기준에 관한 규칙 제19조 (차대 및 차체)

①~⑦ 생략 (일반 자동차 기준)
⑧ 어린이운송용 승합자동차의 색상은 황색이어야 한다.
⑨ 어린이운송용 승합자동차의 앞과 뒤에는 별표 5의3 제1호에 따른 어린이 보호표지를 붙이거나 뗄 수 있도록 하여야 한다.
⑩ 어린이운송용 승합자동차의 좌측 옆면 앞부분에는 별표 5의3 제2호에 따른 정지표시장치(이하 "정지표시장치"라 한다)를 설치하여야 한다. 이 경우 좌측 옆면 뒷부분에 1개를 추가로 설치할 수 있다.

또한, 어린이 통학버스가 갖추어야 할 좌석안전띠 장치에 대하여 「자동차 및 자동차 부품의 성능 및 기준에 관한 규칙」 제27조는 다음과 같은 규정을 두고 있다.

1. 좌석안전띠의 구조는 어린이의 신체구조에 적합하게 조절될 수 있어야 한다.

[표 8.2.6] 어린이 통학버스의 구조 요건(좌석안전띠 장치)

자동차 및 자동차부품의 성능 및 기준에 관한 규칙 제27조 (좌석안전띠 장치 등)

⑥ 어린이운송용 승합자동차의 승객석에 설치된 좌석안전띠의 구조는 어린이의 신체구조에 적합하게 조절될 수 있어야 한다.

또한, 「자동차 및 자동차 부품의 성능 및 기준에 관한 규칙」은 어린이운송용 승합자동차에는 다음의 기준에 적합한 표시등을 설치하도록 규정하고 있다.

1. 앞면과 뒷면에는 분당 60회 이상 120회 이하로 점멸되는 각각 2개의 적색표시등과 2개의 황색표시등 또는 호박색표시등을 설치할 것
2. 적색표시등은 바깥쪽에, 황색표시등은 안쪽에 설치하되, 차량중심선으로부터 좌·우대칭이 되도록 설치할 것
3. 앞면표시등은 앞면창유리 위로 앞에서 가능한 한 높게 하고, 뒷면표시등의 렌즈하단부는 뒷면

옆창문 개구부의 상단선보다 높게 하되, 좌·우의 높이가 같게 설치할 것
4. 각 표시등의 발광면적은 120cm² 이상일 것
5. 도로에 정지하려고 하거나 출발하려고 하는 때에는 다음 각 목의 기준에 적합할 것
    가. 도로에 정지하려는 때에는 황색표시등 또는 호박색표시등이 점멸되도록 운전자가 조작할 수 있어야 할 것
    나. 가목의 점멸 이후 어린이의 승하차를 위한 승강구가 열릴 때에는 자동으로 적색표시등이 점멸될 것
    다. 출발하기 위하여 승강구가 닫혔을 때에는 다시 자동으로 황색표시등 또는 호박색표시등이 점멸될 것
    라. 다목의 점멸 시 적색표시등과 황색표시등 또는 호박색표시등이 동시에 점멸되지 아니할 것

[표 8.2.7] 어린이 통학버스의 구조 요건(등화)

자동차 및 자동차부품의 성능 및 기준에 관한 규칙 제48조 (등화에 대한 그 밖의 기준)

④ 어린이운송용 승합자동차에는 다음 각호의 기준에 적합한 표시등을 설치하여야 한다.
1. 앞면과 뒷면에는 분당 60회이상 120회이하로 점멸되는 각각 2개의 적색표시등과 2개의 황색표시등 또는 호박색표시등을 설치할 것
2. 적색표시등은 바깥쪽에, 황색표시등은 안쪽에 설치하되, 차량중심선으로부터 좌·우대칭이 되도록 설치할 것
3. 앞면표시등은 앞면창유리 위로 앞에서 가능한 한 높게 하고, 뒷면표시등의 렌즈하단부는 뒷면 옆창문 개구부의 상단선보다 높게 하되, 좌·우의 높이가 같게 설치할 것
4. 각 표시등의 발광면적은 120제곱센티미터 이상일 것
5. 도로에 정지하려고 하거나 출발하려고 하는 때에는 다음 각 목의 기준에 적합할 것
    가. 도로에 정지하려는 때에는 황색표시등 또는 호박색표시등이 점멸되도록 운전자가 조작할 수 있어야 할 것
    나. 가목의 점멸 이후 어린이의 승하차를 위한 승강구가 열릴 때에는 자동으로 적색표시등이 점멸될 것
    다. 출발하기 위하여 승강구가 닫혔을 때에는 다시 자동으로 황색표시등 또는 호박색표시등이 점멸될 것
    라. 다목의 점멸 시 적색표시등과 황색표시등 또는 호박색표시등이 동시에 점멸되지 아니할 것
6. 앞면과 뒷면에 설치하는 표시등은 별표 28의2의 광도기준에 적합할 것

또한, 어린이운송용 승합자동차에는 다음의 기준에 적합하게 간접시계장치(운전자가 거울 또는 카메라모니터 시스템을 이용하여 자동차의 앞면, 뒷면 또는 옆면의 시계(視界) 범위를 확인하기 위한 장치)를 설치하도록 규정하고 있다.

- 승합자동차 차체 바로 앞에 있는 장애물을 확인할 수 있는 간접시계장치를 추가로 설치하여야 한다.
- 승합자동차의 좌우에 설치하는 간접시계장치는 승강구의 가장 늦게 닫히는 부분의 차체로부터 자동차길이방향의 수직으로 300mm 떨어진 지점에 직경 30mm 및 높이 1,200mm의 관측봉을 설치하고, 운전자의 착석기준점으로부터 위로 635mm의 높이에서 관측봉을 확인하였을 때 관측봉의 전부가 보일 수 있는 구조로 하여야 한다.

[표 8.2.8] 어린이 통학버스의 간접시계장치

> **자동차 및 자동차부품의 성능 및 기준에 관한 규칙 제50조 (간접시계장치)**
> ② 어린이운송용 승합자동차(원동기가 운전석으로부터 앞쪽에 위치해 있는 자동차는 제외한다)에는 차체 바로 앞에 있는 장애물을 확인할 수 있는 간접시계장치를 추가로 설치하여야 한다.
> ③ 어린이운송용 승합자동차의 좌우에 설치하는 간접시계장치는 승강구의 가장 늦게 닫히는 부분의 차체(승강구가 없는 차체 쪽의 경우는 승강구가 있는 차체의 지점과 대칭인 지점을 말한다)로부터 자동차길이 방향의 수직으로 300밀리미터 떨어진 지점에 직경 30밀리미터 및 높이 1천 200밀리미터의 관측봉을 설치하고, 운전자의 착석기준점으로부터 위로 635밀리미터의 높이에서 관측봉을 확인하였을 때 관측봉의 전부가 보일 수 있는 구조로 하여야 한다.

이상과 같이 어린이 통학버스가 갖추어야 할 구조 및 장치 요건에 대하여 경찰청이 홈페이지에 알기 쉽게 인포그래픽으로 나타낸 그림은 다음과 같다.

[그림 8.2.2] 어린이 통학버스 구조 및 장치 요건

자료) 경찰청 홈페이지(www.police.go.kr)

3. 어린이 통학버스 운전자 및 운행자의 준수사항

가. 어린이 통학버스 운전자 및 운행자의 의무

어린이 통학버스 운전자 및 운행자는 「도로교통법」 제53조(어린이통학버스 운전자 및 운영자 등의 의무)에 의하여 다음과 같이 점멸등 작동, 좌석안전띠 착용, 어린이 승하차 보호자 탑승 등의 규정을 준수하여야 한다.

1. 어린이통학버스를 운전하는 사람은 어린이나 영유아가 타고 내리는 경우에만 점멸등 등의 장치를 작동하여야 하며, 어린이나 영유아를 태우고 운행 중인 경우에만 어린이 승차 중임을 나

타내는 표시를 하여야 한다.
2. 어린이통학버스를 운전하는 사람은 어린이나 영유아가 어린이통학버스를 탈 때에는 승차한 모든 어린이나 영유아가 좌석안전띠를 매도록 한 후에 출발하여야 하며, 내릴 때에는 보도나 길가장자리구역 등 자동차로부터 안전한 장소에 도착한 것을 확인한 후에 출발하여야 한다.
3. 어린이통학버스를 운영하는 자는 어린이통학버스에 어린이나 영유아를 태울 때에는 교직원 또는 강사 등에 해당하는 보호자를 함께 태우고 운행하여야 하며, 동승한 보호자는 어린이나 영유아가 승차 또는 하차하는 때에는 자동차에서 내려서 어린이나 영유아가 안전하게 승하차하는 것을 확인하고 운행 중에는 어린이나 영유아가 좌석에 앉아 좌석안전띠를 매고 있도록 하는 등 어린이 보호에 필요한 조치를 하여야 한다.

[표 8.2.9] 어린이 통학버스 운전자 및 운영자의 의무

도로교통법 제53조 (어린이통학버스 운전자 및 운영자 등의 의무)

① 어린이통학버스를 운전하는 사람은 어린이나 영유아가 타고 내리는 경우에만 제51조제1항에 따른 점멸등 등의 장치를 작동하여야 하며, 어린이나 영유아를 태우고 운행 중인 경우에만 제51조제3항에 따른 표시를 하여야 한다.
② 어린이통학버스를 운전하는 사람은 어린이나 영유아가 어린이통학버스를 탈 때에는 제50조 제2항에도 불구하고 승차한 모든 어린이나 영유아가 좌석안전띠(어린이나 영유아의 신체구조에 따라 적합하게 조절될 수 있는 안전띠를 말한다. 이하 이 조 및 제156조제1호, 제160조제2항제4호의2에서 같다)를 매도록 한 후에 출발하여야 하며, 내릴 때에는 보도나 길가장자리구역 등 자동차로부터 안전한 장소에 도착한 것을 확인한 후에 출발하여야 한다. 다만, 좌석안전띠 착용과 관련하여 질병 등으로 인하여 좌석안전띠를 매는 것이 곤란하거나 행정안전부령으로 정하는 사유가 있는 경우에는 그러하지 아니하다.
③ 어린이통학버스를 운영하는 자는 어린이통학버스에 어린이나 영유아를 태울 때에는 다음 각 호의 어느 하나에 해당하는 보호자를 함께 태우고 운행하여야 하며, 동승한 보호자는 어린이나 영유아가 승차 또는 하차하는 때에는 자동차에서 내려서 어린이나 영유아가 안전하게 승하차하는 것을 확인하고 운행 중에는 어린이나 영유아가 좌석에 앉아 좌석안전띠를 매고 있도록 하는 등 어린이 보호에 필요한 조치를 하여야 한다.
  1. 「유아교육법」에 따른 유치원이나 「초·중등교육법」에 따른 초등학교 또는 특수학교의 교직원
  2. 「영유아보육법」 제2조제5호에 따른 보육교직원
  3. 「학원의 설립·운영 및 과외교습에 관한 법률」 제13조제1항에 따른 강사
  4. 「체육시설의 설치·이용에 관한 법률」에 따른 체육시설의 종사자

> 5. 그 밖에 어린이통학버스를 운영하는 자가 지명한 사람
>
> ④ 어린이통학버스를 운전하는 사람은 어린이통학버스 운행을 마친 후 어린이나 영유아가 모두 하차하였는지를 확인하여야 한다.

한편, 「도로교통법」 제53조의2(보호자가 동승하지 아니한 어린이통학버스 운전자의 의무)는 어린이의 승차 또는 하차를 도와주는 보호자(보조교사라고 부름)를 태우지 아니한 어린이통학버스를 운전하는 사람은 자동차에서 내려서 어린이나 영유아가 안전하게 승하차하는 것을 확인하도록 규정하고 있다.

[표 8.2.10] 보호자가 동승하지 아니한 어린이 통학버스 운전자의 의무

> **도로교통법 제53조의2 (보호자가 동승하지 아니한 어린이통학버스 운전자의 의무)**
>
> 어린이의 승차 또는 하차를 도와주는 보호자를 태우지 아니한 어린이통학버스를 운전하는 사람은 어린이가 승차 또는 하차하는 때에 자동차에서 내려서 어린이나 영유아가 안전하게 승하차하는 것을 확인하여야 한다.

어린이 통학버스 관련자의 안전운행 관련 의무사항을 표로 정리하면 다음과 같다.

[표 8.2.11] 어린이 통학버스 관련자의 통학버스 운행 관련 의무

구분	대상	의무내용	위반 시 처벌
보호자 탑승	운영자	■ 어린이 또는 유아를 보호할 수 있는 사람이 탑승하여야 함	■ 범칙금: 승합 7만원, 승용 6만원
어린이 승하차시 안전 확인	운전자	■ 어린이, 유아가 좌석에 앉은 것과 보도 또는 길가장자리구역 등 자동차로부터 안전한 장소에 도착한 것을 확인한 후 어린이 통학버스를 출발시켜야 함	■ 범칙금: 승합 7만원, 승용 6만원 ■ 운전면허 벌점: 15점
허위표시 등의 금지	운전자	■ 어린이, 유아가 타고 내리는 경우에 한하여 점멸등 등의 장치를 작동하여야 함 ■ 어린이, 유아를 태우고 운행 중인 경우에 한하여 어린이 보호표시를 하여야 함	■ 범칙금: 승합 7만원, 승용 6만원 ■ 운전면허 벌점: 15점

Children Traffic Safety

나. 어린이 통학버스 운영자 및 운전자에 대한 안전교육

2011년 6월 8일 「도로교통법 시행규칙」 개정으로 어린이 통학·통원용 자동차 관계자에 대한 안전교육 이수 의무가 신설되었으며, 2012년 1월 1일부터 교육이 실시되고 있다.

「도로교통법 시행규칙」 제37조의2(어린이통학버스 운영자 등에 관한 안전교육)에 따라 어린이를 교육대상으로 하는 시설("어린이교육시설"이라 함)에서 어린이통학버스를 운영하는 사람과 운전하는 사람에 대하여 실시하는 어린이통학버스의 안전운행 등에 관한 교육("어린이통학버스 안전교육"이라 함)은 경찰청 산하 도로교통공단에서 제작하고 경찰청장이 감수한 교재를 사용하여야 한다. 다만, 어린이교육시설을 관리하는 주무기관의 장이 직접 안전교육을 실시하는 경우에는 경찰청장이 감수한 자료를 기초로 직접 제작한 교재를 사용할 수 있다.

도로교통공단은 매년 교육 인원 등을 감안하여 어린이통학버스 안전교육에 관한 세부교육계획을 수립하여 경찰청장에게 승인을 받아야 하고, 교육일정을 기관 홈페이지를 통하여 공지하여야 하며, 어린이통학버스 안전교육 대상자에게 교육기한 및 교육장소 등에 관한 사항을 알려주어야 한다.

[표 8.2.12] 어린이 통학버스 운영자 등에 대한 안전교육

도로교통법 시행규칙 제37조의2 (어린이통학버스 운영자 등에 관한 안전교육)

① 법 제53조의3 및 영 제31조의2에 따라 법 제2조제23호 각 목의 시설 가운데 어린이를 교육대상으로 하는 시설(이하 "어린이교육시설"이라 한다)에서 어린이통학버스를 운영하는 사람과 운전하는 사람에 대하여 실시하는 어린이통학버스의 안전운행 등에 관한 교육(이하 "어린이통학버스 안전교육"이라 한다)은 법 제120조에 따른 도로교통공단(이하 "도로교통공단"이라 한다)에서 제작하고 경찰청장이 감수한 교재를 사용하여야 한다. 다만, 어린이교육시설을 관리하는 주무기관의 장이 직접 안전교육을 실시하는 경우에는 경찰청장이 감수한 자료를 기초로 직접 제작한 교재를 사용할 수 있다.
② 도로교통공단은 매년 교육 인원 등을 감안하여 어린이통학버스 안전교육에 관한 세부교육계획을 수립하여 경찰청장에게 승인을 받아야 한다.
③ 도로교통공단은 어린이통학버스 안전교육에 관한 교육일정을 기관 홈페이지를 통하여 공지하여야 한다.

④ 도로교통공단은 어린이통학버스 안전교육 대상자에게 별지 제20호의2서식의 안전교육 통지서에 따라 교육기한 및 교육장소 등에 관한 사항을 알려주어야 한다. 다만, 개별적인 통지가 곤란한 안전교육 대상자에 대하여는 도로교통공단 홈페이지에 일반적인 교육기한 및 교육장소를 공지한 것으로 통지에 갈음한다.
⑤ 영 제31조의2제4항에 따라 어린이통학버스 안전교육을 받은 운영자에게 발급하는 교육확인증은 별지 제20호의3서식에 따르고, 운전자에게 발급하는 교육확인증은 별지 제20호의4서식에 따른다.

통학버스 안전교육의 대상은 운영자와 운전자이며, 신규교육은 어린이 통학·통원용 자동차를 운영하거나 운전하게 된 날부터 1년 이내, 재교육은 3년마다 받아야 한다.

교육내용은 교통안전을 위한 어린이 행동특성, 어린이 통학버스 등의 운영 등과 관련된 법령, 어린이 통학버스 등의 주요 사고 사례 분석 등을 내용으로 하며, 강의 및 시청각 등의 교육방법으로 3시간 동안 실시한다. 교육을 이수한 후에는 안전교육확인증을 받게 되는데, 운영자는 어린이 교육시설 내부의 잘 보이는 곳에, 운전자는 운전하는 어린이 통학·통원용 자동차의 내부에 안전교육 확인증을 비치하여야 한다.

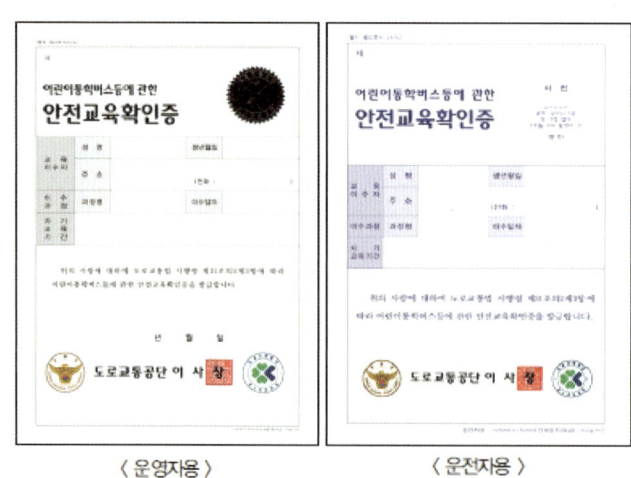

[그림 8.2.3] 어린이 통학버스 관계자 안전교육 확인증

4. 어린이 통학버스의 특별보호

우리나라「도로교통법」제51조(어린이통학버스의 특별보호)는 어린이 통학버스의 보호를 위하여 다음의 세 가지 특별규정을 도입하고 있다.

1. 어린이통학버스가 도로에 정차하여 어린이나 영유아가 타고 내리는 중임을 표시하는 점멸등 등의 장치를 작동 중일 때에는 어린이통학버스가 정차한 차로와 그 차로의 바로 옆 차로로 통행하는 차의 운전자는 어린이통학버스에 이르기 전에 일시정지하여 안전을 확인한 후 서행하여야 한다.
2. 위의 경우 중앙선이 설치되지 아니한 도로와 편도 1차로인 도로에서는 반대방향에서 진행하는 차의 운전자도 어린이통학버스에 이르기 전에 일시정지하여 안전을 확인한 후 서행하여야 한다.
3. 모든 차의 운전자는 어린이나 영유아를 태우고 있다는 표시를 한 상태로 도로를 통행하는 어린이통학버스를 앞지르지 못한다.

[표 8.2.13] 어린이 통학버스의 특별보호

도로교통법 제51조 (어린이통학버스의 특별보호)

① 어린이통학버스가 도로에 정차하여 어린이나 영유아가 타고 내리는 중임을 표시하는 점멸등 등의 장치를 작동 중일 때에는 어린이통학버스가 정차한 차로와 그 차로의 바로 옆 차로로 통행하는 차의 운전자는 어린이통학버스에 이르기 전에 일시정지하여 안전을 확인한 후 서행하여야 한다.
② 제1항의 경우 중앙선이 설치되지 아니한 도로와 편도 1차로인 도로에서는 반대방향에서 진행하는 차의 운전자도 어린이통학버스에 이르기 전에 일시정지하여 안전을 확인한 후 서행하여야 한다.
③ 모든 차의 운전자는 어린이나 영유아를 태우고 있다는 표시를 한 상태로 도로를 통행하는 어린이통학버스를 앞지르지 못한다.

이와 같은 어린이 통학버스의 특별보호 관련 의무사항을 표로 정리하면 다음과 같다.

[표 8.2.14] 다른 운전자의 어린이 통학버스 보호의무

구분	일시정지 및 안전 확인 의무	앞지르기 금지 의무
요건	■ 어린이 통학버스가 도로에 정차하여 점멸등 등 어린이 또는 유아가 타고 내리는 중임을 표시하는 장치를 작동 중인 때	■ 어린이 또는 유아를 태우고 있다는 표시를 하고 도로를 통행할 때
대상운전자	■ 어린이 통학버스가 정차한 차로와 바로 옆차로를 통행하는 차의 운전자 ■ 중앙선이 설치되지 않은 도로, 편도 1차로 도로의 반대방향의 운전자	■ 모든 운전자
의무내용	■ 어린이 통학버스에 이르기 전에 일시정지하여 안전을 확인한 후 서행하여야 함	■ 어린이 통학버스를 앞지르지 못함
위반 시 처벌	■ 범칙금 : 승합 5만원, 승용 4만원 ■ 운전면허 벌점 : 10점	

[그림 8.2.4] 다른 운전자의 어린이 통학버스 특별보호

5. 어린이 통학버스 규정 위반자에 대한 벌칙

우리나라의 「도로교통법」 제156조(벌칙)에 의하면 다음의 사항을 위반한 통학버스 운전자 및 운영자에게 20만원 이하의 벌금이나 구류 또는 과료에 처하도록 규정하고 있다.

- 도로교통법 제51조에 정한 어린이 통학버스의 특별보호 규정을 위반한 운전자

- 도로교통법 제52조(어린이 통학버스의 신고 등) 제4항을 위반하여 신고를 하지 아니하고 어린이 통학버스와 비슷한 도장 및 표지를 한 자동차를 운전한 운전자
- 도로교통법 제53조(어린이 통학버스 운전자 및 운영자 등의 의무) 제1항에 정한 어린이 보호 점멸등 및 어린이보호 표시 의무를 위반한 운전자, 제2항에 정한 대로 어린이가 버스에서 내릴 때에 보도나 길가장자리구역 등 자동차로부터 안전한 장소에 도착한 것을 확인한 후에 출발하는 규정을 위반한 운전자
- 도로교통법 제53조(어린이 통학버스 운전자 및 운영자 등의 의무) 제3항을 위반하여 보호자를 태우지 아니하고 어린이 통학버스를 운행한 운영자
- 도로교통법 제53조의2(보호자가 동승하지 아니한 어린이 통학버스 운전자의 의무)에 정한 대로 보호자가 동승하지 아니한 어린이 통학버스를 운행하는 운전자가 어린이 승하차 시에 자동차에서 내려서 어린이나 영유아가 안전하게 승하차하는 것을 확인하는 규정을 위반한 운전자

[표 8.2.15] 어린이 통학버스 규정 위반자에 대한 벌칙

도로교통법 제156조 (벌칙)

다음 각 호의 어느 하나에 해당하는 사람은 20만원 이하의 벌금이나 구류 또는 과료(科料)에 처한다.
1. ~(중략)~, 제51조, 제53조제1항 및 제2항(좌석안전띠를 매도록 하지 아니한 운전자는 제외한다), 제62조 또는 제73조제2항(같은 항 제2호 및 제3호만 해당한다)을 위반한 차마의 운전자
2. 제6조제1항·제2항·제4항 또는 제7조에 따른 금지·제한 또는 조치를 위반한 차의 운전자
3. 제22조, 제23조, 제29조제4항부터 제6항까지, 제53조의2, 제60조, 제64조, 제65조 또는 제66조를 위반한 사람
4. 제31조, 제34조 또는 제52조제4항을 위반하거나 제35조제1항에 따른 명령을 위반한 사람
5. 제39조제6항에 따른 지방경찰청장의 제한을 위반한 사람
6. 제50조제1항 및 제3항을 위반하여 좌석안전띠를 매지 아니하거나 인명보호 장구를 착용하지 아니한 운전자
7. 제95조제2항에 따른 경찰공무원의 운전면허증 회수를 거부하거나 방해한 사람
8. 제53조제3항을 위반하여 보호자를 태우지 아니하고 어린이통학버스를 운행한 운영자
9. 제53조제4항을 위반하여 어린이나 영유아가 하차하였는지를 확인하지 아니한 운전자
10. 주·정차된 차만 손괴한 것이 분명한 경우에 제54조제1항제2호에 따라 피해자에게 인적 사항을 제공하지 아니한 사람

자료) 법제처, 도로교통법, 2018년, 위 표에서 밑줄 친 어린이 통학버스 관련 조항 참조.

한편, 「도로교통법」 제160조(과태료) 제1항은 동 법 제52조제1항에 규정한 바에 따라 어린이통학버스를 신고하지 아니하고 운행한 운영자에게는 500만원 이하의 과태료를 부과하도록 규정하고 있다.

※ 참고 : 본 조항 제160조에 의한 과태료(또는 과료)는 행정기관이 부과하는 행정벌이고, 제160조(벌칙)에 의한 벌금은 사법기관이 부과하는 형사벌로 차이가 있음.

[표 8.2.16] 어린이 통학버스 신고의무 위반자에 대한 과태료

도로교통법 제160조 (과태료)

① 다음 각 호의 어느 하나에 해당하는 사람에게는 500만원 이하의 과태료를 부과한다.
  1~6. 생략
  7. 제52조제1항에 따라 어린이통학버스를 신고하지 아니하고 운행한 운영자

자료) 법제처, 도로교통법, 2018년

또한, 「도로교통법」 제160조(과태료) 제2항에 의하여 다음의 사항을 위반한 사람에게는 20만원 이하의 과태료를 부과하도록 규정하고 있다.

- 어린이통학버스 안에 신고증명서를 갖추어 두지 아니한 어린이통학버스의 운영자
- 어린이통학버스에 탑승한 어린이나 영유아의 좌석안전띠를 매도록 하지 아니한 운전자
- 어린이통학버스 안전교육을 받지 아니한 사람
- 어린이통학버스 안전교육을 받지 아니한 사람에게 어린이통학버스를 운전하게 한 어린이통학버스의 운영자

[표 8.2.17] 어린이 통학버스 규정 위반자에 대한 과태료

도로교통법 제160조 (과태료)

② 다음 각 호의 어느 하나에 해당하는 사람에게는 20만원 이하의 과태료를 부과한다.
  1~3. 생략
  4. 제52조제2항을 위반하여 어린이통학버스 안에 신고증명서를 갖추어 두지 아니한 어린이통학버스의 운영자
  4의2. 제53조제2항을 위반하여 어린이통학버스에 탑승한 어린이나 영유아의 좌석안전띠를 매도록 하지 아니한 운전자
  4의3. 제53조의3제1항을 위반하여 어린이통학버스 안전교육을 받지 아니한 사람
  4의4. 제53조의3제3항을 위반하여 어린이통학버스 안전교육을 받지 아니한 사람에게 어린이통학버스를 운전하게 한 어린이통학버스의 운영자

자료) 법제처, 도로교통법, 2018년

한편, 경찰청은 어린이 통학버스 신고 및 운행에 관하여 경찰청 홈페이지에 다음과 같은 내용을 문답식으로 게재하여 통학버스 관련자들이 참고하도록 하고 있다.

[표 8.2.18] 경찰청 어린이 통학버스 신고 관련 문답 설명자료

1) 어린이통학버스를 신고하여야 하는 교육시설은 어디인가요?
「유아교육법」에 따른 유치원, 「초·중등교육법」에 따른 초등학교 및 특수학교, 「영유아보육법」에 따른 어린이집, 「학원의 설립·운영 및 과외교습에 관한 법률」에 따라 설립된 학원, 「체육시설의 설치·이용에 관한 법률」에 따라 설립된 체육시설입니다.
※ 합기도·해동검도·국선도 등 「체육시설의 설치·이용에 관한 법률」상 체육시설로 명시되지 않은 시설 및 학원이 아닌 교습소 등은 의무적으로 어린이통학버스를 신고하여야 하는 취지를 감안하여 자율적으로 어린이통학버스 신고 가능

2) 어린이통학버스 신고는 어떻게 하나요?

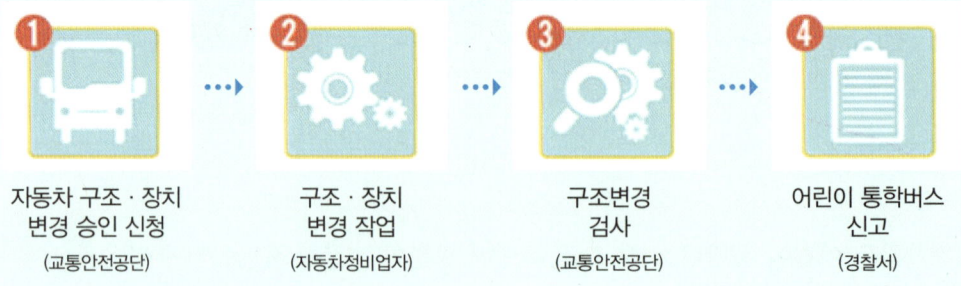

3) 어린이통학버스는 어떤 장치나 구조를 갖춰야 하나요?
- 황색으로 도색
- 앞·뒤에 '어린이 보호' 표지 탈·부착
- 좌측 옆면 앞부분에 '정지표시장치' 부착(좌측 옆면 뒷부분 추가 설치 가능)
- 접이식좌석은 외부에서 이를 조작할 수 있어야 함
- 좌석안전띠는 어린이의 신체구조에 적합하게 조절 될 수 있어야 함
- 승강구 1단 발판 높이 30cm 이하, 2단 이상 발판 높이 20cm이하
    ※ 각 단의 발판은 높이를 만족시키기 위하여 보조발판 등 사용 가능
- 앞·뒤면 상단에 (적색)-(황색)-(적색) 표시 등 설치
- 후방카메라 또는 후방경보음 발생장치

4) 어린이통학버스로 신고할 수 있는 자동차의 소유자에 대한 제한이 있나요?
어린이통학버스는 교육시설에서 직접 소유하고 있는 자동차 또는 어린이집·유치원·초등학교에서 전세버스와 계약을 맺은 경우 신고가 가능합니다.

5) 언제부터 단속이 되나요?
2015년 7월 29일부터 미신고 어린이통학버스 운행을 단속할 예정입니다.

Children Traffic Safety

6) 어린이통학버스를 신고하지 않고 운영하면 처벌 받나요?
   경찰서장이 어린이통학버스 운영자에게 과태료 30만원을 부과합니다.

7) 어린이통학버스로 사용할 수 있는 자동차로는 어떤 것이 있나요?
   승차정원 9인승(어린이 1명을 승차정원 1명으로 봄) 이상의 자동차이며, 교육시설에서 통학버스로 구조변경 및 신고가 불가능한 9인승 미만의 자동차를 통학용으로 운행하면 미신고 운행으로 과태료를 부과받습니다.

8) 교육시설에서 소유하고 있는 자동차를 비정기적인 야외활동 등에만 사용하고 통학 용도로는 운행하고 있지 않은데, 이 경우도 통학버스로 신고하여야 하나요?
   어린이통학버스는 어린이의 주거지와 교육시설을 정기적으로 오가는 수준의 통학에 이용하는 자동차를 말하며, 비정기적으로 운행하는 경우까지 신고 대상으로 보기는 어렵습니다.

9) 어린이통학버스로 신고할 수 있는 자동차의 연식 제한이 있나요?
   도로교통법상 어린이통학버스의 연식 제한은 없습니다.

자료) 경찰청 홈페이지(www.police.go.kr), 분야별 치안자료, 2018.

제3절 어린이 통학버스 교통사고

우리나라의 어린이 통학버스 교통사고 사망자수는 최근 시행된 여러 가지 통학버스 안전대책의 성과로 인하여 점차 감소하고 있다. 여기서는 경찰청「교통사고통계」책자에 나타난 자료를 바탕으로 어린이 통학버스 교통사고의 개요를 소개한다.

1. 어린이 통학버스 교통사고 발생 추세

지난 2005년 이후 2017년까지 어린이 통학버스 교통사고 사망자수는 연도별로 편차가 있기는 하

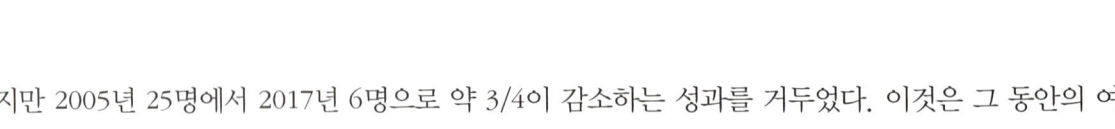

지만 2005년 25명에서 2017년 6명으로 약 3/4이 감소하는 성과를 거두었다. 이것은 그 동안의 여러 가지 어린이 통학버스 정책이 성과를 거둔 결과로 보여진다.

그러나 어린이 통학버스가 일으킨 교통사고 발생건수는 2005년 460건에서 2016년 278건으로 감소하였다가, 2017년에는 764건으로 크게 증가하였고, 부상자수도 그와 비슷한 비율의 증가를 보였다.

2017년에 통학버스 교통사고 발생건수와 부상자수가 크게 증가한 것은 「도로교통법」 개정으로 어린이 통학버스 교통사고 발생 시 관할 경찰서장이 주무기관의 장에게 통보하도록 된 것과, 종전에 일반 승합차 사고로 처리되던 교통사고가 통학버스 사고로 엄격하게 집계되면서 증가하게 된 것으로 보인다.

[표 8.3.1] 연도별 어린이 통학버스 교통사고 발생 추세

구분	어린이 통학버스 교통사고		
	발생건수(건)	사망자수(명)	부상자수(명)
2005년	460	25	752
2006년	416	23	672
2007년	442	19	713
2008년	414	14	712
2009년	382	13	554
2010년	283	10	436
2011년	283	5	472
2012년	247	4	385
2013년	220	11	347
2014년	248	10	373
2015년	288	4	395
2016년	278	6	364
2017년	764	6	1,143

자료) 경찰청, 교통사고통계, 2018

2. 월별 어린이 통학버스 교통사고

2017년 기준으로 월별 어린이 통학버스 교통사고 발생건수를 살펴보면, 봄철인 4월과 5월에 가장 많은 통학버스 교통사고가 발생하였고, 가을철에는 9월에 많은 교통사고가 발생하였다.

이러한 경향은 봄철과 가을철에 어린이 통학버스 운행회수가 증가하는 것과 관련이 깊은 것으로 분석된다.

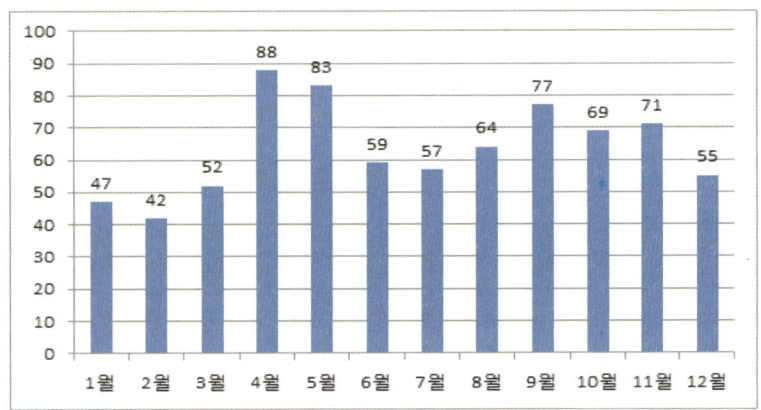

[그림 8.3.1] 월별 어린이 통학버스 교통사고 발생건수(2017년)

3. 요일별 어린이 통학버스 교통사고

2017년 기준으로 요일별 어린이 통학버스 교통사고 발생건수를 살펴보면, 목요일과 금요일에 가장 많은 통학버스 교통사고가 발생하고 있음을 알 수 있다. 이것은 1주일의 후반부인 목요일과 금요일에 운전자가 가장 피곤하고 방심하기 쉬운 것이 주요 원인으로 분석된다.

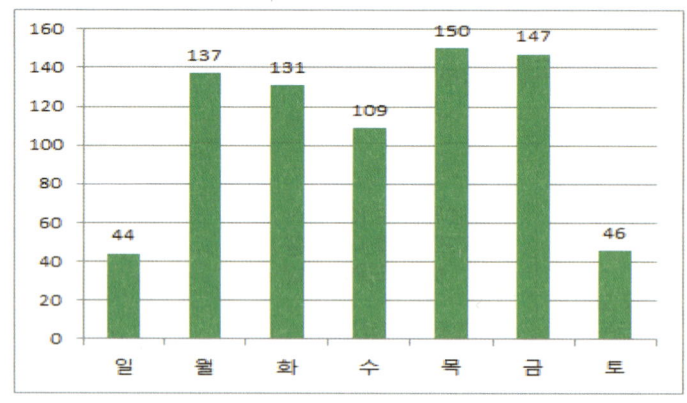

[그림 8.3.2] 요일별 어린이 통학버스 교통사고 발생건수(2017년)

4. 시간대별 어린이 통학버스 교통사고

시간대별로 2017년 기준 어린이 통학버스 교통사고 발생건수를 살펴보면, 전체 764건 중에서 하교시간대인 16~18시(오후 4~6시)에 193건으로 가장 많은 통학버스 교통사고가 발생하였고, 하교시간 이후 저녁시간까지 14~20시(오후 2~8시) 사이에 총 420건으로 전체의 55%의 교통사고가 발생하였다.

따라서 어린이 통학버스 교통사고는 일반 어린이 보행사고와 마찬가지로 하교시간 이후 저녁시간까지 가장 많은 교통사고가 발생하는 것을 알 수 있다.

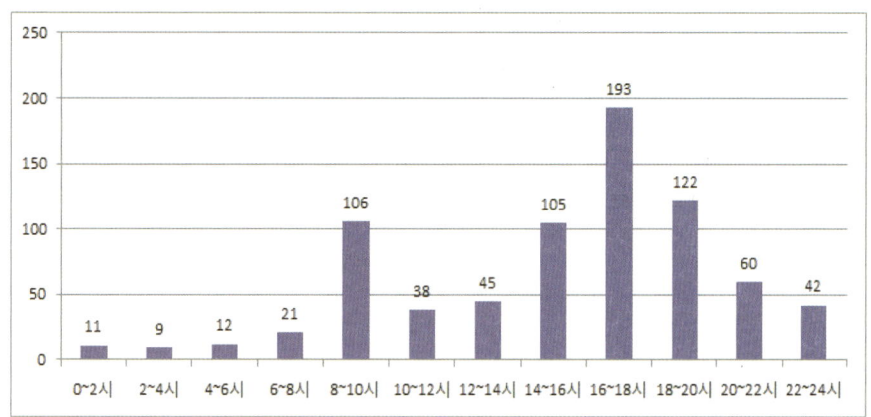

[그림 8.3.3] 도로종류별 어린이 통학버스 교통사고 발생건수(2017년)

5. 도로종류별 어린이 통학버스 교통사고

도로종류별로 2017년 기준 어린이 통학버스 교통사고 발생건수를 살펴보면, 전체 764건 중에서 시도에서 315건이 발생하여 전체의 41%를 차지하였고, 특별·광역시도에서 309건이 발생하여 40%를 차지하여, 어린이 통학버스 교통사고는 주로 도시지역에서 대부분을 차지하고 있다.

어린이 통학버스는 고속국도에서는 발생하지 않았고, 일반국도 및 지방도에서의 발생건수도 적은 것으로 나타났다.

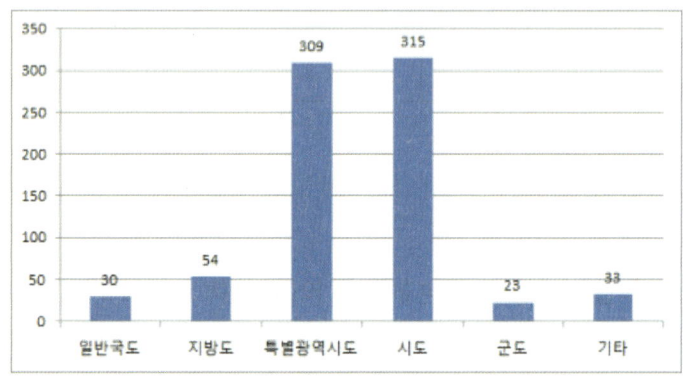

[그림 8.3.4] 도로종류별 어린이 통학버스 교통사고 발생건수(2017년)

6. 법규위반별 어린이 통학버스 교통사고

법규위반별 어린이 통학버스 교통사고 발생건수를 살펴보면, 2017년 기준 총 764건 중에서 운전자의 '안전운전의무불이행'에 의한 사고가 총 427건으로 전체의 56%를 차지하여 가장 많은 비율을 차지하고 있다. 다음으로 '신호위반' 사고가 86건, '교차로 통행방법위반' 사고가 59건, '보행자보호의무 위반' 사고가 55건 등을 차지하고 있다. 따라서 통학버스 교통사고를 방지하기 위하여 통학버스 운전자의 안전운전과 법규준수가 가장 기본적임을 보여주고 있다.

[그림 8.3.5] 법규위반별 어린이 통학버스 교통사고 발생건수(2017년)

7. 어린이 통학버스 교통사고 발생사례

경찰청 산하 도로교통공단은 2007년~2011년 5년 동안 어린이가 사망하거나 3주 이상의 중상을 입은 교통사고로서 통학버스 운전자가 제1당사자(가해자)인 교통사고 총 148건에 대해서 사고 요인과 사고 상황, 시사점을 상세 분석하였다.

우선 사고사례를 i)통학버스 하차 중 또는 하차 후 사고가 발생한 경우, ii)통학버스 또는 기타 자동차에 탑승한 상태에서 사고가 발생한 경우, iii)통학버스를 이용하지 않은 보행자가 사상된 경

우, iv)자전거 이용자가 사상된 경우의 네 집단으로 구분하였다. 집단별 교통사고 발생현황을 보면 교통사고 발생건수 및 사상자수는 보행자 집단이 가장 많았으나, 통학버스 하차 집단의 사고발생시 치사율이 높았다.

[표 8.3.2] 사례분석 대상 집단별 사고 발생 현황

구분	발생건수		사망자수		중상자수	
	빈도	구성비	빈도	구성비	빈도	구성비
계	148	100.0	17	100.0	145	100.0
보행자	95	64.2	9	52.9	88	60.7
통학버스 하차자	19	12.8	6	35.3	13	9.0
자동차 승차자	22	14.9	0	0.0	34	23.4
자전거 승차자	12	8.1	2	11.8	10	6.9

자료) 도로교통공단

통학버스 하차자 집단의 사고는 모두 19건이었으며, 6명이 사망하였고 13명이 중상을 입었다. 이 중 통학버스에서 하차 중에 발생한 사고는 10건이었고, 통학버스 하차 후에 발생한 사고는 9건이었다. 통학버스 하차 중 발생한 사고 10건 중에서 문틈에 옷이 끼어 발생한 사고가 8건이었고, 기타 유형의 사고가 2건이었는데 사고 개요와 요인을 살펴보면 다음과 같다.

[표 8.3.3] 통학버스 하차 중 사고 사례

유형		사고 내용
차문에 옷이 끼인 사고	사고 개요	■ 사고차량 운전자가 정지한 후 피해자를 내리게 한 후 문을 닫던 중 피해자의 옷자락이 문에 끼인 것을 발견하지 못하고 차량을 출발하면서 발생한 사고 ■ 가해차량이 피해자를 노상에 넘어뜨려 차량으로 역과하거나 혹은 문짝에 걸린 채 그대로 진행하여 끌고 가는 등으로 인하여 발생한 사고
	사고 요인	■ 피해자 연령은 6~9세 사이로 차량 안의 운전자는 시야가 높고 어린이는 신체의 크기가 작으며 운전자의 사각지대에 위치하여 있는 경우가 많아 운전자가 차 안에서 하차 여부를 정확히 확인하기 어려움 ■ 어린이의 옷이 문틈에 낀다하더라도 이를 인지하기에 승합차량의 문 구조 등에 의하여 어려움이 따르고, 통학차량 운전자나 담당자 또는 보호자 없이 어린이 스스로 하차하고 차량 문을 닫는 경우도 있어 사고 위험이 높음

차문에 옷이 끼인 사고	사고 장소	■ 도로형태는 다종다양하며 주로 차량 통행이 많은 도심지 도로나 교차로에서 발생함 ■ 사고 장소가 차량통행량이 많으며 갓길 혹은 주정차 할 수 있는 여유 공간이 없는 도로이기 때문에 장시간 정차하기에 어려움이 있음 ■ 분리된 보행로가 없고, 하차 후에 차량 출발 전까지 차량을 피해 있을 수 있는 공간이 충분하지 못함 ■ 주변에 주차차량이나 간판, 가로수, 가로등, 전봇대 등의 공작물이 있어서 운전자의 주의가 분산되며 시야가 확보되지 않음
기타 하차 사고		■ 통학버스 하차시 정차하기 전에 하차를 준비하기 위해 일어서 있다가 문이 열리자마자 차량 밖으로 튕겨져 나간 사고, 발판을 헛디뎌 미끄러지면서 발생한 사고였음 ■ 차문이 열릴 때까지 안전띠를 매고 착석하여 있고 동승한 지도교사 또는 운전자가 이들을 통제하고 하차시 어린이를 도와야 하나 이러한 의무를 수행하지 않음

자료) 도로교통공단

한편, 통학버스 하차 후 발생한 9건의 사고 가운데, 하차 후 사고차량 전방 횡단 중에 발생한 사고가 6건, 하차 후 차량 인근에 머물고 있던 피해자를 충격한 사고가 3건이었다.

[표 8.3.4] 통학버스 하차 후 사고 사례

유형		사고 내용
하차 후 사고차량 전방 횡단중 사고	사고 개요	■ 탑승자 하차 후 출발하면서 차량 앞을 보행하는 피해자를 발견하지 못하고 충격하여 발생한 사고 ■ 충격 후 넘어지게 하거나 넘어진 피해자를 역과하여 사망 혹은 중상에 이르게 한 사고
	사고 요인	■ 운전자 또는 동승교사가 어린이의 하차를 돕고 하차 후 안전한 장소에 도착하였는지를 확인하여야 하고, 운전자는 출발 시 도로 전방 및 좌우를 충분히 살피며 운전하여야 할 의무를 소홀히 함 ■ 피해자는 주로 3~6세 이하의 어린이로 운전석이 높은 통학차량의 바로 앞에서 횡단을 시도할 경우 운전자가 어린이를 발견하지 못할 수 있으며 발견 후 대처한다 하더라도 영유아의 특성상 피해가 더 클 수 있음

하차 후 사고차량 전방 횡단중 사고	사고 장소	■ 주로 중앙선이 없는 주택가 골목 또는 도심지 도로이며, 도로 폭이 좁고 보차도가 분리되어 있지 않는 경우가 많음 ■ 도로 폭이 좁기 때문에 어린이들이 횡단시간을 짧게 생각하여 차량이 보이더라도 횡단을 하게 되거나, 주택가 골목이기 때문에 하차 후 즉시 이동하기 위하여 도로를 횡단하는 경우도 많이 발생함 ■ 도로 변에 담벼락이나 건물이 위치해 있는 경우가 있고, 길 가장자리에는 불법 주차차량이 있거나 간판 또는 공작물 등이 설치되어 있음 ■ 이에 따라 운전자 시야가 확보되지 않아 어린이의 위치를 확인하기 어렵고 공작물 앞으로 어린이가 갑자기 튀어나오는 경우 대처하기 어려움
하차후 주변에 머물던 피해자 충격 사고	사고 개요	피해자가 통학버스에서 하차한 후 즉시 차량 주변을 벗어나지 않고 머물고 있던 것을 운전자가 차량 출발시 이를 발견하지 못하고 차량으로 부딪혀 발생한 사고
	사고 요인	■ 차량정차 후 출발 시 시간적 여유를 두고 어린이가 안전한 장소에 도착하였는지, 하차 어린이의 위치를 확인한 후 차량을 출발시켜야 하나 급하게 차량을 출발 시키면서 사고가 발생함 ■ 차량 특성상 어린이가 사각지대에 위치할 경우에는 간단한 확인만으로는 어린이를 발견하지 못함

자료) 도로교통공단

차문에 옷이 끼인 사고

하차후 사고차량 전방 횡단중 사고

[그림 8.3.6] 어린이 통학버스 관련 주요 교통사고 사례

제8장 어린이 통학버스 운행

위와 같은 어린이 통학버스 교통사고 사례를 종합하면, 통학버스 하차 중에는 차문에 옷이 끼인 사고가 전체 10건 중 8건에 해당하여 옷차림 면에서 이러한 사고를 방지하는 교육이 매우 중요하다는 것을 알 수 있다.

그리고 통학버스 하차 후에는 전체 9건 중 6건이 하차 후 사고차량 전방으로 도로횡단 중에 발생하므로, 하차 후에는 반드시 통학버스가 출발한 후에 다른 차량이 어린이를 바라볼 수 있는 상태에서 도로를 횡단하도록 교육하는 것이 매우 중요하다는 점을 알 수 있다.

한편, 위와 같은 통학버스 운행 중의 사고 외에, 통학버스 차내에 어린이를 방치하여 사망하는 사고가 발생하는 경우가 가끔 있는데, 대표적인 사례가 2018년 7월 17일 동두천 시내 어린이집에서 발생한 사고이다.

[표 8.3.5] 어린이 통학버스 차내 방치사고 사례

구 분	내 용
사고발생 일시 및 장소	2018년 7월 17일 오후 4시 50분경, 동두천시 모 어린이집 주차장
사고개요	이 날 오후 4시 50분경 동두천의 한 어린이집에 주차된 통원차량 뒷좌석에서 김모양(4세)이 숨진 채 발견됨. 이 날 오전 9시 40분경 김양은 어린이집의 다른 원생들과 함께 통원차량에 승차하였고, 어린이집 도착 후 다른 어린이는 차에서 내렸으나 김양은 인솔교사가 발견하지 못하고 안전벨트를 착용한 채 뒷좌석에 남아 방치됨. 오후 4시경 담임교사가 김양의 부모에게 "왜 등원하지 않았으냐"고 묻자, 부모는 "아침에 차에 타고 등원했다"고 대답하여, 뒤늦게 차내에서 김양을 발견하였으나 이미 숨진 뒤였음.
사고발생원인	- 한 여름 폭염 속에(당일 33도) 어린이집 통원차량에 어린이를 장시간 방치 - 인솔교사 및 운전자가 하차할 때 남아 있는 어린이를 확인하지 않음 - 결석한 어린이를 어린이집 교사가 즉시 확인하지 않고 오후 4시가 넘어서 부모에게 확인하는 바람에 어린이를 찾아서 구조할 시간을 놓쳐버림

자료) 조선일보 사회면, 2018년 7월 18일자

이와 같은 유형의 통학버스 사고를 방지하기 위한 방안을 몇 가지 제시하면 다음과 같다.

Children Traffic Safety

- 어린이에게 스스로 차내 안전벨트를 착용하는 방법 및 푸는 방법을 교육(교육 가능한 연령까지)
- 저연령의 어린이는 차량 경적을 누를 힘이 부족할 수 있으므로 엉덩이로 체중을 실어 경적을 누르는 방법을 교육
- 인솔교사는 목적지에서 어린이를 하차시킨 후 반드시 차내 뒤편까지 가서 남아 있는 어린이가 있는 지 확인
- 결석한 어린이에 대해서는 즉시 담임교사가 부모에게 사유를 확인하고, 만일에 있을지 모르는 차내 방치 여부를 확인
- 통학버스는 진한 선팅을 금지하여 차내 어린이를 밖에서 쉽게 발견할 수 있도록 개선
- 차량 내에 슬리핑 차일드 체크(Sleeping child check) 벨을 설치하여, 운전자가 차량 뒤편까지 가서 확인하고 벨을 누르지 않으면 시동이 꺼지지 않거나 큰 경고음이 울리도록 하는 방안 도입
- 통학버스 차내에 블랙박스 또는 CCTV 설치를 의무화하는 방안 도입
- 법에 규정한 어린이 보호를 소홀히 하는 통학버스 운전자 및 인솔교사에 대한 처벌을 강화하는 방안

제4절 어린이 통학버스 운행 현황 및 성과

1. 어린이 통학버스 운행 현황

우리나라는 1990년대 후반부터 어린이 교통사고 예방 필요성이 크게 제기되면서 어린이 통학·통원에 사용되는 자동차에 대한 안전관리 문제가 대두되었다. 이에 13세 미만인 어린이의 통학·통원에 이용되는 자동차 운영자로 하여금 자동차 시설, 보험 등의 요건을 갖추어 신고하게 하고, 이렇게 신고한 자동차의 경우 다른 운전자들이 특별히 보호하게 하는 제도를 마련하였다.

그러나 어린이 통학버스 신고·운행시 필요 요건인 자동차 구입 및 개조, 운전자 및 탑승보조교사 고용 등을 위한 경제적 부담을 느끼는 영세 보육시설, 학원 등을 중심으로 어린이통학버스로 신고하지 않은 채 운행하는 경우가 많았다. 이에 신고되지 않은 채 운행하고 있는 어린이 통학통원용 자동차에 대한 안전관리 필요성이 제기되었다.

어린이 통학버스 등 어린이 교통안전에 대한 관심과 정부의 노력에 대한 결과로 어린이 통학버스 관련 교통사고는 상당히 감소하였으나, 여전히 어린이 통학버스 안전강화에 대한 국민적 관심은 높았으며, 2013년 초 연이어 발생한 어린이 통학차량 교통사고로 2명의 어린이가 사망하였고 어린이 통학차량 안전관리 강화에 대한 언론, 정부의 관심이 높아졌다.

이에 청와대를 중심으로 한 대책회의, 관련 중앙정부기관이 합동으로 참여한 국가정책조정회의가 개최되었다. 그 결과 2013년 5월에 '어린이 통학차량 안전강화 종합대책'이 발표되었으며 이후 후속조치들이 마련되었는데, 2014년 1월 통학버스 특별보호를 받고자 하는 차량 외에 모든 어린이 통학버스에 대한 경찰서 신고를 의무화하는 「도로교통법」 개정안이 통과되었다(2015년 1월 시행).

우리나라 어린이 통학버스 신고 대책의 변화 연혁을 나타내면 다음 표와 같다.

[표 8.4.1] 어린이 통학버스 신고 대책 연혁

구분	시행일	정책도입 배경	주요 내용
어린이 통학버스 신고제도	1997. 8. 30	다수의 유아, 어린이가 이용하고 있는 어린이 통학차량 안전제고 대책 필요	■ 어린이 통학버스 신고제도 도입 ■ 어린이 통학버스 운영자 및 운전자의 의무 신설 ■ 다른 운전자의 어린이통학버스 특별보호의무 신설
미신고 통학차량 보호정책	2011. 12. 9	어린이 통학버스로 신고 되지 않은 통학차량에 대한 안전대책 마련 필요	■ 어린이 통학버스 미신고 차량을 어린이통학용 자동차로 분류 ■ 어린이 통학버스, 어린이 통학용 자동차 운영자, 운전자 안전교육 신설 ■ 보조교사가 동승하지 않은 경우 운전자의 어린이 안전 확인의무 부과

Children Traffic Safety

신고 의무화 등 정책 강화	2015. 1. 29	■ 어린이 통학버스 안전대책 강화에 대한 국민적 공감대 형성 ■ 국무조정실을 중심으로 한 관계부처 공동의 어린이 통학버스 안전강화 종합대책(5.3)에 대한 후속책	■ 어린이 통학버스 신고제도 의무화 및 미신고시 처벌 규정 신설 → '어린이 통학버스'로 용어 일원화 ■ 어린이, 유아의 좌석안전띠 착용 의무화 ■ 보조교사 동승 의무화 ■ 운영자 및 운전자의 안전교육 강화 및 교육 미이수 시 처벌 규정 신설 ■ 어린이 통학버스 관련 의무 위반 또는 이로 인한 사고에 대한 정보 제공

자료)「Korea's 95% Reduction in Child Traffic Fatalities」, 어린이 통학버스 편(명묘희)

 이와 같은 어린이 통학버스는 이용행태 측면에서 구분하면 어린이집·유치원 등 영유아 보육시설 통원용, 초등학교 통학용, 학원·체육시설 통원용의 세 가지로 구분할 수 있다.

 그리고 현재 시행중인 법령에 근거하여 법제적인 측면에서 구분하면 '어린이 통학버스'로 신고된 자동차, 어린이의 통학·통원용으로 사용되기는 하나 어린이 통학버스로 신고되지 않은 '어린이 통학용 자동차'로 구분할 수 있다.

[그림 8.4.1] 어린이 통학버스와 어린이 통학용자동차

자료) 경찰청, 관계자 안전교육 홍보 팸플릿

 어린이 통학버스의 전체 운행대수는 차량을 운영하는 시설의 유형에 따라 이를 담당하는 중앙정부기관이 달라 과거에는 종합적인 집계가 이루어지지 않았다.

이러한 실정 하에 2012년에 교육부, 행안부, 복지부 등 중앙정부기관이 각각의 관할 기관을 대상으로 조사한 결과에 의하면, 전체 어린이 통학·통원용 자동차는 64,863대였다. 이를 시설별로 보면 어린이집 또는 유치원 등 유아를 대상으로 하는 보육시설이 전체의 51%, 학원이나 체육시설 등 민간 사교육기관이 43.1%였다. 기관에서 운영중인 통학차량 중 52.6%인 34,133대가 어린이 통학버스로 신고하였는데, 어린이집은 신고율이 95%에 이른 반면 체육시설의 경우 5%에도 미치지 못하였다.

이러한 통계는 20여만대의 어린이통학버스가 운행되고 있을 것이라는 기존의 연구 결과나 관계자, 전문가의 운행대수 추정치보다 상당히 적은 것으로 나타나고 있다.

[표 8.4.2] 어린이 통학버스 운행 현황 조사결과(2012년)

구 분	기관 수	통학차량(대)	신고차량(대)	신고율(%)
어린이집	42,527	21,573	20,501	95.0
유치원	8,538	11,475	6,059	52.8
초등학교	5,895	3,267	2,713	83.0
특수학교	155	563	429	76.2
학 원	77,014	18,991	4,018	21.1
체육시설	13,439	8,994	413	4.6
합 계	147,568	64,863	34,133	52.6

자료) 2012년 교육부(유·초·특수·학원), 행안부(체육시설 등), 복지부(어린이집 등) 조사

과거에 어린이 통학버스 신고율이 낮았던 주요 원인 중의 하나는 기존에 유치원, 학원 등에서 통학용으로 사용하던 미니 버스 또는 밴 차량을 어린이 통학버스로 개조하는데 소요되는 비용이 상당히 높은 점이었는데, 최근에는 어린이 통학버스 관련 규정이 대폭 강화되면서 자동차 제작사가 색상, 경고등, 안전띠 등 여러 가지 제작 규정을 갖춘 어린이 통학버스를 직접 제작하여 시판하게 되었다.

예를 들면 현대자동차의 경우 2018년 현재 '그랜드 스타렉스 어린이 통학버스' 15인승을 약 3천

Children Traffic Safety

1백만원, '카운티 어린이용' 34인승을 약 6천2백만원, 39인승을 약 6천 4백만원의 가격에 판매하고 있고(연식 및 모델에 따라 약간의 가격 차이), 대우버스는 '레스타(Lestar) 어린이 버스' 34인승을 약 6천 1백만원, 39인승을 약 6천 3백만원의 가격에 판매하고 있으며, 이를 통해 통학버스 개조비용이 절감되고 통학버스 신고율이 높아지는 계기가 되고 있다.

2. 어린이 통학버스 정책의 성과

우리나라의 어린이 통학버스에 대한 정책은 다른 어느 나라에서도 시행하지 못한 강력한 정책에 속한다. 정부 산하 일반학교 외에 민간부문인 일반 학원이나 체육시설에 대한 규제가 포함된 점, 황색 도색, 보조교사 탑승 등 통학버스 운행기준이 대폭 강화되어 있다는 점 등을 그 근거로 들 수 있다.

이러한 정부의 강력한 정책의지는 최근 들어 큰 성과를 나타내고 있다. 2017년 기준 어린이 통학버스 교통사고 사망자수는 6명이었는데(통학버스가 가해자로 나타난 교통사고 통계임), 이는 지난 2005년에 비하여 사망자수가 약 76%가 감소한 성과이다.

그러나 어린이 통학버스 교통사고 발생건수 및 부상자수는 앞에서 이미 언급한 바와 같이 지난 2016년까지 감소하다가 2017년에 크게 증가하였는데, 이것은 2017년부터 통학버스 교통사고에 대한 집계가 매우 엄격하고 정밀해진데 기인한다고 할 수 있다.

한편, 지난 2005년 이후 전체 어린이 교통사고 사망자수 감소율과 통학버스 교통사고 사망자수 감소율을 비교해 보면, 각각 연평균 −12.0% 및 −11.2%로 비슷한 경향을 보여주고 있는데, 이것은 그 동안의 통학버스 교통량 증가를 감안할 때 비교적 양호한 결과라고 말할 수 있다.

[표 8.4.3] 전체 어린이 교통사고와 어린이 통학버스 교통사고의 비교(2006년~2016년)

구분	전체 어린이 교통사고			어린이 통학버스 교통사고		
	발생(건)	사망(명)	부상(명)	발생(건)	사망(명)	부상(명)
2005년	18,000	250	22,051	460	25	752
2006년	16,542	243	20,300	416	23	672
2007년	15,642	179	19,167	442	19	713
2008년	14,930	138	18,404	414	14	712
2009년	14,980	136	18,370	382	13	554
2010년	14,095	126	17,178	283	10	436
2011년	13,323	80	16,323	283	5	472
2012년	12,497	83	15,485	247	4	385
2013년	11,728	82	14,437	220	11	347
2014년	12,110	52	14,894	248	10	373
2015년	12,191	65	15,034	288	4	395
2016년	11,264	71	14,215	278	6	364
2017년	10,960	54	13,433	764	6	1,143
연평균 증감율(%)	-4.1	-12.0	-4.0	+4.3	-11.2	+3.6

자료) 경찰청, 교통사고통계, 각년도

우리나라의 어린이 통학버스는 운행대상, 운행행태 등의 측면에서 다른 나라와 상당히 다른 점을 보이고 있다. 연구결과에 의하면 단위면적당 통학버스 운행대수는 미국의 10배에 이르는 것으로 추정되고 있다. 나아가 승·하차 정류장이 일정하지 않고 정류장 사이의 거리가 상당히 짧은 현실을 감안한다면 실제 체감 운행정도는 훨씬 높을 것이다.

이에 따라 어린이 통학버스의 안전에 대한 국민적 관심도는 매우 높으며, 지금까지 이루어낸 가시적인 교통안전 성과에 만족하지 않고 통학버스의 안전 패러다임을 바꾸는 정책을 추진하고 있다. 목표는 단 한명의 어린이도 통학버스로 인한 사고로 인해 사망하지 않도록 하는 것이다.

우리나라의 어린이 통학버스는 본질적인 측면에서 다른 나라의 통학버스와 상당히 다르고 접근방식이나 해결방식이 다르며, 앞으로 통학버스 관리의 개선을 위하여 필요한 몇 가지를 제시하면 다음과 같다.

Children Traffic Safety

첫째, 우리나라는 현재 통학버스 안전관리에 대한 책임과 의무를 전적으로 학원, 보육시설 등 민간기관에 맡기고 있는데, 자동차 구입과 개조, 관련 인력 고용 등 경제적 부담을 국가나 지방자치단체가 일부 지원할 수 있는 방안에 대한 고민이 필요하다.

둘째, 공교육 영역과 사교육 영역에서의 통학의 성격 및 운영형태에 따른 맞춤식 정책을 수립하여야 하고, 원래의 통학버스 개념에 포함되는 중등학교의 통학지원정책으로의 정책 확대 및 연계에 대한 대책이 필요하다.

셋째, 운행 차량 대수가 많고, 운행시간이 광범위하며 정차장소도 일정하지 않은 특성들을 반영한 세부적인 정책방안을 마련할 필요가 있다. 통학버스의 시인성 확보, 안전제고 등을 위한 대책이 필요한 바, 안전한 통학버스 노선 조정 및 정류장 설치 가이드라인 개발, 통학버스 정류장 운영, 권역별 공동운영제 도입 등을 예로 들 수 있다.

제9장
어린이 교통안전 시민단체 활동

제1절 시민단체의 태동과 발전

제2절 주요 시민단체의 종류 및 활동

제3절 시민단체의 주요 추진사업

제9장
어린이 교통안전 시민단체 활동

제1절 시민단체의 태동과 발전

우리나라의 어린이 교통사고 감소를 논하면서 반드시 언급해야 할 부분은 어린이 교통안전 시민단체들의 역할과 성과이다. 우리나라 어린이 교통안전 시민단체의 태동과 발전 과정을 정리하면 다음과 같다.

1. 시민단체의 태동

우리나라의 어린이 교통안전 시민단체(봉사단체 포함)들은 주로 다음의 3가지 필요에 의해 결성되었다.

첫째, 정부와 학교 등 기관의 필요에 의한 결성이다. 그 대표적인 예가 '녹색어머니회'와 '모범운전자회'이다. 녹색어머니회는 자녀가 다니는 초등학교, 모범운전자회는 경찰관 지원 활동의 필요성에 의해 결성되었고, 정부의 각종 행사에 적극 참여하여 봉사활동을 펼치고, 교통안전 캠페인 시 중

추적인 역할을 수행하며 크게 성장하였다.

둘째, 어린이 안전사고의 아픔을 겪은 가족들이 나서 시민단체를 결성한 경우이다. 그 대표적인 단체가 '어린이교통안전협회'와 '한국어린이안전재단'이다. 이들은 안전사고로 가족을 잃는 아픔을 겪은 후 자신의 사비와 시간을 쏟아서 헌신적 봉사활동을 수행한다는 특징을 보인다.

셋째, 어린이 교통사고의 심각성이 부각되면서 사회적 필요성에 의해 결성된 경우이다. '안전생활실천시민연합'(약칭 '안실련'), '세이프 키즈 코리아(Safe Kids Korea)', '어린이안전학교'와 같은 시민단체 등이 이러한 사례이다. 이들 단체는 교통관련 정책 제안과 각종 문제 제기 등을 통해 어린이 교통안전 문제를 이슈화하며 교통사고 예방을 위한 다양한 봉사활동을 수행하고 있다.

이와 같은 필요성에 의해 우리나라에는 여러 종류의 교통안전 시민단체가 태동되어 활발히 활동하게 되었다.

2. 시민단체의 발전

우리나라에서는 지난 1969년 6월 녹색어머니회의 시초인 「자모(子母) 교통 지도반」이 초등학교별로 처음으로 결성되기 시작하였다. 그 후 1971년 12월 당시 치안본부(현 경찰청)에 의해 녹색어머니회와 모범운전자회가 정식으로 서울과 6대 광역시를 중심으로 구성되어, 초등학교 등·하교 어린이 교통안전 지도와 대국민 교통질서 지키기 캠페인을 시작하였다.

1990년대 들어 본격적인 어린이 교통안전활동을 전개하는 단체들이 만들어지기 시작했는데, 그 대표적인 예가 1991년 6월 결성된 어린이교통안전협회이며, 1996년 5월 안전분야의 전문성을 갖춘 단체로서 안전생활실천시민연합이 출범하였다.

2000년대 들어서 Safe Kids Korea, 어린이안전재단, 한국생활안전연합, 어린이안전학교 등 많은 단체들이 출범하여 국제 공조 활동을 벌이는 등 다양한 어린이 교통사고 예방활동을 수행하고 있다.

이와 같은 어린이 교통안전 관련 단체들은 각각의 특성에 맞는 개별적 활동을 수행하면서 대통령 선거, 국회의원, 지자체장 선거가 있을 때 서로 연대하여 어린이 교통안전 정책, 법·제도 강화 및

어린이 교통안전 예산 확충을 위하여 공동의 노력을 전개하였다.

특히 대통령, 지자체장 선거 시 주요 공약으로 어린이 교통사고 사상자 감소, 어린이 교통안전 조직 확충, 어린이 교통안전 예산 증액 등을 공약화 하도록 하면서 어린이 교통안전활동을 지속적으로 강화시켰다. 이런 노력을 인정받은 어린이 교통안전 시민단체들은 정부와 유기적 협력 체재가 구축되면서 자동차회사, 보험회사 등 대기업의 후원을 받으며 다양한 활동을 수행하였고 어린이 교통사고 예방에 선도적 역할을 하는 등 지속적으로 발전하고 있다.

제2절 주요 시민단체의 종류 및 활동

이 절에서는 경찰청이 발행하는 「도로교통안전백서」 및 각 교통안전 민간단체의 홈페이지 등에 나타난 자료를 바탕으로 녹색어머니회, 모범운전자회 등 주요 교통안전 시민단체의 구성 및 운영 현황과 주요활동 내용을 소개한다.

1. 녹색어머니회

① 구성 및 운영

녹색어머니회는 1969년 2월 초등학교 단위별로 '자모 교통 지도반'으로 출범하여, 1971년 12월 당시 치안본부(현 경찰청)가 '녹색어머니회'로 명칭을 변경하였고, 전국 6대 도시(서울, 부산, 대구, 인천, 광주, 대전)를 중심으로 초등학생 자녀를 둔 어머니들을 대상으로 조직하였다.

그 후 각 초등학교에서 개별적으로 운영되던 녹색어머니회를 전국 단위의 조직으로 구성하면서 2006년 2월에 민법에 의한 경찰청 산하 비영리 사단법인으로 '녹색어머니중앙회'를 등록하였다.

Children Traffic Safety

그에 따라 녹색어머니회는 녹색어머니중앙회 산하에 각 시·도 녹색어머니회가 있고, 그 산하에 각 학교별 녹색어머니회가 구성되어 있으며, 이를 통틀어서 녹색어머니회라고 부르고 있다. 녹색어머니회는 현재 전국 4,300개 초등학교에서 약 56만 명의 어머니들이 가입하여 활동하고 있다. (www.koreagreenmother.org)

② **주요활동**

- 전국 4,300여개 초등학교에서 결성되어 매일 약 56만 명의 녹색어머니회원들이 통학로에서 등·하교 어린이 교통안전 지도활동을 수행하고 있다.
- 「어린이 교통사고 제로운동 촉진대회」 등 지역별로 어린이 교통사고 예방을 위한 다양한 행사를 전개하며 어린이 교통사고의 심각성과 구체적 예방법을 홍보하고 있다.
- 초등학교 주변 통학로 위험요소를 찾아 제보하여 개선토록 하고, 해당 학교에서 어린이 교통안전 교육을 실시하여 어린이들의 교통사고 위험을 낮추어 주고 있다.
- 대 국민 교통안전 캠페인, 교통질서 확립 및 음주 운전 예방 캠페인 등 다양한 캠페인에 참여하여 국민들을 교통사고로부터 보호하는 활동을 수행하고 있다.
- 대통령, 지자체장, 국회의원 선거 시 강화된 어린이 교통안전 공약을 채택도록 하는 데 선도적 역할을 수행하고 있다.
- 올림픽, 월드컵, 전국체전 등 국내·외 행사 시 자원봉사 요원으로 참여하여 행사의 성공적 개최는 물론 선진 교통문화 정착에 앞장서고 있다.

[그림 9.2.1] 녹색어머니회 교통안전 캠페인 모습

사진 출처) 녹색어머니중앙회 홈페이지

2. 모범운전자회

① 구성 및 운영

모범운전자회는 1971년 12월 당시 치안본부(현 경찰청)에 의해 전국 6대·도시를 중심으로 각 경찰서 단위로 구성되었고, 1998년 9월 민법 및 '행정안전부 및 경찰청 소관 비영리법인 설립 및 감독에 관한 규칙'에 근거하여 전국적 단체로 조직되었다.

그 후 2012년 3월 「도로교통법」 개정에 의하여 모범운전자연합회의 설립 근거가 마련되었고, 모범운전자에 대한 지원규정이 명시되었다.

모범운전자회는 「도로교통법」에 명시되어 있는 경찰공무원의 보조자로서 전국적으로 약 26,000명의 회원이 참여하여 매일 교차로 및 학교 앞 등에서 교통지도 봉사활동을 수행하고 있다.

[표 9.2.1] 「도로교통법」의 모범운전자 관련 조항

제2조(정의) 이 법에서 사용하는 용어의 뜻은 다음과 같다.
  1~32. 내용 생략
  33. "모범운전자"란 제146조에 따라 무사고운전자 또는 유공운전자의 표시장을 받거나 2년 이상 사업용 자동차 운전에 종사하면서 교통사고를 일으킨 전력이 없는 사람으로서 경찰청장이 정하는 바에 따라 선발되어 교통안전 봉사활동에 종사하는 사람을 말한다.
제5조의2(모범운전자연합회) 모범운전자들의 상호협력을 증진하고 교통안전 봉사활동을 효율적으로 운영하기 위하여 모범운전자연합회를 설립할 수 있다.
제5조의3(모범운전자에 대한 지원 등)
  ① 국가는 예산의 범위에서 모범운전자에게 대통령령으로 정하는 바에 따라 교통정리 등의 업무를 수행하는 데 필요한 복장 및 장비를 지원할 수 있다.
  ② 국가는 모범운전자가 교통정리 등의 업무를 수행하는 도중 부상을 입거나 사망한 경우에 이를 보상할 수 있도록 보험에 가입할 수 있다.
  ③ 지방자치단체는 예산의 범위에서 제5조의2에 따라 설립된 모범운전자연합회의 사업에 필요한 보조금을 지원할 수 있다.

② 주요활동

- 전국 모든 지자체의 교통 혼잡 지역에서 출·퇴근 시 교통봉사 활동을 수행하며 원활한 교통 소통과 교통사고 예방에 기여하고 있다.
- 지역별로 어린이 교통사고 예방 행사에 적극 참여하고, 몸소 안전운전을 실천하며, 주변 사람들을 어린이 교통사고 예방에 참여토록 유도하고 있다.
- 지역민의 교통안전 증진을 위한 각종 행사와 교통질서 확립, 음주운전 예방 캠페인 등에 적극 앞장서고 있다.
- 국내·외 행사는 물론 해당 지자체 행사에 적극 참여하여 행사 차량의 원활한 진출·입과 주변 차량의 원활한 소통, 그리고 운전자 및 보행자의 안전을 위하여 제반 활동을 수행하고 있다.
- 녹색어머니회와 함께 대통령, 국회의원, 지자체장 선거 시 후보자들에게 강화된 어린이 교통안전 공약을 채택토록 하는데 앞장서고 있다.
- 통학로 교통사고 위험지점 제보 및 개선 활동과 우리 지역의 교통문화 정착을 위한 제반 활동을 수행하고 있다.

[그림 9.2.2] 모범운전자회 교통안전 캠페인 모습

사진 출처) 경찰청, 도로교통안전백서

3. 안전생활실천시민연합(약칭 '안실련')

① 구성 및 운영

안전생활실천시민연합(약칭 '안실련')은 1996년 8월 노동부로부터 사단법인 허가를 받은 단체로서, 교통안전 전문성을 갖추고 어린이 교통안전 증진 활동을 활발하게 펼치고 있는 비영리 단체이며, 전국적으로 약 2만여명의 회원들이 참여하고 있다.(www.safelife.or.kr)

② 주요활동

- 매년 행정안전부 등과 함께 어린이 안전 짱 체험 박람회를 실시하여 어린이들에게 교통사고 등 안전사고 예방을 위한 다양한 체험교육을 실시하고 있다.
- 행정안전부 등과 함께 온·오프라인 상에서 어린이 안전 퀴즈대회를 개최하여 부모님과 어린이들에게 교통안전 교육의 중요성과 구체적 교육방법을 제공하고 있다.
- 어린이 교통안전 지도능력을 갖춘 어머니 안전지도자들이 초등학교, 유치원을 순회하며 어린이들에게 교통안전 교육을 실시하고 있다.
- 전국적으로 10여 곳의 어린이 교통공원을 직접 운영하며 어린이들에게 교통사고 사례 중심의 체험교육을 실시하고 있다.
- 자동차회사와 함께 캐릭터를 활용한 「로보카 폴리 교통안전 교실」을 운영하며 교통안전 실습교육을 하고 있다. 또한 국토교통부와 어린이통학버스에 보호장구를 달아주는 천사의 날개 부착 캠페인을 하고 있다.
- 그 외 어린이 교통안전 증진을 위한 국회 입법 청원, 정책 토론회 개최, 교통사고 유자녀 지원 사업을 효율적으로 수행하고 있다.

[그림 9.2.3] 어린이 통학버스에 '천사의 날개' 부착 캠페인 모습

4. 어린이 안전학교

① 구성 및 운영

어린이 안전학교는 2008년 행정안전부로부터 사단법인 허가를 받은 단체로서, 어린이 안전사고 예방을 위하여 온·오프라인 상으로 안전교육을 실시하고, 안전 강사를 양성하며, 어린이 안전 정책 연구 등을 실시하면서, 약 1만 여명의 회원이 참여하고 있다.(www.go119.org)

② 주요활동

- 각 지자체별로 어린이 안전관련 예산·조직·활동강화를 위한 어린이 안전조례를 제정하도록 적극 추진한다.
- 총 32시간의 교통안전 교육 등 제반안전 교육을 이수한 후 소정의 시험 합격 시 민간 자격증인 「안전교육 지도사」를 주는 등 안전교육 전문강사를 양성하고 있다.
- 매년 어린이 교통안전 음악대회를 개최하여 노래를 통해 사고예방법을 전달하고 있다

[그림 9.2.4] 어린이 안전학교의 어린이 교통안전 음악대회 모습

- 미취학 아동과 부모님 대상 안전교육 실시 후 소정의 시험에 합격하면 교통안전교육 인증서를 제공 받은 후 초등학교 입학 시 제출토록 하여 가정에서 교통안전교육을 실시토록 유도한다.
- 초등학교·유치원·어린이집을 순회하며 어린이 안전 교육, 통학로 주변 위험요소 개선, 학부모 및 교사 교육, 학교 내 안전 점검 등 제반 안전 교육을 통해 어린이들의 안전사고 위험을 낮추어 준다.
- 찾아가는 어린이 안전 체험 캠프를 통해 어린이들에게 실제 사고사례 중심의 안전교육을 실시한다.
- 초등학교 교실 2~3개를 합친 공간을 마련한 후, 이곳에 교육용 신호등, 횡단보도 등 각종 안전 실습 교육 도구를 갖추어 놓고 안전교육 지도사들이 어린이들을 대상으로 체험 교육을 실시한다.
- 사이버 상에서 어린이 안전 교육을 실시 할 수 있는 교육 시스템을 갖춰 놓고, 미취학 아동 및 취학 어린이를 대상으로 학생 모집 후 소정의 교육 완료 시 어린이 안전학교 졸업장을 제공하는 등 사이버 교통안전 교육을 실시한다.

5. 기타 교통안전 시민단체

가. 한국생활안전연합

① 구성 및 운영

한국생활안전연합은 2001년 2월 창립되어 각종 사고로부터 모두가 최우선적으로 보호되며 국민이 안전하고 행복하게 살 수 있도록, 학술연구 프로그램 개발 및 보급, 실태조사, 교육 그리고 시민운동 등을 활발히 전개해 나가고 있는 비영리 사단법인이다.(www.safia.org)

② 주요활동

- 자동차회사와 함께 어린이 보호구역 내 어린이 교통사고 예방을 위한 Slow 캠페인 등 다양한 활동을 전개한다.
- 어린이 안전관련 정부활동을 모니터링하고 제반 어린이 안전 및 정책대안을 제시한다.
- 어린이와 부모님, 선생님을 대상으로 안전의식 강화 실천교육을 실시하여, 안전교육 전문가 양성 교육을 실시한다.
- 생활안전 분야의 전문성 향상을 위한 연구 및 학술 활동을 전개한다.
- 안전개선과 증진을 위한 캠페인 활동을 전개한다.
- 안전지식 보급을 위한 출판 및 홍보 사업을 실시한다.
- 국내·외 안전단체와 교류 및 협력 추진을 위한 제반 사업을 실시한다.
- 그 외 안전개선 활동에 필요한 방법과 자료에 관한 상담 등을 실시하고 있다.

나. 한국어린이안전재단

① 구성 및 운영

한국어린이안전재단은 1999년 6월 경기도 화성에서 발생한 씨랜드 화재사고가 계기가 되어 2000년 7월 설립허가를 받은 순수 민간법인으로서, 어린이들이 마음껏 뛰어놀 수 있는 안전한 세상

을 만드는 것을 목표로 여러 가지 활동을 수행하는 비영리 재단법인이다. (www.childsafe.or.kr)

② 주요활동
- 카시트 보급사업 : 전국 3세 이하의 자녀가 있으며 자동차를 보유한 가정 중 저소득층 및 사회적 취약 계층의 가정에 무상으로 카시트를 지원해주는 공익사업을 수행하고 있다.
- 안전교육 사업 : 여러 가지 어려움으로 인해 안전교육관을 방문하지 못하는 안전교육의 사각지대에 놓인 어린이들을 직접 찾아가서 학교, 가정, 화재, 재난, 신변, 놀이, 교통안전 등을 주제로 실질적인 체험활동을 통하여 어린이 스스로 안전사고의 피해를 최소화하고 철저한 안전의식을 가질 수 있도록 하는 프로그램을 운영한다.
- 안전문화 사업 : 카시트 장착 캠페인, 우측보행 캠페인, 익사사고 예방 캠페인, 미아 찾기 캠페인 등을 수행한다.
- 연구개발 사업 : 어린이 안전 세미나, 카시트 장착률 실태조사, 어린이 안전교육 효과성 검증, 어린이 물놀이 안전교실, 아동복지시설 안전점검 및 안전교육, 청소년 수련시설 안전점검, 어린이 1일 안전캠프 등의 사업을 실시한다.

다. Safe Kids Korea

① 구성 및 운영

Safe Kids Korea는 미국 Safe Kids의 한국법인으로서 2001년에 설립되어 어린이 안전 증진을 위해 노력하고 있는 단체이다. 미국 Safe Kids는 1987년 미국 국립 어린이 병원이 창립한 세계 유일의 국제 아동안전 기구이며, 현재 세계 28개 회원국이 함께 어린이 안전에 힘을 쓰고 있다.(www.safekids.or.kr)

② 주요활동
- 한국교원연수원과 함께하는 안전지도사 자격증 발급업무를 수행하고 있다.

- 자원봉사 프로그램 제 1기 Safety keepers를 실시하여 어린이 안전 증진을 위한 자원봉사자를 양성하고 있다.
- 엄마손 들고 안전하게 길 건너기 캠페인을 실시하여 어린이들이 도로를 안전하게 건너는 방법을 도로상에서 체험교육을 실시한다.
- 안전365 캠페인을 전개하여, 어린이들이 안전한 환경에서 안전한 삶을 살도록 하는 제반 활동을 수행한다.
- 세이프 키즈-제로원크래프트 자전거 안전교육 연구 협약을 맺고 자전거 안전교육을 실시한다.
- 보험회사와 함께 안전한 학교를 만들어가는 해피스쿨 캠페인을 실시하고 있다.
- 엔젤 아이즈 캠페인, 2012 세이프 서울 한마당, 서울시 어린이 자전거운전 인증시험, 우리 아이 생명띠 채워주기 캠페인 등 어린이 안전사고 예방을 위한 제반 캠페인을 실시하고 있다.

라. 어린이교통안전협회

① 구성 및 운영

어린이교통안전협회는 1992년 9월 경찰청으로부터 사단법인 설립인가를 받은 비영리 민간 봉사단체이다. 협회 산하에는 교통안전어머니회가 구성되어 녹색어머니회와 함께 어린이를 위한 교통안전 교육 및 봉사활동을 펼치고 있다. (www.kacts.or.kr)

② 주요활동

- 어린이 교통안전 증진을 위하여 어린이 교통안전 촉진대회, 어린이 교통사고 제로 운동, 어린이 교통안전 실천대회 등의 교통안전 캠페인 활동을 전개한다.
- 현장 지도 활동으로서 스쿨 존 교통안전 및 불법 주정차 감시활동, 어린이 통학버스 특별보호 준수 감시, 등·하교 시 어린이 교통안전 지도 등의 활동을 실시한다.
- 어린이교통안전 그림 대회, 글짓기 대회를 개최하여 어린이 교통안전 의식을 제고한다.

- 도로교통공단과 함께 '생명 살리는 교통안전 캠페인'을 실시한다.
- 보험회사와 함께 교통사고 유자녀 지원, 대학 입학 교통사고 유자녀 등록금 지원, 교통사고 유자녀 선물 전달 등의 지원활동을 실시한다.

제3절 시민단체의 주요 추진사업

1. 시민단체의 주요 추진사업

가. 어린이 등·하교 안전지도 사업

초등학교 학생의 어머니들로 구성된 녹색어머니회 회원들이 중심이 되어 매일 아침 학교 통학로의 횡단보도나 이면도로상 교차로에서 어린이들이 안전하게 등·하교 할 수 있도록 안전지도 활동을 실시하고 있다.

나. 교통안전 교육강사 양성 및 어린이, 학부모 교육사업

어린이 교통사고 예방을 위하여 적극 참여해 줄 어머니들을 대상으로 교통안전 교육과 시험 등 소정의 과정을 이수토록 한 후, 교통안전 교육 전문강사로 양성하여 어린이 교통사고 예방을 위한 선도적 역할을 수행토록 하고 있다.

이렇게 양성된 어머니 교통안전 교육 강사들이 전국의 초등학교, 유치원, 어린이집, 지역 아동센터 등을 순회하며 어린이 교통안전 교육을 실시하고 있다.

어린이안전학교의 경우「안전교육지도사」를 노동부 직업능력 개발원으로부터 인증을 받아 2009년부터 양성을 시작하여 약 6,500여명이 민간자격증을 취득 받아 어린이 안전교육을 실시하고 있다.

Children Traffic Safety

다. 찾아가는 어린이 교통안전 캠프 실시

어린이 교통안전 교육강사들이 교육용 신호등, 횡단보도 등 각종 교통사고 사례 중심의 체험 교육 장비를 갖춘 후 초등학교를 방문하여 다양한 체험 교육을 실시하고 있다.

한국어린이안전재단, 어린이안전학교는 실제로 버스 내에 각종 체험교육 장비를 갖추고 학교를 방문하여 교육을 실시하고 있다.

안전생활실천시민연합은 행정안전부 등과 함께 전국적으로 온-오프 라인(on-off line) 상에서 부모님과 함께 하는 어린이 교통안전 퀴즈대회를 개최하며 다양한 교통안전 교육을 실시하고 있다.

라. 어린이 교통안전 체험 교육장 조성 및 교육 사업

어린이에게 가장 빈번히 발생하는 교통사고 유형을 어린이가 직접 보행하거나 모터카를 타면서 체험해 보고, 사고원인과 예방법을 스스로 터득하도록 유도하는 어린이 교통공원을 지속적으로 조성하여, 현재 전국적으로 66곳의 어린이 교통공원이 조성되어 있다.

이러한 어린이 교통공원에서 연간 35만 명 이상의 어린이들에게 실제 교통사고 사례중심의 체험 교육을 실시하여 동일 유형의 교통사고에 스스로 대처할 수 있는 자생능력을 길러주고 있다.

[그림 9.3.1] 어린이 교통공원 (부산시 구포)

마. 워킹 스쿨버스(Walking school bus) 운영사업

워킹 스쿨버스는 주로 초등학교 1~2학년 어린이를 대상으로 등·하교 시 방향이 같은 어린이들이 홀로 보행하지 않고 훈련된 자원봉사자들의 보호 아래 집단 보행하는 시스템으로, 어린이들이 이용하는 주된 통학로에 일정 간격으로 정류장을 설치해 놓고 정해진 시간에 어린이를 등교 시 데려오고 하교 시 데려다 주며, 실제 도로상에서 안전한 횡단방법 등을 직접 실습교육시켜 주는 통학방법을 말한다.

[그림 9.3.2] 워킹 스쿨버스 캠페인 모습

① 워킹 스쿨버스 실시 방법
- 워킹 스쿨버스를 실시할 학교의 통학로의 위험도 실태조사를 실시한다.
- 통학로의 정문, 후문을 중심으로 교통안전지도를 그린다.
- 워킹 스쿨버스의 실시구간과 버스 정류소 위치 및 등·하교 도착 시간을 정한다.
- 노선별로 훈련 받은 자원 봉사자와 노선 이용 어린이들의 현황을 파악한다.
- 자원 봉사자의 어린이 교육내용과 워킹 스쿨버스의 운영 매뉴얼을 만들어 제공한다

② 워킹 스쿨버스의 활동지침

- 한 개 노선별 보행 어린이는 큰 길 중심으로 10명 선으로 한다.
- 한 개 노선에 정류장 수는 5~6개로 한다.
- 어린이는 2줄로 세우며 어린이 안전 지도위원은 앞, 뒤로 선다.
- 이면도로에서의 안전한 보행방법을 어린이들에게 알려준다.
- 길을 건널 때 3~4줄로 서며 길 건너기 전에 횡단보도 우측통행의 안전성, 손을 드는 이유와 손을 드는 올바른 방법, 운전자와 눈 맞추기 등을 교육한다.
- 각 노선의 정류장별 등·하교 도착시간을 정해놓고 어린이들에게 알려준다.
- 월별 버스 승차권을 나누어 주고 등·하교 시에 펀치를 뚫어 워킹 스쿨버스를 이용했음을 표시한다.(월별로 버스 승차권을 모두 다 사용한 어린이에게 소정의 선물을 준다.)

바. 어린이 교통안전 정책, 입법 제안

　시민단체들은 힘을 모아서 어린이 안전 관련 정부 부처에 강화된 어린이 교통안전 정책, 제도를 제안하여 정부 정책으로 채택하도록 유도하였다.

　실제 1경찰 1학교 전담제도, 워킹 스쿨버스 실시, 어린이 보호구역 내 교통법규 위반 차량 단속 강화와 가중 처벌, 어린이 보호구역 개선사업 예산 확충, 어린이 교통안전 교육 강화 등을 정부에 건의하여 채택토록 했다.

　그리고 국회에 어린이 통학버스 사고예방 규정 강화, 어린이 안전교육 강화 및 학교 안전사고 예방 등 어린이 교통안전을 강화할 수 있는 입법 발의 사항을 제안해 실제 입법화 하도록 하였다.

　또한 대통령, 국회의원, 지자체장 선거 시 어린이 교통안전 정책을 공약화 하도록 유도한 후, 실제 당선 후 공약한 어린이 교통안전 정책을 수행토록 하여 어린이 교통사고 예방에 크게 기여하였다.

[그림 9.3.3] **시민단체 대표가 대통령에게 어린이 교통안전 건의 모습**

사진 출처) 「Korea's 95% Reduction in Child Traffic Fatalities」, 교통안전 시민단체 편(허억)

2. 시민단체 활동의 성과 및 향후 과제

우리나라의 어린이 교통안전 시민단체는 어린이 교통사고 예방을 위하여 많은 활동을 수행해 왔으며 실제로 사고 감소에 기여한 공이 매우 크다. 정부에서도 이런 시민단체들의 중요성을 인식하고 국정의 파트너로 인정하며 어린이 교통사고 예방을 위한 다양한 활동을 함께 전개해 왔다.

지난 2002년 대통령 선거 시 시민단체들의 「어린이 안전사고 50% 감소」 공약을 채택한 당시 노무현 후보는 당선 후 2003년을 「어린이 안전 원년」으로 선포하고 재임 기간 동안 많은 노력을 기울인 결과, 임기 5년 동안 어린이 안전사고 사망자를 약 48% 감소시키는 성과를 이루었다.

이렇듯 민·관이 협력하여 어린이 교통사고 예방활동을 적극 수행한 결과 1988년 1,766명에 이르렀던 어린이 교통사고 사망자수가 계속 감소하여 2017년 현재 54명으로 감소하는 큰 성과를 냈다.

30년 미만의 기간 동안에 어린이 교통사고 사망자수를 97% 감소시킨 큰 성과 뒤에는 바로 시민단체들의 헌신적인 노력이 뒷받침되었기 때문에 가능했다라고 평가할 수 있다.

비록 어린이 교통사고 사망자가 획기적으로 감소하기는 했으나 여전히 전체 어린이 교통사고 중에서 보행 중 사망자수가 60%를 넘고 있어, 어린이 보호구역 내 교통안전시설 개선과 학교에서의 교통안전 교육을 보다 강화할 필요성이 있다.

또한 어린 자녀를 둔 부모님 역시 내 자녀에게 교통사고가 날까 불안해하면서도 정작 교통안전교육의 중요성과 구체적 교육방법은 제대로 인식하지 못하는 부모가 많으므로 향후 가정에서의 교육도 강화해야 한다.

특히 미취학 어린이들의 보행 중 사망률이 70%를 넘는 등 여전히 후진국형 사고유형을 보이고 있어 어린이집, 유치원 시절부터 가정의 부모님과 어린이들에 대한 실제 사고 사례 중심의 교육이 대폭 강화되어야 한다.

향후에는 지금까지 이룬 어린이 교통사고 사망자수 97% 감소에 만족하지 말고,「어린이 교통사고 사망자 Zero」를 목표로 가정과 학교, 사회와 정부가 합심하여 적극 노력해야 한다.

제10장
선진국 어린이 교통안전 교육

제1절 미국

제2절 영국

제3절 호주

제10장
선진국 어린이 교통안전 교육

제1절 미국

1. 도로교통법에 의한 어린이 교통안전 규정

미국의 도로교통 관련 규정은 연방 「도로교통법(Road Traffic Act)」을 기준으로 하여 각 주별로 적용하는 규정이 약간씩 다르다. 어린이 교통안전 관련 내용은 각 주 자동차국(Department of Motor Vehicle, DMV)이 발간하는 「운전자 핸드북(Driver Handbook)」에 자세하게 나타나 있다.

이 운전자 핸드북은 각 주별로 내용이 약간씩 차이가 있지만, 여기서는 미국에서 가장 인구와 자동차대수가 많은 캘리포니아 주의 「캘리포니아 운전자 핸드북(California Driver Handbook)」을 중심으로 하여 주요 내용을 설명한다.

[그림 10.1.1] 미국 캘리포니아주 Driver Handbook 표지

가. 보행자의 의무(Pedestrian Responsibilities)

도로 상의 모든 보행자는 항상 교통상황을 인식해야 한다. 도로를 건널 때 자신이 통행우선권을 가졌다고 생각하기 전에 운전자들을 경계하여야 한다.

전기 및 하이브리드 차량은 전기로 움직일 때 소리가 나지 않아서, 이러한 차량이 교차로에 접근할 때 차 소리를 듣지 못할 수 있다.

보행자가 교차로와 교차로 사이의 횡단보도가 아닌 도로구간을 건널 때나, 보행자 횡단보도나 신호등이 없는 도로를 건널 때는 차량에 우선권을 주어야 한다.

[보행자의 유의사항]

- 운전자와 눈이 마주쳤다고 해서 운전자가 나에게 우선권을 주는 것은 아니다.
- 차량이 위험할 정도로 가까이 다가온 때에 연석이나 다른 안전한 장소에서 갑자기 걷거나 뛰어서 도로를 건너지 말아야 한다. 이것은 보행자가 횡단보도에 있을 때도 마찬가지이다. 법에는 운전자가 항상 보행자에게 통행우선권을 양보해야 한다고 규정되어 있지만, 이러한 법이 있어도 운전자가 사고를 피하기 위해 적시에 정지하지 못할 수도 있다.
- 보행자는 주의를 분산시키는 행동을 피해야 한다. 보행자가 걷는 동안 휴대전화 또는 전자기

기를 이용해서는 안 된다. 차량 또는 다른 보행자에게 위험이 되지 않도록 항상 주변을 인식하고 있어야 한다.

- 항상 교통신호등을 지켜야 한다. 교차로에 보행자 신호나 일반적인 교통신호등이 있더라도 보행자 규칙을 따라야 한다. 교통 신호등이 없는 교차로에서 운전자는 횡단보도 내에서 횡단보도 표시가 있든지 없든지 상관없이 보행자에게 통행우선권을 주어야 한다.
- 보행신호가 녹색으로 바뀌면 먼저 왼쪽을 보고 다음에 오른쪽을 보고 다시 왼쪽을 살펴보고 건너가되, 이미 교차로에 들어와 있는 다른 차량이 빠져 나갈 때까지 통행우선권을 양보해야 한다.
- 도로를 건너는 도중에 보행신호가 깜빡거리기 시작하면 주의를 기울이며 계속하여 도로를 건너도 좋다.
- 도로를 건너는 동안에 불필요하게 교통을 정지시키거나 지체시키지 말아야 한다.
- 차도 옆에 보도가 없으면 다가오는 차량을 마주보며 걸어가야 한다. 보행자 통행이 허용되지 않는다는 표지판이 있는 도로에서 걷거나 조깅을 하지 않아야 한다. 보도가 없는 곳이 아닌 한 자전거도로 위에서 걷거나 조깅하지 말아야 한다.
- 야간에는 다른 운전자에게 잘 보이도록 흰색, 밝은색 또는 반사재 복장을 하거나, 또는 손전등을 휴대해야 한다.

[그림 10.1.2] 보행자의 통행방법

나. 운전자의 보행자 보호(Pedestrian Protection)

보행자의 안전은 중대한 문제이다. 여기서 보행자란 걸어 다니는 사람, 또는 롤러 스케이트나 스케이트 보드 등을 타는 사람이고, 자전거 운전자는 제외된다. 또한 장애인이 삼륜차, 사륜전동차 또는 휠체어를 타는 경우도 보행자에 포함된다.

캘리포니아 주에서 교통사고 사망자 중 약 22%가 보행자 사망자이다. 보행자가 갑자기 길을 건널 수 있으므로 보행자가 가까이 있을 때는 주의해서 운전해야 한다. 전기 차량이나 하이브리드 차량은 사실상 소리가 나지 않으므로 보행자가 차량 접근 소리를 듣지 못해서 위험에 처할 수 있다. 그러므로 보행자가 가까이 있을 때는 특별히 주의해야 한다. 보행자를 보호하기 위하여 운전자는 다음과 같이 운전하여야 한다.

- 보행자의 통행우선권을 존중해야 한다. 횡단보도 표시 여부와 교통신호 유무에 상관없이 길모퉁이나 기타 횡단보도에서 길을 건너는 보행자가 있으면 반드시 정지해서 양보해야 한다.
- 횡단보도에 멈춰서 있는 차량을 추월하지 말아야 한다. 차량에 가려서 길을 건너고 있는 보행자를 보지 못할 수 있다. 멈춰서 모든 보행자가 길을 건너고 난 다음에 주행해야 한다.
- 골목길이나 건물로 들어서기 위한 경우를 제외하고 보도 위에서 차량을 주행하지 말아야 한다. 보도를 횡단할 때는 모든 보행자에게 양보하여야 한다.
- 횡단보도 내에 정차하지 말아야 한다. 보행자를 위험에 빠트릴 수 있다.
- 보행자가 운전자와 눈을 마주치면(eye contact) 길을 건널 준비가 된 것이다. 보행자에게 양보하여야 한다.
- 나이가 많은 보행자, 장애인, 어린이를 데리고 있는 보행자는 길을 건너는 데 시간이 오래 걸리므로 충분한 시간을 주어야 한다.
- 보행자와 관련된 교통표지판을 준수하여야 한다.
- 시각 장애인은 차량 소리를 통해 차량이 있다는 것을 알게 된다. 전기 차량이나 하이브리드 차량의 운전자는 차량 소리가 안 들리면 시각장애인은 차량이 없다고 생각할 수 있다는 점을 알고 시각장애인에게 특히 주의하여야 한다.

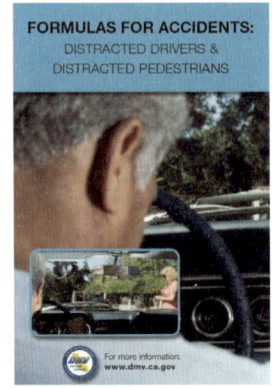

[그림 10.1.3] 교통사고의 공식 : 산만한 운전 + 산만한 보행자

다. 어린이 보호장구(Child Restraint System)

어린이는 신장 및 연령에 따라 연방정부에서 승인한 어린이용 탑승 안전장치(child passenger restraint system) 또는 안전벨트(safety belt)를 사용해 고정되어 있어야 한다.

- 2세 미만의 어린이는 해당 어린이가 18kg(40 파운드) 이상이거나 신장이 101cm(3피트 4인치) 이상인 경우를 제외하고 후방을 향한 어린이용 탑승 안전장치를 통해 고정되어 있어야 한다.
- 8세 미만의 어린이는 연방정부에서 승인한 어린이용 탑승 안전장치를 통해 적절히 고정되어 있어야 한다.
- 8세 미만의 어린이는 다음과 같은 경우 연방정부에서 승인한 어린이용 탑승 안전장치를 이용해 앞좌석에 탈 수 있다.
  - 뒷좌석이 없을 경우
  - 뒷좌석이 측면을 향한 좌석일 경우
  - 뒷좌석이 뒤쪽을 향한 좌석일 경우
  - 어린이용 안전장치를 뒷좌석에 적절하게 설치할 수 없는 경우
  - 모든 뒷좌석을 7세 이하의 아동이 점유하고 있을 경우
  - 의학적인 이유로 어린이가 뒷좌석에 탑승할 수 없을 경우

- 후방을 향한 어린이용 탑승 안전장치를 사용하는 어린이인 경우 에어백이 장착된 차량의 앞좌석에 태울 수 없다.
- 8세 이상이거나 신장이 최소 144cm(4피트 9인치) 이상인 어린이일 경우 연방기준을 충족하는 올바르게 고정된 안전벨트를 사용할 수 있다.

라. 자동차 내의 어린이 방치(Unattended Children in Motor Vehicles)

어린이를 자동차 안에 방치하는 것은 좋은 생각이 아니며, 6세 이하의 어린이를 자동차 안에 방치하는 것은 위법이다. 법원은 위반자에게 벌금을 부과하거나 안전교육 프로그램을 이수하도록 명령할 수 있다. 자동차에 남겨진 어린이가 부상을 당하거나, 구급차 출동이 발생한 경우에는 벌금과 처벌이 가중된다.

다만, 12세 이상 동승자의 감독 하에서는 어린이가 자동차에 남아 있을 수 있다.

마. 자전거 이용자의 책임(Bicyclist Responsibility)

자전거 이용자는 다른 차량 및 오토바이 운전자와 동일한 권리와 책임을 가진다. 자전거 이용자의 책임은 다음과 같다.

- 모든 교통표지판 및 교통신호등을 준수한다.
- 다른 차량과 동일한 방향으로 움직인다.
- 차선 변경 또는 회전 시 신호를 준다.
- 보행자에게 양보한다.
- 헬멧을 착용한다(18세 미만인 경우)
- 더 빠른 차량이 추월할 수 있도록 허용한다.
- 어두운 때는 적절한 반사재를 착용한다.
- 자신의 자전거가 차량에게 잘 보이도록 한다(주차된 차량 사이로 이동하지 않는다)

- 여러 대가 자전거를 탈 때는 한 줄로 탄다.
- 오른편 연석 쪽이나 길 가장자리에서 달려야 하고, 보도에서는 자전거를 탈 수 없다.
- 자동차 운전자들과 같은 방법으로 회전차로를 이용해서 좌회전이나 우회전을 한다. 자전거가 직진할 때는 직진 차로를 이용하고, 우회전 차로에 서서 우회전하는 차량을 막지 말아야 한다.
- 적절한 신분증(ID)을 가지고 있어야 한다.

[그림 10.1.4] 자전거의 교차로 통행방법

야간에 자전거 이용자는 되도록 어두운 색 옷을 입지 말고, 반드시 다음의 장비를 갖추어야 한다.
- 90m(300피트)의 거리에서 보이는 흰 불빛이 나오는 전조등
- 150m(500피트)의 거리에서 보이는 빨간 색 후면 반사체 또는 반사체가 내장된 깜빡이는 빨간 등
- 60m(200피트)의 거리에서 보이는 양쪽 페달 위나 자전거 이용자의 신발 또는 발목에 부착한 흰색 또는 노란색의 반사체
- 앞바퀴 위의 흰색 또는 황색 반사체 또는 뒷바퀴 위의 흰색 또는 빨간색 반사체 또는 반사 타이어

자전거 이용자는 도로에서 운전할 권리가 있으며 다음의 사항을 준수하여야 한다.
- 지방지역에서 다른 대체 도로가 없을 때 합법적으로 차도의 일부를 이용하여 달릴 수 있다.
- 주차된 차량, 동물, 적치물을 피하여 그 왼쪽 편으로 달릴 수 있다.
- 일방통행로에서는 왼쪽 연석이나 가장자리에서 달려야 한다.

[그림 10.1.5] 위험 회피 방법 : 눈을 계속 움직이고 주변을 살펴보기

2. 미국 어린이 교통안전 교육의 특징

가. 보행자와 운전자의 눈 맞추기(Eye Contact)

미국의 보행자 안전 규칙의 특징 중 하나는 보행자가 도로를 횡단하기 전에 반드시 운전자와 눈 맞추기(eye contact)를 하도록 권장하는 점이다.

위키피디아(Wikipedia)의 정의에 의하면, 눈 맞추기(Eye contact)는 두 사람이 동시에 상대방의 눈을 바라보는 행동으로서, 인간의 사회적 행동에 큰 영향을 미치는 비언어적 의사소통 방법의 한 가지라고 정의하고 있다(Eye contact occurs when two people look at each other's eyes at the same time. In human beings, eye contact is a form of nonverbal communication and is thought to have a large influence on social behavior).

보행자는 횡단보도를 건널 때 반드시 연석 앞에 멈추어 서서 다가오는 차량의 운전자를 바라보고, 운전자와 눈 맞추기를 함으로서 도로를 횡단하겠다는 의사를 분명하게 운전자에게 전달하고, 운전자는 이것을 명확하게 인지하고 멈추어 선 후에 도로를 건너도록 하는 것이다.

이렇게 눈 맞추기를 함으로서 보행자와 운전자 간에 상호 상대방의 의사를 확실히 인지함으로서 만일에 실수할 가능성을 배제하는 것이다. 이러한 눈 맞추기의 구체적인 방법은 다음과 같다.

첫째, 보행자는 도로를 횡단하기 전에 연석 앞에 멈추어 선다.

둘째, 보행자는 다가오는 차량 쪽으로 얼굴을 돌려 운전자의 눈을 바라본다.

셋째, 횡단보도 앞에 멈추어 서서 운전자 쪽을 바라보는 보행자가 있으면, 운전자는 보행자가 도로를 건너려는 의사를 보이는 것으로 이해하고 차량을 멈추어 선다.

넷째, 차량이 멈추어 서고 보행자와 운전자 사이에 완전히 눈 맞추기가 끝나면 보행자는 도로를 건넌다.

다섯째, 보행자는 도로를 횡단하는 중에도 다른 차량이 다가오지 않는지 주의하여 살펴보며 건넌다.

일반적으로 미국은 사람들간에 대화를 할 때도 서로 눈을 마주보며 대화하는 것이 보통이고, 눈 맞추기를 하는 것이 자연스러운 생활 중의 하나이다. 그러나 우리나라는 낯선 사람과 눈 맞추기를 하는 것이 생활화되어 있지 않아서 보행자와 운전자 사이에 이런 습관을 정착시키는 것이 쉬운 일은 아니다.

그러나 어린이가 도로를 횡단하기 전에 차량의 운전자를 바라보고 횡단하겠다는 의사를 눈빛으로 전달하고, 이러한 신호를 받은 운전자가 차량을 멈추어 선 후에 도로를 횡단하도록 습관화하면 앞으로 어린이 교통사고를 줄이는 데 크게 기여할 수 있을 것이다.

나. 전미안전협회(NSC)의 교통안전 교육

미국의 전미안전협회(National Safety Council, NSC)는 100년 이상의 역사를 가지고 안전분야를 전문적으로 다루는 전국적인 비영리 민간조직이며, 이 협회의 홈페이지에 들어가면 관련된 자료들을 찾아 볼 수 있다(www.nsc.org).

전미안전협회는 회장(President)과 이사회(Board of Directors)를 두고, 전국적으로 50,000개 이상의 기업 및 기관이 가입해 있다. 전미안전협회는 작업안전(Work safety), 가정안전(Home safety), 도로안전(Road safety)의 3대 분야를 중점적으로 다루고 있다. 도로안전 분야에서는 운전자를 위한 방어운전(Defensive driving) 교육을 실시하고, 산만운전(Distracted driving) 방지를 위한 캠페인을 중점적으로 펼치고 있다.

Children Traffic Safety

미국은 전체 교통사고 사망자 중에서 보행 중 사망자의 비중이 낮기 때문에 보행자를 위한 별도의 교육 과정은 없지만, 보행자 중에서 어린이 및 청소년 교통안전을 위한 캠페인을 활발하게 펼치고 있다.

제2절 영국

1. 도로교통법에 의한 어린이 교통안전 규정

영국의 어린이 교통안전 관련 내용은 교통부(Department for Transport, DfT)가 「도로교통법(Road Traffic Act)」에 근거하여 운전자들이 알기 쉽게 여러 가지 삽화와 그림을 넣어서 발행하는 「도로교통규정(Highway Code)」에 자세하게 나타나 있다.

단, 영국은 차량이 좌측통행을 하므로 한국과 비교할 때는 좌·우측을 바꾸어서 이해하는 것이 필요하다. 이 규정에 나와 있는 보행자 관련 규정을 소개하면 다음과 같다.

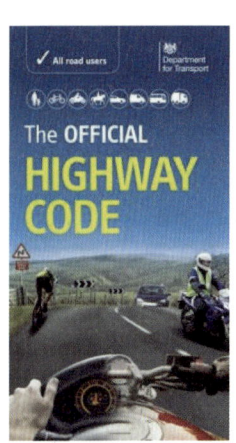

[그림 10.2.1] 영국 도로교통규정(Highway Code) 표지

가. 보행자를 위한 규정(Rules for Pedestrians)

영국 「도로교통규정(Highway Code)」의 제1조부터 제35조까지 보행자를 위한 규정이 자세하게 나타나 있으며, 그 중 중요한 내용을 발췌하여 정리하면 다음과 같다.

① **보도(Pavements)**

보도가 있을 때는 보행자는 반드시 보도를 이용하여야 한다. 자동차에 당신의 등을 보인 채로 연석 가까이에서 보행하는 것을 피해야 한다. 차도에 발을 들여 놓을 때는 양방향을 주의하여 살펴보아야 한다.

② **보도가 없는 경우(If there is no pavement)**

보도가 없을 때는 도로의 오른쪽으로 붙어서(좌측통행하는 영국과 달리, 우측통행하는 한국에서는 도로의 왼쪽으로 붙어서) 차량을 마주보며 걸어야 한다. 이 때 도로의 가장자리로 붙어서 걸어가야 한다.

③ **다른 도로이용자에게 보이도록 하라(Help other road users to see you)**

날이 어스름할 때는 밝은 옷을 입거나 밝은 물건을 들고 걸어야 한다. 어두울 때는 반사재 용품을 착용하고 걸어야 한다(팔밴드, 어깨밴드, 재킷, 신발 등).

[그림 10.2.2] 야광 반사재 착용

④ **어린 아이(Young children)**

어린 아이는 도로에 혼자 다녀서는 안 된다. 어린 아이를 데리고 도로에 나갈 때는 반드시 손을 잡고 걸어야 한다. 유아인 경우에는 유모차에 태워서 나가야 한다. 유아를 유모차에 태워 도로에 나

Children Traffic Safety

갈 때는 유모차를 차도에 밀어 넣어서는 안 된다.

⑤ 집단 보행(Organized walks)

여러 사람이 집단 보행을 할 때는 보도를 이용하여야 한다. 보도가 없을 때는 왼쪽(한국의 경우 오른쪽)으로 붙어서 걸어가야 한다. 집단의 맨앞과 맨뒤에는 감시인(Look-outs)을 세우고, 형광색 옷이나 반사재를 착용하여야 한다.

⑥ 고속도로(Motorways)

보행자는 절대로 고속도로에 들어가서는 안된다.

나. 도로 횡단(Crossing the road)

(1) 녹색횡단규정(The Green Cross Code)

모든 어린이는 여기에서 정하는 '녹색횡단규정(Green Cross Code)'을 완전히 익히기 전에는 절대로 도로에 혼자 나가서는 안된다. 이 규정을 익히고 습관화하는 나이는 어린이마다 다르다. 어린이는 어른을 본 받아서 배우므로, 도로에 나갈 때 모든 어른은 반드시 이 규정을 지켜서 행동해야 한다.

① 먼저 횡단하기에 안전한 장소를 찾는다(First find a safe place to cross)

근처에 횡단보도가 있을 때는 그 횡단보도를 이용해야 한다. 지하보도, 보도육교, 경찰관이나 교통안내원이 있는 장소 등이 더욱 안전하다.

② 연석 앞에 멈추어 선다(Stop just before you get to the curb)

다가오는 차량을 바라볼 수 있는 적당한 위치를 찾아서 연석 앞에 멈추어 선다. 차도에 너무 가까이 서지 않는다.

[그림 10.2.3] 녹색횡단규정(Green Cross Code) 익히기

③ **사방으로 차량을 살펴보고 소리를 듣는다**(Look all around for traffic and listen)

차량은 어느 방향에서나 다가올 수 있다. 살펴보는 동시에 귀로 차량이 다가오는 소리를 듣는다.

④ **차량이 다가오면 지나가게 한다**(If traffic is coming, let it pass)

다시 한번 사방을 살펴보고 귀로 들어본다. 다가오는 차량이 있으면 지나가게 한다. 다가오는 차량이 없거나 차량 사이에 충분한 간격이 생길 때까지 기다린다. 차량이 멀리 있어 보여도 금방 가까이 다가온다는 사실을 잊지 말아야 한다.

⑤ **안전한 때 도로를 똑바로 걸어서 건넌다 – 뛰지 않는다**(When it is safe, go straight across the road – do not run)

달려오는 차량이 없고 안전한 때에 도로를 건넌다. 도로를 건너는 중에도 다가오는 차량이 있는지 계속하여 살펴본다. 도로를 사선방향으로 건너지 않는다. 도로를 건널 때 절대로 뛰지 않는다(뛰면 앞만 보게 되고 차량을 보지 않게 된다).

(2) 안전한 도로 횡단

각 도로 여건별로 안전한 도로 횡단 관련 규정은 다음과 같다.

Children Traffic Safety

① **교차로**(At a junction)

도로를 건널 때 회전하는 차량을 살펴보고, 특히 뒤쪽에서 다가오는 차량에 주의해야 한다.

② **보행자 안전 배리어**(Pedestrian safety barriers)

보행자 횡단을 방지하는 안전 배리어(횡단방지 가드레일)가 설치되어 있는 구간에서는 횡단하지 말고 도로횡단이 허용된 부분을 이용하여 횡단한다. 횡단방지 배리어를 넘어가서 횡단하지 않는다.

③ **주차 차량**(Parked vehicles)

주차 차량 사이를 횡단할 때는 차량 사이에 멈추어 서서 그 곳을 보도의 끝 연석부분이라고 생각하고 녹색횡단규정을 적용하여 횡단해야 한다. 즉 주차된 차량 사이에 멈추어 서서, 사방에서 다가오는 차량을 살펴보고, 소리를 듣고, 차량이 다가오지 않을 때를 기다려서 횡단해야 한다. 주차 차량이 시동이 걸려 있고 엔진 소리가 들릴 때는 절대로 그 차량 앞뒤로 횡단해서는 안 되고, 특히 대형차량의 앞뒤로는 횡단하지 않도록 한다.

④ **후진 차량**(Reversing vehicles)

절대로 후진하고 있는 차량 뒤에서 도로를 횡단하지 않는다. 차량의 흰색 후진등을 살펴보고, 후진 경보음을 듣도록 한다.

⑤ **야간**(At nights)

야간에는 다른 도로이용자가 쉽게 볼 수 있도록 반사재를 착용해야 한다. 근처에 횡단보도가 없을 때는 가로등 근처에서 횡단하여 운전자가 보행자를 볼 수 있도록 해야 한다.

다. 횡단보도(Crossings)

횡단보도의 종류에는 여러 가지가 있으며, 각 횡단보도의 종류별로 안전한 횡단방법은 다음과 같다.

① 모든 횡단보도(At all crossings)

모든 횡단보도에서는 횡단하기 전에 먼저 모든 자동차가 멈추었는지를 확인해야 한다. 횡단보도에서는 반드시 흰색 횡단보도 노면표시가 그려져 있는 부분 내에서 횡단하고, 횡단보도 바깥에서 횡단하거나 대각선으로 횡단하지 않는다. 절대로 횡단보도 내에서 어슬렁거리거나 빈둥거려서는 안 된다.

② 신호등이 없는 횡단보도(Zebra crossings)

신호등이 없는 횡단보도에서는 횡단하기 전에 먼저 운전자가 보행자를 발견하고 정지할 수 있도록 충분한 시간을 주어야 한다. 양 방향의 차량이 모두 멈추어 서거나, 차량이 모두 지나갈 때까지 충분히 기다려야 한다. 횡단하는 동안 양 방향을 주시하고, 차량에 가려서 보행자를 발견하지 못하는 차량이 있을 경우에 대비하여 귀를 기울여 소리를 들어야 한다.

[그림 10.2.4] 신호등이 없는 횡단보도 건너기

③ 교통신호등(At traffic lights)

교통신호등이 설치되어 있는 곳에서는 반드시 녹색신호가 들어왔을 때 도로를 횡단하여야 한다. 도로를 횡단하는 도중에 녹색신호가 깜빡거리기 시작하면 아직까지 시간이 남아 있으므로 마저 건너가도록 한다. 녹색신호가 깜빡거릴 때 횡단보도에 새로 진입해서는 안 된다. 교차로에서 횡단보도를 건널 때는 교차로 코너를 갑자기 돌아오는 차량에 주의하여야 한다.

④ 보행자 누름 버튼식 횡단보도(Push-button crossings 또는 Pelican crossings)

보행자 누름 버튼식 횡단보도는 보행자가 버튼을 누른 후에 일정시간을 기다리면 보행자 녹색신호가 들어오는 신호등을 말한다. 보행자는 버튼을 누른 후 녹색신호가 들어올 때까지 기다려야 한다. 녹색신호가 들어오면 횡단보도를 건널 수 있지만, 혹시 달려오는 차량이 있는지 살펴보고, 차량이 모두 정지하거나 지나간 후에 도로를 건너가야 한다.

⑤ 2단 횡단보도(Staggered crossings)

2단 횡단보도 또는 엇갈림 횡단보도(Staggered crossings)는 도로의 중앙에 교통섬이 설치되어 있고, 횡단보도가 일직선이 아니고 엇갈려서 설치되어 있는 횡단보도를 말한다. 이러한 횡단보도에서는 한 번에 횡단하지 말고, 녹색신호에 따라 중앙섬에 도착한 후에 다음 신호를 기다려서 나머지 절반을 횡단하여야 한다.

[그림 10.2.5] 2단 횡단보도 건너기

라. 어린이 보호장구(Child restraint)

영국 「도로교통규정(Highway Code)」의 제99조부터 제102조까지에는 어린이 보호장구(Child restraint)와 관련한 내용이 나타나 있으며, 그 중 중요한 내용을 발췌하여 제시하면 다음과 같다.

① 어린이 보호장구 착용 규정

모든 운전자는 14세 이하의 어린이를 차량 내에 승차시킬 때는 안전벨트(seat belt)를 착용시키든지, 아니면 규정에 적합한 어린이 보호장구(child restraint)를 착용시켜야 한다.

어린이의 키가 1.35m 미만인 경우에는 어린이의 키와 몸무게에 맞추어서 유아 안전 의자(baby seat), 어린이 안전좌석(Child seat), 부스터 시트 또는 쿠션(Booster seat or cushion) 등을 적절하게 착용시켜야 한다.

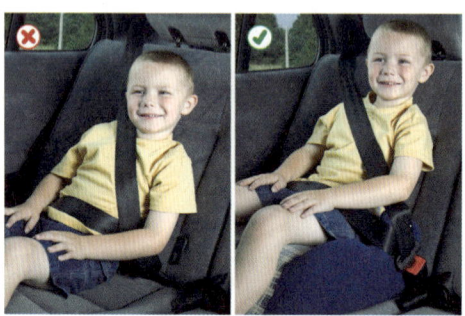

[그림 10.2.5] 부스터를 사용한 올바른 안전띠 착용방법

② 연령 및 신장별 보호장구 착용 규정

- 3세 미만의 모든 어린이는 운전자의 책임 아래 앞좌석과 뒷좌석 모두 어린이 보호장구를 착용하여야 한다.
- 3세부터 신장 1.35m(또는 12세) 미만의 어린이는 운전자의 책임 아래 앞좌석에서는 반드시 어린이 보호장구를 착용하고, 뒷좌석에서는 어린이 보호장구가 없는 경우에는 안전띠를 착용시켜야 한다.

- 신장이 1.35m 이상이거나 또는 연령이 12~13세인 어린이는 운전자의 책임 아래 앞좌석과 뒷좌석 모두 안전띠를 착용하여야 한다.
- 연령이 14세 이상인 사람은 본인의 책임 아래 앞좌석과 뒷좌석 모두 안전띠를 착용하여야 한다.

마. 자전거 이용자 규정(Rules for cyclist)

「도로교통규정(Highway Code)」의 제59조부터 제82조까지에는 자전거 이용자 관련 규정이 나타나 있으며, 그 중 중요한 내용을 발췌하여 제시하면 다음과 같다.

① 복장(Clothing)

자전거 이용자는 다음과 같은 복장을 갖추어야 한다.
- 규정에 적합한 헬멧(cycle helmet)을 착용하여야 한다.
- 자전거 타기에 적합한 복장을 갖추어야 한다. 체인에 걸리는 헐거운 바지, 자전거 등화를 가리는 헐렁한 옷 등을 입어서는 안 된다.
- 다른 도로이용자가 쉽게 볼 수 있도록 밝은 색 옷이나 형광색 옷을 입어야 한다.
- 어두운 때는 반사재를 착용하여야 한다(벨트, 손목, 발목 밴드 등)

[그림 10.2.6] 자전거 이용자의 올바른 복장 착용

② 야간(At night)

야간에 운행할 때는 자전거의 전면에는 흰색 전조등, 후면에는 빨간색 후미등을 켜야 하고, 후면에는 빨간색 반사재를 부착하여야 한다(1985년 이후 제작된 자전거는 황색 페달 반사재도 부착해야 함). 점멸하는 등화를 부착할 수도 있지만, 항상 켜져 있는 등화가 더욱 바람직하다.

③ 자전거 운행 방법

- 신호를 주거나 기어를 변속할 때를 제외하고, 자전거를 주행할 때는 항상 양손을 핸들바(handlebar) 위에 유지해야 한다.
- 양발은 페달 위에 유지해야 한다.
- 좁고 혼잡한 도로에서는 두 줄로 달리지 말고, 반드시 한 줄로 달려야 한다.
- 다른 차량 뒤에 바짝 붙어 가지 않는다.
- 자전거의 균형을 잃을 만한 무거운 물건을 싣거나, 바퀴 또는 체인에 걸릴 만한 물건을 싣고 달리지 않는다.
- 시각장애인 등 다른 도로이용자에 주의하여야 한다. 벨을 울리는 등의 방법으로 다른 사람에게 자전거가 있다는 것을 알려주어야 한다.

④ 자전거 운전자의 유의사항

- 출발하기 전에 사방을 둘러보고 안전한 지 확인하여야 한다. 방향을 바꾸고자 할 때는 다른 도로이용자에게 명확하게 자신의 의도를 수신호로 알려야 한다.
- 전방에 있는 배수구, 파인 구멍, 주차 차량 등의 장애물을 잘 살펴보고, 장애물 앞에서 갑자기 진로를 바꾸어 다른 차량 앞에 뛰어들지 말아야 한다. 주차 차량 옆을 지나갈 때는 갑자기 차량 문이 열릴 수 있으므로 충분한 여유공간을 두어야 한다.
- 뒤에서 다가오는 차량을 항상 잘 살펴야 한다.
- 과속방지턱(road humps), 도로폭 좁아짐 등을 잘 살펴야 한다.

- 추월할 때는 추월규칙을 잘 지켜야 한다.
- 절대로 보도 위에서 자전거를 주행해서는 안 된다.

⑤ 자전거 주차
- 자전거를 주차할 때는 지나가는 사람에게 잘 보이는 위치에서 여유 있는 공간을 찾아 주차한다.
- 가능하면 자전거 주차대나 주차장을 찾아서 주차한다.
- 자전거를 다른 도로이용자에게 장애물이 되는 장소에 주차하지 않는다.
- 자전거가 넘어지지 않도록 단단하게 고정시켜 주차시킨다.

2. 영국 어린이 교통안전 교육의 특징

가. 「도로교통규정」에 의한 녹색횡단규정(Green Cross Code)

영국의 어린이 교통안전 규정의 가장 큰 특징은 어린이가 「도로교통규정(Highway Code)」에 정한 '녹색횡단규정(Green Cross Code)'을 완전히 익히기 전에는 절대로 혼자서 도로에 나와 걷지 못하도록 하고, 어린이가 녹색횡단규정을 완전히 익힌 뒤에 독립적인 보행을 허용하고 있는 점이다.

이 녹색횡단규정의 핵심적인 내용은 다음과 같은 5가지 절차이다.

① 먼저 횡단하기에 안전한 장소를 찾는다(First find a safe place to cross)

② 연석 앞에 멈추어 선다(Stop just before you get to the curb)

③ 사방으로 차량을 살펴보고 소리를 듣는다(Look all around for traffic and listen)

④ 차량이 다가오면 지나가게 한다(If traffic is coming, let it pass)

⑤ 안전한 때 도로를 똑바로 걸어서 건넌다 – 뛰지 않는다(When it is safe, go straight across the road – do not run)

위와 같은 녹색횡단규정은 한국에서도 그대로 적용할 수 있는 매우 합리적인 규정이고 절차이다.

위에서 ① 단계와 ② 단계는 한국에서 그대로 적용하기에 매우 바람직한 절차이고, ③ 단계에서 소리를 듣는 것은 일반적으로 무시하기 쉬운 절차이지만 어린이가 멈추어 서서 귀를 기울이도록 하는 것은 주의력을 기울이게 하는데 매우 효과적이다.

그리고 ⑤ 단계에서 뛰지 않도록 하는 것은 어린이가 뜀을 뛰게 되면 본능적으로 앞만 바라보고 차량이 다가오는 옆 방향을 바라보지 못하기 때문이다.

만일 자동차가 다가오고 있는데도 뛰지 않고 걸어가야 한다는 내용이냐는 의문에 대해서는, 근본적으로 달려오는 차량이 있을 때는 ④ 단계와 같이 횡단을 시작하지 않고 기다리도록 교육시켜야 하고, 충분히 걸어서 건널 수 있도록 여유가 있을 때를 기다려서 도로를 건너도록 하는 지도가 필요하다.

여기서 한 가지 특이한 점은 한국에서는 '안전한 도로 횡단 5원칙(제5장 참조)'에서 도로를 건널 때 어린이에게 손을 들고 건너가도록 지도하고 있는데, 영국의 '녹색횡단규정'에는 어린이에게 손을 들고 건너라는 내용이 없는 점이다.

손을 들고 건너는 것이 어린이를 위험에 빠트릴 우려는 적지만, 손을 들고 건너도록 함으로서 어린이가 손만 들면 안전한 횡단이 보장된다고 생각할 우려가 있기 때문에 주의할 필요가 있다.

또한, 우리나라의 '안전한 도로횡단 5원칙'은 운전자에게 손을 들고 눈 맞추기를 한 후에 차량이 정지한 것을 확인하고 도로를 건너도록 정하고 있는 반면에, 영국의 '녹색횡단규정'은 차량이 다가오면 지나가게 하고, 차량 사이에 충분한 간격이 생길 때까지 기다리도록 하여, 운전자에게 근본적으로 손을 들거나 눈을 마주칠 필요가 없도록 하고 있는데 차이점이 있다.

그러므로 영국의 '녹색횡단규정'은 횡단보도가 없는 곳에서 안전하게 도로를 횡단하는 방법에 초점을 맞춘 규정인 반면에, 우리나라의 '안전한 도로횡단 5원칙'은 횡단보도에서 안전하게 도로를 횡단하는 방법에 중점을 두고 있으므로, 횡단보도가 없는 곳에서의 도로횡단 방법에 대하여는 영국의 '녹색횡단규정'을 훈련시킬 필요가 있다.

나. 왕실사고예방협회(RoSPA)의 어린이 교통안전 교육 내용

영국은 도로교통규정(Highway Code)에 어린이 안전을 위한 상세한 규정을 제정하고 있는 동시에, 영국 왕실의 후원을 받아 '왕실사고예방협회(Royal Society for the Prevention of Accidents, RoSPA)'를 조직하여 전국적인 안전 캠페인을 벌이고 있다.

RoSPA는 1916년에 최초로 영국 버밍햄에 본부를 두고 조직되었으며, 왕실 가족이 후원자로 참여하면서 왕실(Royal)이라는 이름이 앞에 붙게 되었고, 현재는 영국 여왕이 후원자(Patron)로 참여하고 있다.

RoSPA는 1942년에 보행자 안전을 위하여 '연석훈련(Kerb Drill)'이라는 이름으로 도로횡단규칙을 제정하여 보급하였고, 이것이 나중에 도로교통규정(Highway Code)에 의한 '녹색횡단규정(Green Cross Code)'로 발전하게 되었다.

1961년에는 '터프티 클럽(Tufty club)'이라는 이름의 어린이 안전클럽을 전국적으로 조직하여 현재 클럽 수는 24,500개에 이르고 있는데, 터프티라는 이름의 다람쥐 캐릭터를 이용하여 어린이에 대한 안전교육을 시키고 있다(한국의 '호돌이' 캐릭터 등과 비슷한 개념임).

2008년에는 '어린이 안전교육연합(Child Safety Education Coalition)'이라는 단체를 조직하여 어린이 안전교육을 체계적으로 전개하고 있다.

이 밖에도 RoSPA 홈페이지에 들어가면 여러 가지 어린이 교통안전 관련 자료들을 찾아볼 수 있다(www.rospa.com).

제3절 호주

1. 도로교통법에 의한 어린이 교통안전 규정

호주는 연방국가로서 각 주마다 교통 관련 규정이 약간씩 다르며, 어린이 교통안전 관련 규정은 각 주의 도로이용자 핸드북에 나타나 있다(호주는 영국과 같이 자동차가 좌측통행을 하므로, 한국과는 좌우의 개념을 바꾸어서 생각해야 함). 여기서는 호주에서 가장 큰 주인 New South Wales(NSW)주에서 발간한 「도로이용자 핸드북(Road Users' Handbook)」에 나와 있는 어린이 교통안전 관련 규정을 제시한다.

[그림 10.3.1] 호주 NSW주 Road Users' Handbook 표지

가. 보행자를 위한 안전 사항(Safety Tips for Pedestrians)

도로에서 보행자가 지켜야 할 안전 사항은 다음과 같다.

- 횡단보도와 신호등 등의 보행자 시설이 설치된 곳에서 도로를 건넌다.
- 도로를 건너기 전에 달려오는 차량의 운전자가 횡단하는 보행자를 볼 수 있는지 생각한다.
- 도로를 건너기 전에 정지한 후, 보고, 듣고, 생각한다(Before crossing the road – stop, look, listen and think).
- 달려오는 차량이 보행자를 위해 당연히 정지할 것으로 생각하지 않는다.
- 주차된 차량 사이 또는 버스 앞 쪽으로 도로를 건너지 않는다.
- 자전거/보행자 공유 도로에서는 좌측으로(한국의 경우 우측으로) 통행한다.
- 밤이나 시계가 불량한 경우 밝은 색상의 옷을 입는다.
- 도로 횡단 시 또는 자동차 주차장, 보도에서 8세 이하의 어린이는 어른의 손을 잡아야 한다.

- 10세 이하의 어린이는 도로에서 보호를 받아야 하며 도로를 건널 때 어른의 손을 잡아야 한다.
- 보행자가 술을 마신 경우 타인의 차량을 이용한다.
- 교통 위험을 유발하거나 이유 없이 도로 사용자 또는 다른 보행자의 길을 가로막지 않는다.
- 보행자는 제공된 보행자길 및 자연길을 이용해야 한다. 이것이 불가능할 경우, 보행자는 도로 가장자리를 유지하고 차량이 마주 보고 오는 방향으로 걸어야 한다.

나. 운전자의 보행자 보호

도로를 사용하여 운전하거나 걸어 다니는 모든 사람은 다른 사람과 도로를 함께 사용할 책임이 있다. 다른 도로 사용자의 요구를 존중할 때 모든 사람에게 안전한 도로를 만들 수 있다.

① 다른 사람에 대한 배려

도로 사용자는 다른 사람을 배려해야 하고 모든 사람이 실수할 수 있다는 것을 이해해야 한다. 누군가가 놀라게 하거나 성가시게 할 경우 냉정을 유지하고 자제심을 유지해야 한다. 위협적이거나 공격적인 태도로 반응해서는 안된다. 이러한 행위를 '노상 분노(road rage)'라고 말한다. 노상 분노는 위험하고 불법이다. 누군가가 공격적인 행동을 할 경우 냉정을 유지하고 상황을 악화시킬 수 있는 어떠한 대응도 하지 않는다.

② 보행자와 도로의 공유

보행자는 도로를 공유할 권리가 있다. 운전자는 교차로에서 회전할 때와 횡단보도에서 법적으로 보행자에게 양보해야 한다. 그러나 보행자에 대비하여 항상 정지할 준비를 해야 한다.

특히 다음과 같은 보행자는 취약하다.
- 노인
- 어린이
- 술 또는 약물에 취한 보행자

보행자 구역(pedestrian areas)에서 운전할 때 속도를 줄이고 정지할 준비를 한다. 이러한 준비는 특히 다음의 지역에서 중요하다.

- 보행자 횡단보도 또는 신호등이 있는 곳이나 근처.
- 걷거나 놀고 있는 어린이가 보일 때.
- 술 취한 보행자가 있을 가능성이 큰 술집 근처.
- 많은 사람들이 도로를 건널 가능성이 큰 쇼핑센터와 기타 혼잡한 장소 근처.
- 학교 근처(특히 등·하교 시).
- 자동차가 주차 중이거나 버스(특히 학교 버스)가 정차 중인 지역.
- 보행자가 도로를 건너는 교차로(차량이 회전하는 도로에서 보행자가 우선권이 있음).

③ 보행자가 위험한 때

보행자 사망의 절반 이상이 밤이나 해질 무렵에 발생한다. 이러한 시간에 보행자를 더욱 조심해야 한다. 다음의 경우 속도를 줄이고 정지할 준비를 해야 한다.

- 비가 오거나 안개가 끼거나 밤 또는 새벽, 저녁 등 가시성이 나쁠 때. 보행자는 자신들을 운전자가 보는 것이 어렵다는 사실을 인지하지 못할 수도 있음.
- 간선도로로 들어가거나 나갈 때 운전자와 다른 차량에게 양보해야 한다.
- 정지한 버스 또는 경량전철(light rail) 차량에 접근하고, 승객이 내리거나 도로를 건널 때
- 보행자 횡단보도가 아닌 도로를 횡단할 때
- 보행자가 많이 모여 있을 때.
- 보행자가 인가된 주류 판매 업소 또는 특별 행사장 근처에 모여 있을 때

다. 어린이 횡단보도(Children Crossings)

어린이 횡단보도(Children Crossings)는 수업 시간 전후와 학교 소풍, 점심 시간 등의 기타 시간에만 운영되는 임시 횡단보도를 말한다. 이 횡단보도는 'CHILDREN CROSSING'이라고 쓰인 빨간색

깃발 때문에 눈에 잘 뜨인다.

이 깃발이 내걸렸을 때 보행자가 횡단보도 내에 있거나 횡단보도를 건너기 시작할 경우 속도를 줄이고 정지선 앞에서 정지해야 한다. 모든 보행자가 횡단보도를 건널 때까지 진행해서는 안 된다.

어린이 횡단보도 이전 20m 이내, 혹은 이후 10m 이내에서 정차해서는 안 된다. 어린이 횡단보도 혹은 보행자 횡단보도 너머의 도로가 막혔을 경우에는 횡단보도 위에 정차해서는 안 된다.

[그림 10.3.2] 어린이 횡단보도(Children Crossing)

① 어린이 횡단보도 겸용 보행자 횡단보도

일부 보행자 횡단보도는 하루 중 특정 시간에 어린이 횡단보도로 사용된다. 'CHILDREN CROSSING' 깃발이 내걸린 경우 어린이 횡단보도로 사용되고 있음을 나타낸다. 깃발을 내걸지 않은 경우에는 이 횡단보도는 일반 보행자 횡단보도로 사용된다.

② 학교 횡단보도 감독관(School Crossing Supervisors)

학교 횡단보도 감독관(School Crossing Supervisors)이 'STOP, Children Crossing'(정지, 어린이 횡단보도) 표지를 들고 있는 경우 속도를 줄이고 정지해야 한다. 학교 횡단보도 감독관이 진행 방향으로 표지를 들고 있지 않거나 진행해도 안전하다고 신호를 보낸 경우 진행할 수 있다.

정지(Stop) 표지판은 보행자 횡단보도 직후의 교차로에 설치할 수 있다. 보행자 횡단보도에서 정

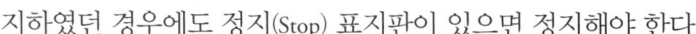

지하였던 경우에도 정지(Stop) 표지판이 있으면 정지해야 한다.

라. 동력 휠체어와 도로 공유

이동 보조 장비(Mobility aid)는 보행자로 규정되어 있으므로 동력 휠체어(Motorized wheelchair, 삼륜 또는 사륜)를 사용하는 사람은 10km/h 이상으로 통행할 수 없다. 동력 휠체어와 도로를 공유할 경우 동력 휠체어는 보행자와 동일한 권리와 의무가 있으며 동일한 규칙을 따라야 한다.

동력 휠체어는 보통 보행자의 키보다 낮기 때문에 잘 보이지 않을 수 있다. 동력 휠체어가 보행자보다 빠르게 이동하더라도 도로를 사용하는 다른 차량보다 훨씬 느리다. 운전자는 이러한 차이를 고려하여 더욱 주의해야 한다.

마. 어린이 보호장구(Child restraint)

매년 호주에서 안전벨트(seatbelt)를 착용하지 않은 80명 이상이 교통사고로 사망하며 약 600명이 부상을 입는다. 안전벨트를 제대로 착용했더라면 이러한 사망과 부상을 방지할 수 있을 것이다.

① 안전벨트와 어린이 보호 장구

충돌 사고 발생 시 안전벨트는 생명을 구하고 부상을 줄인다. 안전벨트는 충돌 시 운전자와 승객이 차량 내에서 충돌 또는 차량 밖으로 튕겨 나가는 것을 방지한다. 또한 안전벨트는 승객이 다른 탑승자와 부딪히는 것을 방지한다. 충돌 사고 발생 시 안전벨트가 신체의 이동 속도를 둔화시키고 충돌력을 신체의 더 강한 부위(골반 등)에 전달한다.

안전벨트를 착용하지 않을 경우 충돌 시 사망 또는 심하게 부상당할 가능성이 훨씬 커진다.

② 운전자의 책임

운전자는 모든 승객이 안전벨트 또는 승인된 어린이 보호 장구를 올바르게 착용하게 할 책임이

있다. 안전벨트를 착용하지 않았거나 안전벨트가 장착되어 있는데 승객이 안전벨트를 착용하도록 하지 않은 운전자에게는 벌금과 벌점이 부과된다. 안전벨트를 사용하지 않은 16세 이상의 승객에게도 벌금이 부과된다.

③ 어린이 보호 장구(Child restraint)

16세 미만의 어린이는 승인된 안전벨트 또는 어린이 보호 장구를 사용할 법적 의무가 있다.
어린이 보호 장구 사용 시는 다음과 같은 규정을 준수해야 한다.
- 제조업체의 지침에 따라 승인된 어린이 보호 장구를 항상 올바르게 사용한다.
- 무릎에 어린이를 앉힌 채 안전벨트를 착용하지 않는다. 심지어 급브레이크를 밟을 때도 어린이가 쉽게 깔려 다칠 수 있다.
- 어린이를 안고 타지 않는다. 충돌 시 어린이가 깔리거나 차량 내부와 충돌하거나 차량 밖으로 튕겨 나갈 수 있다.
- 어린이는 몸무게와 연령에 적합한 보호 장구를 착용해야 한다. 제조업체의 지침을 참조한다.
- 우선적으로 어린이에게 안전벨트를 착용시켜야 한다.

[그림 10.3.3] 어린이 보호 장구 착용

④ 어린이의 표준 보호 장구 착용

2010년 3월 1일부터 7세 이하의 모든 어린이는 정부가 규정한 표준 어린이 보호 장구를 착용하여야 한다. 7세 이하의 모든 어린이는 반드시 자동차 뒷좌석에 탑승해야 한다.

승객용 에어백이 장착된 자동차에서 어린이가 에어백 때문에 심하게 다칠 수 있으므로 어린이 보호 장구(부스터 쿠션 포함)를 앞좌석에서 사용해서는 안된다. 3점식이 아니고 2점식 안전벨트인 경우에는 부스터 쿠션을 사용하지 않는다(2점식 안전벨트에 부스터를 사용하면 어린이가 앞으로 튀어 나갈 수 있음).

⑤ 사용되는 어린이 보호 장구의 종류

승인된 어린이 보호 장구에는 호주 표준 레이블(Standards Australia label)이 부착되어 있다. 어린이 보호 장구는 어린이 신체 크기에 맞는 다양한 스타일이 있다. 어린이 보호 장구는 최대 32kg 또는 10세 이하 아동에게 사용할 수 있다. 모든 어린이 보호 장구는 제조업체의 지침에 따라 인가된 안전 장구 설치소(Authorized safety restraint fitting station)에서 전문적으로 설치해야 한다.

바. 자전거 이용자의 안전

도로에서 자전거 이용자는 다음의 사항을 준수하여야 한다.

- 자전거 운전자나 승객은 크기가 맞고 승인된 자전거 헬멧을 착용해야 한다.
- 항상 신호등과 표지판을 준수해야 한다.
- 도로의 좌측으로(한국의 경우 도로의 우측으로) 통행해야 한다.
- 왼쪽 또는 오른쪽으로 회전하려면 수신호를 보낸다. 정지하거나 후크 턴(hook turn)할 때에는 신호할 필요가 없다.

  ※ 후크 턴(hook turn) : 좌회전하고자 할 때, 도로 우측으로 붙어서 먼저 우회전한 후에 길을 가로질러 후크(갈고리) 모양으로 좌회전하는 것을 말함

- 도로를 진입할 때 보행자와 다른 차량에게 양보한다.
- 버스 전용 차선(bus only lane)으로 주행해서는 안된다.

- 도로를 건너는 보행자에게 양보한다.
- 자전거를 다른 차량으로 견인해서는 안된다.
- 시계가 불량할 때 자전거 앞쪽에 흰색 등과 뒤쪽에 빨간색 등을 켜야 한다. 이러한 등들은 최소 200m 거리에서 보여야 한다. 또한 자전거에는 최소 50m 후방에서 보이는 빨간색 반사판이 부착되어야 한다.
- 자전거에는 최소 하나의 브레이크와 벨이나 경적 등 경고 장치가 설치되어 있고 작동되어야 한다.
- 자전거 차선이 있는 경우 자전거 차선을 사용해야 한다.
- 항상 자전거를 제어할 수 있는 상태를 유지해야 한다. 자전거 핸들에서 양 손을 모두 놓거나, 페달에서 발을 떼고 주행하거나, 자전거 제어를 방해하는 짐을 운반하는 것은 위반이다.
- 자전거는 태울 수 있는 정원을 초과하여 태워서는 안 된다. 모든 승객은 승객을 위해 설계된 좌석에 타야 한다.
- 보도 또는 보행자·자전거 공용 도로를 사용할 경우 좌측으로 통행하며 보행자에게 양보해야 한다.

[그림 10.3.4] 자전거 이용자의 안전(자전거 차선 이용)

사. 운전자의 자전거 보호

자전거 이용자는 자동차 운전자 및 오토바이 운전자와 동일한 권리와 의무가 있다. 운전할 때 자동차보다 작고 눈에 잘 보이지 않으므로 자전거 운전자를 조심해야 한다. 자전거를 보호하기 위한 안전운전 요령은 다음과 같다.

- 자전거는 자동차 또는 트럭보다 잘 안보이고, 특히 야간에 눈에 잘 보이지 않는다. 사각 지대에 자전거가 있는지 확인한다.
- 앞지르기할 때 자전거와 안전한 공간을 두고 주행한다. 즉 50km/h 구역에서 자전거와 최소 1m의 측면 공간을 둔다. 제한 속도가 더 높을 경우 자전거 운전자는 안전 유지를 위해 더 많은 공간이 필요하다.
- 도로를 주행할 때, 특히 교차로에서 회전할 때 자전거 운전자를 항상 확인한다.
- 자전거는 때때로 교통이 정체된 상황에서 자동차만큼 혹은 자동차보다 빠르게 주행할 수 있다. 자전거 속도를 과소평가하거나 자전거 앞으로 끼어들어 자전거를 가로막지 않아야 한다. 속도가 동일할 때 정지하는데 자전거가 자동차보다 더 오래 걸린다는 사실을 명심해야 한다.
- 백미러와 사이드 미러를 확인하여 자전거가 달려오는 진로로 자동차 문을 열지 않도록 한다. 그러면 위험할 수 있으며 법적으로 운전자의 잘못이다.
- 때때로 도로 가장자리가 울퉁불퉁하거나 자갈이 있기 때문에 안전하게 통행하려면 자전거 운전자에게 전체 차선이 필요할 수 있다. 속도를 줄일 준비를 하고 자전거 운전자가 연석에서 떨어져 주행할 수 있도록 한다.
- 자전거를 탄 어린이는 예측할 수 없다. 속도를 줄이고 정지할 준비를 한다.

2. 호주 어린이 교통안전 교육의 특징

호주의 어린이 교통안전을 위한 교육의 특징은 영국의 녹색횡단규정(Green Cross Code)처럼 멈추고

(stop), 살펴보고(look), 소리를 듣는(listen) 등의 행동을 강조하는 외에 추가로 '생각하라(think)'는 것을 강조하는 점이다. 이렇게 생각해야 하는 시기는 다음과 같이 3가지가 대표적이다.

- 도로를 건너기 전에 달려오는 차량의 운전자가 횡단하는 보행자를 볼 수 있는지 생각한다.
- 도로를 건너기 전에 정지한 후, 보고, 듣고, 생각한다(Before crossing the road – stop, look, listen and think).
- 달려오는 차량이 보행자를 위해 당연히 정지할 것으로 생각하지 않는다.

위와 같이 어린이에게 항상 생각하도록 강조하는 것은 생각하기 위해서는 멈추어 서야 하고, 서두르지 않고 침착하게 행동하도록 함으로서 교통사고를 방지하도록 하는 것이 특징이다.

이와 같이 어린이에게 항상 '생각하라(think)'고 강조하는 것은 다만 학과 공부만이 아니고 도로 상에서 교통안전을 위해서도 어린이에게 매우 중요한 습관이라고 할 수 있다.

호주의 보행자 안전을 위한 특징 중의 다른 한 가지는 공유 교통죤(Shared traffic zone) 또는 공유도로(Shared road) 규정을 운영하는 점인데, 공유 교통죤이란 보행자와 자동차가 공유하는 지역을 말하며, 한국에서 보도가 따로 설치되지 않은 모든 이면도로 지역은 공유 교통죤에 해당한다고 할 수 있다.

호주의 경우 이러한 공유 교통죤에서는 자동차가 시속 10km 이하의 속도로 주행해야 하고, 자동차는 보행자에게 양보하여야 하며(give way to pedestrians), 보행자와 자동차가 함께 갈 때는 자동차는 보행자를 추월하지 못하고 보행자와 같은 속도로 뒤에서 보행자를 따라가야 한다.

한국에서는 이러한 공유 교통죤 또는 공유도로의 개념이 정착되지 않아서 이면도로에서 보행자는 길가장자리로 붙어서 가야하고, 자동차는 길 가운데로 추월해 갈 수 있도록 하고 있는데, 이것은 자동차 우선의 통행개념이고 보행자 보호의 개념이 덜 발달한 규정이므로 앞으로 개선될 필요가 있다.

[그림 10.3.5] 호주 공유 교통죤(Shared traffic zone) 표지판

[참고문헌]

국내문헌
1. 경찰청, 교통사고통계, 2017.
2. 경찰청, 도로교통안전백서, 2015.
3. 국토교통부, 교통안전연차보고서, 2017.
4. 국토교통부, 국가교통안전시행계획, 2017.
5. 국토교통부, 제8차 국가교통안전기본계획(2017~2021), 2016.
6. 행정안전부, 어린이·노인·장애인 보호구역 통합지침, 2011.
7. 행정안전부, 제1차 국민안전교육기본계획(2018~2022), 2017.
8. 한국교통연구원, Korea's 95% Reduction in Child Traffic Fatalities, 2014.
9. 한국교통연구원, 도로교통 안전사업의 효과분석 및 제도적 개선방안, 2016.
10. 한국교통연구원, 어린이 교통사고 제로화 실천방안, 2014.
11. 도로교통공단, 교통사고통계분석, 2017.
12. 도로교통공단, 유치원 교사용 교통안전 길라잡이, 2017.
13. 도로교통공단, 초등학교 교사용 교통안전 길라잡이, 2016.
14. 도로교통공단, 중학교 교사용 교통안전 길라잡이, 2016.
15. 도로교통공단, 교통약자 보호구역의 지정 및 운영 타당성 연구, 2013.
16. 서울시 서초구, 『2006년 서초구 어린이 보호구역 기본 및 실시설계』, 2006.

해외문헌
1. OECD ITF, Road Safety Annual Report, 2017.
2. U.S. State of California, California Driver Handbook, 2016.
3. U.K. Department for Transport, Highway Code, 2017.
4. Australia New South Wales, Road Users' Handbook, 2017.

웹 사이트
1. 경찰청 www.police.go.kr
2. 국토교통부 www.molit.go.kr
3. 행정안전부 www.mois.go.kr
4. 법제처 www.moleg.go.kr
5. 국가법령정보센터 www.law.go.kr
6. 한국교통연구원 www.koti.re.kr
7. 도로교통공단 www.koroad.or.kr
8. 한국교통안전공단 www.ts2020.kr
9. 녹색어머니중앙회 www.koreagreenmother.org
10. 전국모범운전자연합회 www.koreabestdriver.or.kr
11. 안전생활실천시민연합 www.safelife.or.kr
12. 어린이안전학교 www.go119.org
13. 한국생활안전연합 www.safia.org
14. 한국어린이안전재단 www.childsafe.or.kr
15. 세이프 키즈 코리아 www.safekids.or.kr
16. 어린이교통안전협회 www.kacts.or.kr
17. OECD ITF www.itf-oecd.org
18. 미국 캘리포니아 주 교통국 www.dmv.ca.gov
19. 영국 교통부 www.gov.uk/dft
20. 호주 뉴사우스웨일즈 주 교통국 www.rta.nsw.gov.au